本书获得以下基金项目资助出版：

湖南省教育厅教改重点项目：双创能力导向的“融合 · 跟进 · 转变”式旅游管理专业教学改革与实践研究（HNJG-2022-0241）

中国高校产学研创新项目（新一代信息技术创新重点项目）：基于 VR 技术的旅游规划与开发教学创新与实践（2022IT050）

教育部产学研项目：新工科背景下地方本科院校旅游管理专业创新型人才培养模式研究（202102022067）

湖南省普通高等学校教学改革研究项目：产教协同培养新商科应用型人才的研究与实践（HNJG-2020-0746）

新商科背景下旅游管理专业教学改革与实践探究

周子英　张维梅　徐运保◎主编

湘潭大学出版社
XIANGTAN UNIVERSITY PRESS

图书在版编目（CIP）数据

新商科背景下旅游管理专业教学改革与实践探究 / 周子英，张维梅，徐运保主编. -- 湘潭 : 湘潭大学出版社，2024. 9. -- ISBN 978-7-5687-1575-1

Ⅰ. F590

中国国家版本馆 CIP 数据核字第 20242V4N78 号

新商科背景下旅游管理专业教学改革与实践探究

XIN SHANGKE BEIJING XIA LÜYOU GUANLI ZHUANYE JIAOXUE GAIGE YU SHIJIAN TANJIU

周子英 张维梅 徐运保 主编

责任编辑：张宝香 郭 瑜
封面设计：李 平
出版发行：湘潭大学出版社
社 址：湖南省湘潭大学工程训练大楼
电 话：0731-58298960 0731-58298966（传真）
邮 编：411105
网 址：http://press.xtu.edu.cn/
印 刷：长沙印通印刷有限公司
经 销：湖南省新华书店
开 本：787 mm×1092 mm 1/16
印 张：14.5
字 数：308 千字
版 次：2024 年 9 月第 1 版
印 次：2024 年 9 月第 1 次印刷
书 号：ISBN 978-7-5687-1575-1
定 价：68.00 元

前　言

旅游业凭借其资源高效利用与环境友好的特质，被誉为绿色产业的璀璨明星与“无烟工业”的典范，它巧妙地将自然美景与深厚文化底蕴交织融合，创造出独一无二的旅游体验，不仅激发了地方经济的活力，更促进了全球文化的交流与理解。然而，近期全球公共卫生领域遭遇的重大挑战给旅游业带来了前所未有的冲击，迫使行业进行深刻的调整与转型，面对市场新需求，各国政府积极出台政策措施支持旅游业的复苏，为旅游业的恢复和发展提供了有力的保障。2024 年首份《世界旅游业晴雨表》显示，2023 年国际旅游业收入达到 1.4 万亿美元，旅游业对全球经济的贡献初步估计为 3.3 万亿美元，占全球 GDP 的 3%，表明在经历了一段时间的低迷后，国际旅游业开始逐渐复苏，并为全球经济作出了显著的贡献。而在中国，2023 年国内出游人次和国内旅游收入均实现了显著增长。据国家统计局网站消息，全年国内出游达到了 48.9 亿人次，国内旅游收入更是高达 4.91 万亿元，比 2022 年增加了 2.87 万亿元，同比增长了惊人的 140.3%，同时，与 2019 年相比，虽然出游人次尚未完全恢复，但已经恢复至 2019 年的 81.38%，显示出旅游市场正在稳步走向全面复苏，充分表明了中国旅游市场的韧性和巨大潜力。

《“十四五”文化和旅游发展规划》指出，积极发展智慧旅游，加快信息化建设，推进文化和旅游数字化、网络化、智能化发展，推动 5G、人工智能、物联网、大数据、云计算等在文化和旅游领域应用。在大数据时代，旅游业如何把握机遇，抢占先机，具备双创能力的旅游管理人才成为了旅游业急需的稀缺资源。新商科建设作为新文科建设的一个重要组成部分，肩负着培养具备创新思维、跨界融合能力、数字化技能以及全球化视野的复合型商业人才的重要使命。

随着旅游业的不断发展和创新，对于人才的需求也日益多元化和复杂化。传统商科教育往往局限于特定的学科领域，难以应对旅游业中涌现出的新问题和新挑战，新商科建设则通过引入跨学科知识体系，打破学科壁垒，为培养具备双创能力、跨界融合能力和数字能力的综合性人才提供了有力的支撑。新商科教育模式下，学生不仅能够掌握商科的基础知识和技能，还能够接触到其他相关领域的知识，如信息技术、市场营销、电子商务、数据分析等，这种跨学科的学习模式有助于培养学生的创新思维和综合能力，使他们能够更好地适应现代旅游业的多元化和复杂化需求。

本书精心构建了四大核心板块，全面而深入地探索了在新商科时代背景下，如何有效培养旅游管理专业人才的创新创业能力（简称“双创能力”）。第一部分聚焦于新商科背景下旅游管理专业双创人才培养，该章节紧密贴合旅游管理专业发展的实际需求与当代旅游业的蓬勃态势，以全面提升学生综合专业素养为核心愿景，详尽探讨了人才培养目标、人才培养模式与人才培养路径，旨在培养既具备扎实专业知识，又拥有双创能力的高素质旅游管理人才。第二部分深入阐述双创能力导向的专业建设策略，秉持“创新引领、创业驱动”的核心理念，致力于将双创能力的培育全面而深入地融入专业建设环节，精心规划并持续优化专业建设路径，确保旅游管理专业人才培养质量，同时建立健全专业建设质量监控与评估体系，实现对教学成效的全方位、多维度评价，确保专业建设持续健康发展，为培养具备双创能力的高素质旅游管理人才奠定坚实基础。第三部分重点探讨双创能力导向的课程改革，坚持“以学生为中心、以能力培养为目标”的课程改革理念，紧跟旅游业发展趋势，及时更新课程内容，融入行业最新动态和技术成果，创新教学方法，通过模块化课程设计，加强课程间的衔接与融合，构建跨学科的知识体系，激发学生的学习兴趣和主动性，进一步提升学生的双创能力。第四部分深入剖析了旅游管理专业人才培养的实践教学体系、模式及其保障机制，致力于构建一个多层次、全方位且高效运行的实践教学框架。

本书为作者长期从事旅游管理专业教育教学改革研究的成果总结与集成，并融入了湖南工程学院旅游管理专业教研室全体教师关于旅游教育研究成果的主要观点，是整个教研室全体教师集体智慧的结晶。在本书的撰写过程中，参考和引用了国内外同行专家和学者的部分研究成果与观点，在此表示衷心的感谢！

由于作者水平有限，书中难免会有错误和不足，这些都是我们今后力求弥补的遗憾和继续前进的动力。同时，我们也期待广大读者能够提出宝贵的意见和建议，共同推动旅游管理专业教学改革与实践的不断发展。

目 录

第一章

新商科背景下旅游管理专业双创人才培养

第一节　人才培养目标

新商科背景下旅游管理专业人才培养目标与课程体系构建

随着社会经济的发展和人民生活水平的提升，旅游已经成为许多人休闲娱乐的首要选择与消费方式，越来越多的人愿意花费时间和金钱去旅游，以体验不同的文化和欣赏不同的风景，缓解工作压力，增强身心健康。为了满足游客对旅游产品的需求，促使传统旅游业的转型升级，对旅游从业人员提出了更高要求。地方本科院校作为双创人才培养的主阵地，应紧密结合旅游业的发展需求，为旅游业的可持续发展培养出更多具有专业素养和实践能力的高素质人才。但是从目前旅游人才市场的供给情况来看，高校培养出的旅游管理专业人才在短期内难以适应旅游业的转型升级发展，具体体现为高校旅游管理专业人才培养定位与旅游行业发展需求融合度不高，课程体系与人才培养目标契合度不够，知识灌输有余，而能力培养不足。面对复杂的社会环境以及日益严峻的就业压力，转变旅游管理专业人才培养思路，构建新的旅游管理专业课程体系显得日益迫切。以湖南工程学院旅游管理专业为例，对旅游管理专业人才培养目标与课程体系构建进行探讨。

一、旅游专业人才培养目标

1. 总体目标

湖南工程学院旅游管理专业始创于 2005 年，依托湖南省应用特色学科“工商管理”，协同湖南省文化创意产业基地共同管理建设，坚持以“服务地方、创新融合、强化实践”为发展定位，通过“人文与科技”融合、“旅游与数据”融合、“理论与实践”融合，以“旅游 + 数据”为特色，致力于培养新时代具有人文素养、国际视野、创新意识、创业精神、实践能力和社会责任，能够在各类旅游相关企事业单位及教育和研究机构，从事经营管理、数据分析、咨询策划等工作的应用型高级旅游专门人才。

2. 具体目标

（1）知识目标

湖南工程学院旅游管理专业人才培养的知识目标主要体现在以下方面：①掌握旅游管理的基本理论、基本知识和基本技能；②熟悉旅游行业的政策法规和国际惯例，了解国内外旅游市场的发展趋势和变化规律；③了解旅游业相关产业的发展状况和趋势，掌握旅游产品开发、旅游资源保护等方面的知识；④熟悉旅游业的管理模式和运作机制，了解旅游企业的经营策略和管理方法。

以上的知识目标是根据旅游管理专业的培养目标和工作需求而设定的，旨在为学生提供全面的旅游管理知识和技能，以适应旅游业的快速发展需求。

（2）能力目标

旅游管理专业人才培养的能力目标是提高学生的综合素质和实践能力，使旅游管理专业毕业生能够在旅游行业中胜任各种工作，并在实践中不断提高自己的能力和水平。能力目标主要体现在以下方面：①具备国际视野和跨文化交流能力，能够对国内外旅游市场进行科学、全面的分析和预测；②具备人际交往、沟通能力与出色的组织和协调能力，能够与游客、客户、合作伙伴等进行有效的沟通和交流，有效地组织管理旅游活动；③具有较高的综合素养，具备创新思维和创新能力，能够开发新的旅游产品和服务，提高旅游企业的竞争力和市场份额。

（3）素质目标

旅游管理从业人员除了要具备丰富的专业知识与技能，还要具备良好的思想政治素质，具备坚定的理想信念和正确的世界观、人生观、价值观。作为未来的旅游从业人员，应遵守职业道德，尊重游客，并为游客提供优质服务，维护旅游行业的声誉。同时，应具备广博的文化知识，了解不同地域、民族的文化传统和风俗习惯，以便更好地与游客沟通交流。

二、旅游管理专业课程体系构建

1. 课程体系构建的基本原则

湖南工程学院旅游管理专业依托专业目标定位，着力于培养学生专业知识与技能、信息技术应用、文化融通、双创与团队协作能力，对人才培养方案与教学大纲进行了优化与整合，在进行旅游管理专业课程体系构建时，遵循了以下一些原则：

（1）市场需求导向原则

研究社会经济发展现状及规律，结合湖南省区域旅游经济的发展现状，注重与旅游管理专业领域前沿问题相衔接。为此，经过充分的市场调研，以行业发展的现状和未来需求为出发点，邀请业界人士和行业专家，对原有的专业课程体系进行修订，设计出切实可行的旅游专业课程体系，新的课程体系既能满足旅游企事业单位现实的人力需求，又具备明显的时代性和现实性。

（2）理论教学与实践能力培养并重原则

旅游管理是应用性和操作性很强的专业，湖南工程学院旅游管理专业本科教学的培养目标是培养厚基础、宽口径、强技能、高素质的复合型人才。为此，在进行实践教学体系的设计时，不但强调理论教学，更兼顾实践教学，在人才培养方案中适当的增加了实践教学环节和实验课时数。

（3）五育并举原则

为了培养全面发展的旅游管理专业人才，在课程体系构建中，注重各个方面的平衡和协调，强调学生的“德、智、体、美、劳”全面发展，确保学生能够全面发展的同时，根据市场需求和学生特点，不断优化课程体系，提高教学质量和效果，以提高学生的综合素质和就业竞争力。

2. 双创导向的人才培养目标解构

按照应用型本科人才培养思路，以旅游管理专业人才培养目标为纲领，从知识要求、素质要求、能力要求、双创要求四方面，构建了一个科学、系统、实用的旅游管理专业课程体系。

（1）知识要求

旅游管理专业课程体系的知识要求比较广泛，涉及多个学科领域。即：要求学生了解和熟悉国家和地方的法律法规，对国内外旅游业管理的有关方针、政策与法规有清晰认知，学生在进行专业学习时，能掌握旅游活动和旅游行业发展过程中经营管理的各种基础理论知识和方法，用于规范自己的行为，保护企业的合法权益。

（2）素质要求

旅游管理专业人才需要具备如下素质：①正确的世界观、人生观和价值观，理解社会主义核心价值观内涵，自觉践行社会主义核心价值观；②良好的道德素质，包括诚信、敬业、责任心等品质，能够为游客提供优质的服务；③身心健康、遵纪守法，具有良好的职业道德修养和服务情怀，愿意服务旅游事业，德智体美劳全面发展。

（3）能力要求

随着旅游业的发展和变化，对旅游管理专业人才的能力要求越来越高，要求学生具备市场营销、组织协调、风险管理、客户服务、跨文化交流、数据管理、双创等能力。学生具备了这些能力，才可以在旅游行政管理部门、国际旅游机构、旅游企事业、旅游景区、旅游咨询公司、教育与培训行业从事服务、咨询、管理、策划及教学等工作。

（4）双创要求

随着旅游业的发展和变化，旅游管理专业学生需要不断关注行业动态和发展趋势，了解行业环境、创业机会和创业风险，具有创新思维，拥有好奇心、想象力，能独立思考，能够不断推陈出新，发现和解决旅游行业中的问题。同时，具备创业精神，能主动寻找商机，勇于承担风险，不断创新和拓展业务。

3. 毕业要求分解及其与目标对应关系

（1）知识要求

对照旅游管理专业人才培养目标方案，知识要求涉及毕业要求 1（强调旅游管理专业学生的知识与技能）与毕业要求 6（强调对学生信息技术应用能力的培养），其中，毕业要求 1 要培养学生成为掌握扎实的旅游管理专业知识与技能的人才，具体要求如下：①通识性知识与技能。掌握基本的社会科学和自然科学理论知识以及体育、军事基本知识，了解人类文明发展、世界（特别是中国）优秀思想文化，了解科学常识和现代科技发展状态及趋势，形成比较均衡的知识结构；②基础性知识与技能。掌握管理学、经济学的基础理论、基本知识和基本技能，接受旅游学理论和研究方法的系统训练；③专业性知识与技能。熟练掌握旅游学基础知识、基本理论与方法，充分了解旅游学的理论前沿和发展动态，了解国内外与旅游有关的法规制度和国际旅游惯例，熟悉实际工作中相关旅游工作处理的基本流程；④工具性知识与技能。具备良好的外语水平和计算机应用、互联网、数据分析等相关知识，掌握高等数学、统计学基本知识，熟练使用计算机，能够运用现代信息管理技术进行数据处理与分析。而毕业要求 6 则要求学生通过学习，能够使用现代信息技术手段和工具解决实际问题：①熟悉计算机操作，掌握常用的旅游信息管理软件应用和旅游大数据分析与应用方法；②具有使用信息与现代网络通信技术的能力，能够熟练运用并解决实际问题。

（2）素质要求

素质要求强调学生的思想政治素质，其中毕业要求 5（要求学生成为具有社会责任意识的专门人才），就是培养学生社会责任感：①具备社会主义核心价值观和社会责任意识，了解国情、社情和民情，在旅游企业管理和政策选择中能表现出公平正义；②具备企业伦理观念和思维，能综合运用相关知识对旅游伦理困境提出解决方案；③具有正确的世界观、人生观和价值观，坚持职业操守和道德规范，具有事业心、责任感和严谨的工作态度，以及遵纪守法、诚实守信、勇于奉献的精神。

（3）能力要求

能力要求主要包括培养学生的沟通与团队合作能力、双创能力、国际视野、终身学习能力，用毕业要求 2（具有沟通与团队合作能力）、毕业要求 4（具备国际视野和国际旅游管理应用能力）和毕业要求 7（具有自主学习和终身教育的意识，有不断学习和适应发展的能力）进行概括，具体表述如下：

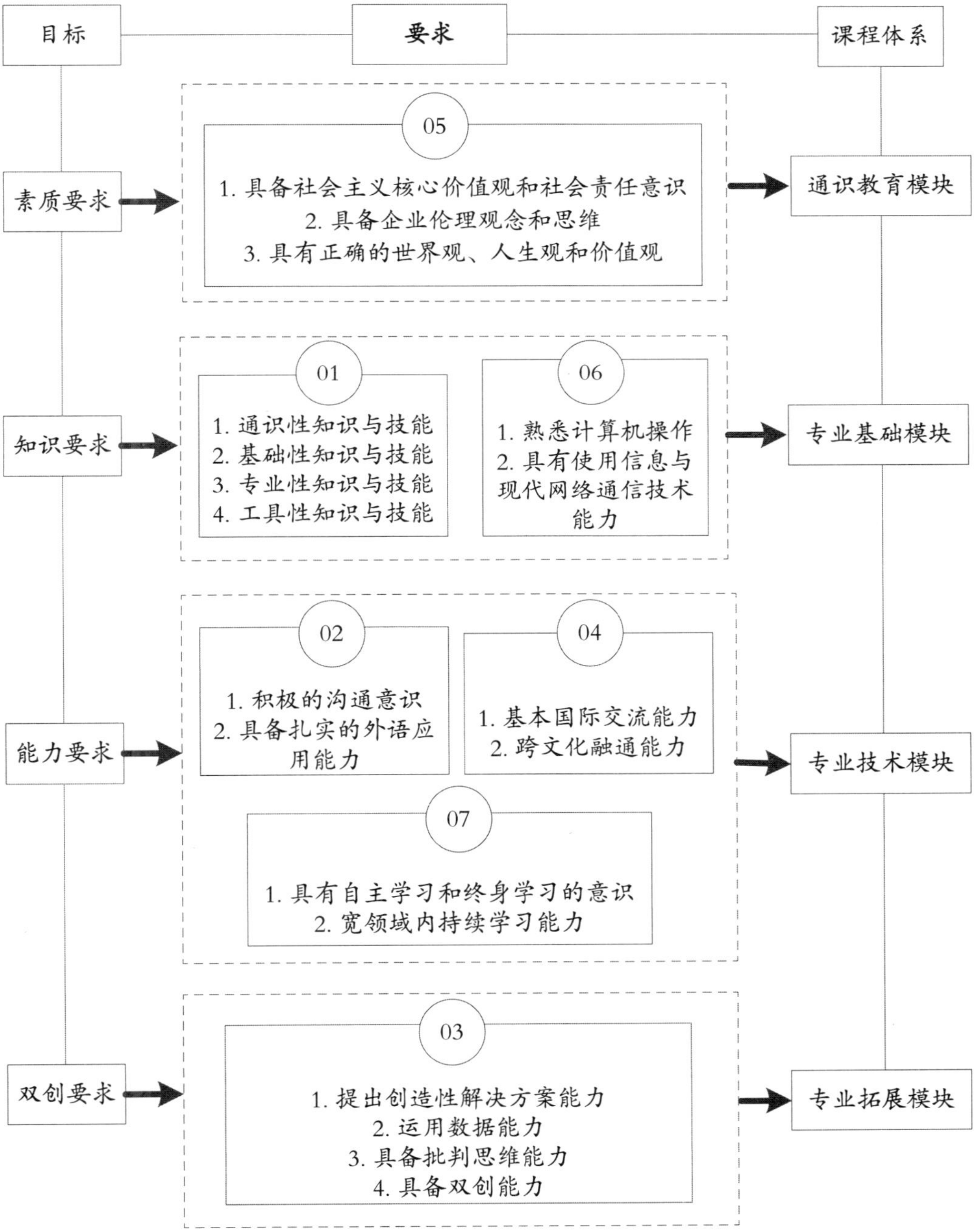

图 1　培养目标、毕业要求与课程体系对应关系

毕业要求 2 要求学生具有沟通与团队合作能力：①具有积极的沟通意识，能顺利地融入社会，能与伙伴或团队就旅游专业问题进行有效沟通和交流，包括陈述发言、清晰表达、设计文案和撰写报告；②了解旅游专业国内外发展现状及趋势，具备扎实的外语应用能力，能在跨文化背景下进行有效沟通和交流。

毕业要求 4 要求学生具备国际视野和国际旅游管理应用能力：①具有基本国际交流能力，了解国际旅游发展现状及趋势；②能够熟练运用外语进行国际旅游业务处理和专业问题交流；③具备跨文化企业运营与管理的思维和技能。

毕业要求 7 要求学生具有不断学习和适应发展的能力：①能够认识不断探索和学习的必要性，具有自主学习和终身学习的意识；②能够针对旅游行业不断变化发展的需求，在宽领域内持续学习，并具备适应发展的能力。

（4）双创要求

双创要求注重培养学生成为具备创新精神与创业能力的应用型人才，对应人才培养方案中的毕业要求 3：①能够综合运用相关理论对企业面临的新型旅游业务提出创造性解决方案；②能够运用旅游数据信息为企业的战略选择和运营管理提供决策支持；③具备批判思维，能够发现、辨析、质疑、评价相关领域的现象和问题；④具备一定的创新思维与创业技能。

4. 双创能力导向的旅游管理专业模块化课程体系构建

遵循“三平台一环节”（通识教育平台、学科基础平台、专业必修平台、实践创新环节）的课程体系设计理念，整个课程体系设计过程始终以人才培养目标与毕业要求为指导，强调三者一一对应，形成旅游管理专业模块化的课程体系，即通识教育模块、专业基础模块、专业技术模块、专业拓展模块四大模块（图 1）。

通过模块化重组教学内容，结合旅游产业的发展与社会对旅游管理专业人才的需求，进行旅游管理专业课程体系与教学内容的优化，真正实现以“服务地方、创新融合、强化实践”为发展定位，以“旅游 + 数据”为特色，坚持高质量内涵建设，致力于构建新时代旅游管理应用型高级专门人才模块化课程体系，如图 2 所示。

（1）通识教育模块

通识教育模块设置的主要课程来源于通识教育平台，致力于培养学生的社会责任感，帮助学生提升人文素养，培养学生对旅游行业的热爱和责任感，对应于毕业要求中的社会责任、身心健康、职业规范等要求。主要课程有马克思主义基本原理、思想道德与法治、毛泽东思想和中国特色社会主义理论体系概论、习近平新时代中国特色社会主义思想概论、形势与政策、体育、大学生心理及健康教育、军事理论及国家安全教育等。

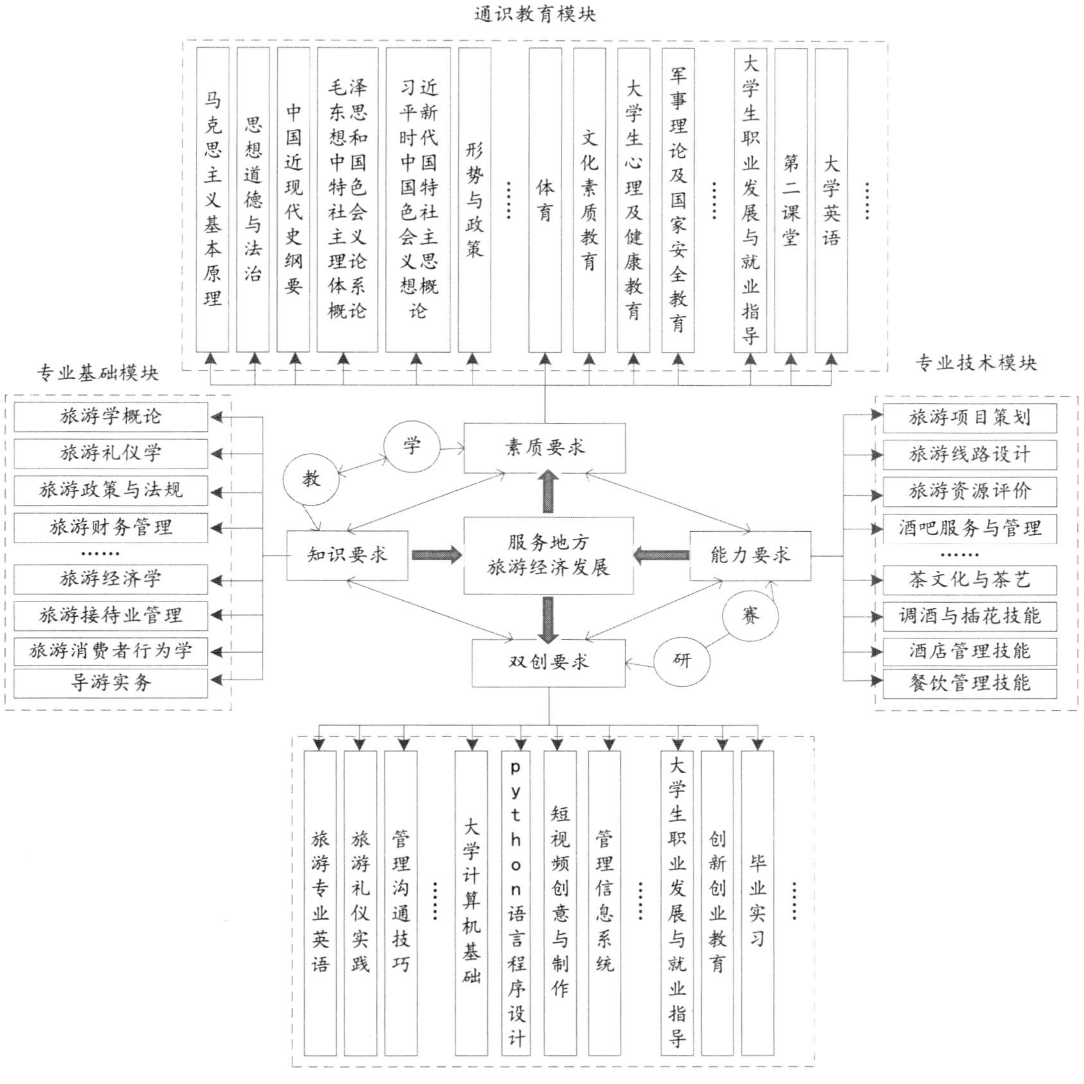

图 2　旅游管理应用型高级专门人才模块化课程体系

（2）专业基础模块

专业基础模块课程涵盖旅游管理专业的核心知识和技能，帮助学生了解旅游学科发展现状，洞悉学科发展趋势，培养学生专业素养和实践能力，为未来的职业发展做好准备。主要课程有旅游学概论、旅游政策与法规、旅游消费者行为学、旅游经济学、旅游接待业管理等。

（3）专业技术模块

专业技术模块课程能够让学生更深入地学习和掌握旅游行业的相关知识和技能，培养学生的综合素质，提升实践能力，更好地满足旅游行业需求。所开设的课程有旅游项目策划、旅游线路设计、旅游资源评价、酒吧服务与管理等，该模块的课程能够帮助学生更好地适应旅游行业发展的需求，提升自身的竞争力，为未来的职业发展打下坚实的基础。

（4）专业拓展模块

专业拓展模块主要是从不同角度思考旅游行业的问题，培养学生的创新思维和创业能力，使学生能够应对不断变化的旅游市场需求和行业挑战，主要配套课程有管理沟通技巧、Python 语言程序设计、短视频创意与制作、创新创业教育等。

三、双创能力导向的旅游管理专业人才培养目标与课程体系保障措施

1. 加强师资队伍建设

建立“青年教师导师制”，促进以老带新，同时，为青年教师提供专业发展机会，鼓励青年教师外出参加培训、研讨会和学术交流等，开展科研和实践活动，学习先进的教育理念和教学方法，帮助教师更新知识库，跟上学科发展的步伐，确保教学内容的时效性和前沿性，提升青年教师的双创能力和教育教学水平。

2. 完善教学质量保证机制

学校应加强对教学过程的管理和监督，确保教师按照既定的教学计划和标准进行教学活动。实行“本科生学业导师”制度，从大二开始给每名学生分配专业导师。构建实习基地与院校联席会议制度，加强院系与旅游企事业单位的合作，定期召开教学管理研讨会，确定教学管理研究方向。

3. 加强实践教学环节

旅游管理是一个实践性很强的专业，因此，实践教学环节非常重要，学校应加强与旅游企业的合作，建立实践教学基地，为学生提供更多的实践机会，帮助学生将理论知识应用于实际工作中。

4. 建立教学质量评估体系

建立一个完善的教学质量评估体系是提升教育质量、确保教学效果的关键举措，该体系应涵盖多个维度，包括学生评价、同行评价和专家评价等，该教学质量评估体系应该能够提供及时、准确和全面的反馈，学校根据评估结果对教师进行奖惩和激励，同时提供针对性的培训和指导，帮助教师提升教育教学水平。

参考文献：

[1] 谭明交 . 数字赋能乡村振兴的困境、机理与策略 [J]. 当代经济 ,2023,40(12):3−9.

[2] 左丹 . 产教融合视角下应用型本科院校跨境电商创新创业人才培养模式构建 [J]. 对外经贸 ,2023(11):138−141.

[3] 杨承玥 , 刘安乐 , 王龙 . 旅游管理与服务教育专业人才培养目标与课程体系构建研究 [J]. 高教学刊 ,2023,9(32):146−150.

[4] 郑碧红 . 大健康产业背景下健康管理专业课程体系的构建研究——以健康管理专业（健康旅游方向）为例 [J]. 现代商贸工业 ,2023,44(20):238−240.

[5] 张蕊 . 基于 ADDIE−F 教学模型的中职《旅游概论》课程思政教学设计研究 [D]. 济南：山东师范大学 ,2023.

[6] 吕欣 . 文旅融合背景下高校旅游专业实践教学模式探索 [J]. 豫章师范学院学报 ,2023,38(3):59−63.

[7] 张美云 . 面向旅游安全的多模态语义识别研究 [J]. 海南大学学报（人文社会科学版）,2023,41(1):175−183.

新商科背景下旅游管理专业学生综合能力培养

第四次工业革命和第三次技术革命的到来，代表着人类社会技术发展的重大飞跃，标志着人类社会进入了新的发展阶段。第四次工业革命，通常被称为“工业 4.0”或“智能制造时代”，融合了物联网、大数据、人工智能、自动化和机器学习等多种前沿技术，对各行各业产生了深远的影响。2019 年，教育部、中央政法委、科技部等 13 个部门在天津联合启动“六卓越一拔尖”计划 2.0，全面推进新工科、新医科、新农科、新文科建设，提高高校服务经济社会发展能力[1]。随着科技的发展和商业模式的不断创新，传统的商科教育已经不能满足现代企业的需求。新商科以数字经济为背景，打破传统管理学和经济学学科壁垒，成为了融合现代技术的跨学科复合型商科。与传统商科相比，新商科在人才标准、教学理念、教学模式、课程体系等方面更适应数字经济时代下的社会发展需要。在新商科背景下，旅游管理教育需要注重培养学生的综合素质和创新能力，以适应旅游业的变革和发展。

一、新商科背景下旅游管理专业人才培养的新要求

新商科是对传统商科进行学科重组交叉，将新技术融入商科课程，用新理念、新模式、新方法为学生提供综合性跨学科教育，是对技术创新、产业融合、社会变革的回应。新商科旨在培养具备创新思维、创业精神和实践能力的商科人才，以适应数字化、智能化、全球化的商业环境。

1. 与新技术的融合

新商科与新技术的融合体现在以下几个方面：①课程内容数字化。新商科将大数据、人工智能、区块链等新兴技术纳入课程内容，帮助学生理解并运用这些技术，提升学生的数字化能力；②教学方法创新。新商科采用数字化工具和平台进行教学方法创新，例如在线学习、翻转课堂、小组协作等，增强学生学习的互动性和参与感，使教学更为高效，提升学生的学习体验；③数据分析能力培养。新商科注重培养学生的数据分析能力，通过数据处理分析等课程，让学生掌握数据获取、处理、分析和应用的能力；④商业决策模拟。新商科利用模拟软件和游戏，帮助学生模拟真实的商业环境，进行决策分析和实践操作，提升他们的商业决策能力；⑤创新创业教育。新商科注重创新创业教育，鼓励学生利用新技术进行创新和创业，培养他们的创新思维和实践能力。

---

[1] 周子英，张维梅. 新工科背景下地方本科院校旅游管理专业创新型人才培养模式研究——以湖南工程学院为例 [J]. 旅游纵览，2022(12):78-80+93.

2. 与时代发展相融合

在信息化时代，社会各行各业都在加快创新发展，对人才的培养提出了新要求，新商科教育也需要紧跟时代步伐，不断更新和优化。旅游管理专业需要适应新商业环境，注入新商科的理念和方法，强调培养学生的创新思维和创业精神，鼓励他们运用所学知识解决实际问题，同时注重跨学科合作和团队协作，以适应旅游业多元化、交叉性、智能化和个性化的特点，培养出符合新时代要求的高素质管理人才。

3. 注重产教融合

产教融合在旅游管理人才培养中扮演着至关重要的角色，旅游管理专业人才培养应注重产教融合，建立高校与企业的长期合作关系，实现资源共享、互利共赢的局面[1]。产教融合具体实施步骤如下：①共同制定人才培养方案，确保教育内容与行业需求相匹配，高校邀请企业专家参与课程设计，将行业前沿知识和实践经验融入教学内容，提高教育的实用性和针对性，企业也通过高校获得优秀的人才资源，为自身的可持续发展提供支持；②共同建设实践教学基地，为学生提供实习、实训等实践机会，通过实践教学基地的建设，学生能在真实的工作环境中锻炼自己的技能，提升职业素养和实践能力，企业通过对实习生进行选拔和培养，能够发现和储备优秀的人力资源；③共同开展科研合作，推动科技创新和成果转化，高校依托企业的资源优势，开展针对性的科研项目，将学术研究与实际应用相结合，企业借助高校的科研力量，提升自身的技术水平和创新能力；④共同开展职业培训和继续教育，提升人才的综合素质和职业技能，通过职业培训和继续教育，学生能不断更新自己的知识和技能，适应市场的变化和职业发展的需求，企业通过开展职业培训和继续教育，提升员工的综合素质和职业技能，为自身的发展提供人才保障。

二、新商科背景下旅游管理专业学生综合能力构成

1. 旅游服务能力

旅游服务能力是旅游管理专业学生综合能力中的重要组成部分[2]，涵盖了从旅游接待到旅游营销、从旅游资源开发到旅游安全管理的各个方面，如：①导游服务能力，导游在旅游服务中扮演着重要的角色，他们需要具备丰富的知识和讲解技巧，能够为游客提供生动、有趣、专业的讲解服务；②旅游接待能力，旅游接待人员需要具备良好的沟通技巧和服务意识，能为游客提供热情、周到的接待服务，包括入住酒店、安排交通等；③旅游营销能力，旅游营销人员需要掌握市场调查、产品策划、品牌推广等方面的技能，以制定有效的营销策略，提升旅游产品的市场竞争力；④旅游资源开发能力，旅游资源开发人员需

---

[1] 王宇 . 产教融合背景下民族地区教育与旅游产业的耦合协调发展水平研究 [D]. 重庆：西南大学 ,2023.

[2] 周子英 . 基于项目驱动的“旅游策划学”课程教学应用研究 [J]. 旅游纵览 (下半月),2016(10):245-247+249.

要具备深厚的专业知识、敏锐的市场洞察力、创新思维、团队协作能力等多方面的素质和能力，能够为旅游企业提供科学可行的旅游资源开发方案；⑤旅游安全管理能力，旅游安全是旅游业发展的重要保障，旅游安全管理人员要掌握安全风险评估、应急救援等方面的知识与技能，为游客提供安全可靠的旅游环境。

2. 信息技术应用能力

随着信息技术的不断发展，在智能时代和大数据时代，旅游管理专业学生要掌握相关的信息技术，如计算机网络技术、数据库技术、信息系统技术等，能运用信息技术进行旅游信息管理、旅游资源开发和旅游市场营销等工作，掌握先进的信息技术和数据处理技能，能够运用智能技术进行旅游管理和服务。

3. 数据分析和决策能力

商业环境的快速变化和市场竞争的加剧，要求企业能够更加精准地把握市场动态、理解客户需求，以制定有效的商业策略。在新形势下，旅游行业发生了巨大的变化，通过对旅游行业进行精确的数据分析，帮助企业更好地了解旅游市场发展趋势与竞争态势，从而做出更加明智的决策。注重培养旅游管理专业学生的数据分析和决策能力，将有效增强学生未来在旅游行业内的竞争力，更好地适应旅游行业的发展需求。

4. 创新思维与创业能力

在新商科背景下，创新是推动行业发展的重要动力。随着科技的迅速进步和全球化的深入发展，商业环境日新月异，旅游相关企业要想在激烈的市场竞争中立于不败之地，就必须具备强大的创新能力。旅游行业作为一个充满活力和机遇的领域，不断涌现出新的创意和创业项目，通过新商科教育，学生能接触到最新的商业理念和技术方法，学习如何发现问题、解决问题并创造价值。学校为学生提供实践机会和创业指导，帮助学生将创新思维转化为实际的商业项目，培养学生的创业精神和实践能力。

三、新商科背景下旅游管理专业学生综合能力培养现状

1. 培养目标不明确

由于缺乏深入的行业调研和市场需求分析，高校对旅游行业的发展趋势和人才需求了解不足，在制定旅游管理专业人才培养目标时，未能充分考虑新商科背景下的行业需求和发展趋势，与市场需求脱节，培养目标过于宽泛或过于狭隘，缺乏针对性和实用性。

2. 课程设置不合理

新商科背景下，旅游管理专业课程设置不够合理，主要表现在以下几个方面：①课程

内容过于陈旧，未能及时更新，与旅游行业的发展趋势和市场需求脱节；②课程结构不够合理，理论课程过多，实践课程较少，学生缺乏实际操作能力和经验；③课程设置缺乏系统性，学生的知识结构不完整，缺乏对旅游行业的整体认识和理解。

3. 实践教学环节薄弱

旅游管理专业实践教学环节薄弱的问题主要表现在以下几个方面：①实践教学内容与行业需求脱节，学校在设置实践教学内容时，未能与旅游行业的需求紧密结合，学生所学知识与实际工作存在差距；②实践教学资源不足，学校缺乏实践教学所需的设施、设备或基地，实践教学的质量和效果受到限制；③实践教学管理不规范，学校在实践教学环节中缺乏规范的管理制度和实践教学大纲，实践教学的随意性较大，缺乏系统性和完整性。

4. 师资有待提高

从高校旅游管理专业的师资队伍可以发现，部分教师缺乏旅游管理或相关领域的学术、工作背景，难以满足新商科背景下的人才培养需求，即使部分教师是毕业于旅游管理相关专业，但随着旅游业的快速发展，相关的知识体系未能及时更新，在教学过程中，仍运用传统的教学方法，以讲授为主，注重知识的单向传递，忽视了与学生的互动和实践环节，学生被动地接受知识，缺乏主动性和创新性，影响教学效果。

四、新商科背景下旅游管理专业学生综合能力培养的途径

1. 明确人才培养目标

根据市场需求及时调整人才培养方案，加强与行业企业的合作与交流，定期开展市场调研，了解旅游行业的发展趋势、新兴业态和人才需求变化，将行业标准和规范融入教学中，使学生更好地适应旅游行业要求，注重培养学生的综合素质和创新能力，提高学生的就业竞争力。

2. 优化课程体系设置

深入了解旅游行业发展趋势和人才需求，基于行业发展趋势和人才需求，及时调整课程设置，如增加人工智能、大数据分析、智慧旅游等相关课程，使学生掌握相关的理论知识和技术技能，帮助学生更好地适应旅游行业的智能化、数字化转型，提升他们在旅游行业中的竞争力。

3. 强化实践教学

为了解决实践教学薄弱的问题，加强实践教学监管，可以采取以下措施：①加强与行业企业的合作，了解旅游行业需求，共同制定实践教学计划和教学内容，确保实践教学的

针对性和实用性；②加大实践教学资源投入，完善实践教学所需的设施、设备或场地，提高实践教学的质量和效果；③制定规范的实践教学管理制度和教学大纲，确保实践教学的系统性和完整性，提高实践教学的效果和质量；④加强实践教学师资队伍建设，提高教师的实践能力和教学水平，推动实践教学改革和创新。

4. 加强师资建设

①引进具备丰富实践经验和行业背景的教师，提高旅游管理专业教师素质和教学水平；②鼓励专业教师参加学术交流和培训活动，提高教师的学术水平和专业素养；③积极鼓励教师创新教学方法和手段，如案例分析、角色扮演、小组讨论等，提升教学质量，激发学生的学习兴趣和潜能；④鼓励教师与旅游企业合作开展科研项目和实践活动，加强与旅游企业的合作与交流，提高教师的实践能力。

参考文献：

[1] 刘馨 .“新商科”背景下怎样深入推进金融专业双语教学改革 [J]. 文教资料 ,2021(9):236−238.

[2] 吉芙蓉 .“三高四新”战略背景下新文科旅游管理专业人才培养改革研究 [J]. 湖北开放职业学院学报 ,2023,36(14):38−40.

[3] 孔祥维 , 王明征 , 陈熹 . 数字经济下“新商科”数智化本科课程建设的实践与探索 [J]. 中国大学教学 ,2022(8):31−36.

[4] 王慧颖 , 焦微玲 . 数字经济时代新商科校企合作人才培养模式创新研究 [J]. 改革与开放 ,2021(10):60−66.

[5] 王昕 . 应用型本科会计人才培养模式转型研究 [D]. 上海：华东师范大学 ,2022.

[6] 黄冰毅 . 数字经济时代地方应用型本科院校新商科人才培养模式探析 [J]. 大学教育 ,2023(17):131−134.

[7] 王婧 , 郑果 . 研究前沿思想先锋——2023《旅游学刊》中国旅游研究年会旅游研究前沿先锋论坛综述 [J]. 旅游学刊 ,2023,38(12):150−155.

[8] 赵子静 , 陈丹 . 探析导游讲解对旅游景区服务质量的影响 [J]. 辽宁科技学院学报 ,2023,25(3):85−87.

新商科背景下旅游管理专业学生文化融通力培养

近年来，我国的旅游业迅猛发展，出入境旅游业务如火如荼。全球化进程的加速使得文化融通成为日常生活和工作中不可或缺的一部分，截至 2024 年 1 月底，我国已与 157 个国家缔结了涵盖不同护照的互免签证协定，与 44 个国家达成简化签证手续协定或安排，同 23 个国家实现全面互免签证[1]，这些政策使得出入境旅游变得更加便捷，也吸引了更多的国际游客。出入境旅游业务涉及不同国家和文化背景的游客以及从业人员，免签或落地签政策对旅游管理专业学生的文化融通力提出了更高的要求，新商科背景下，培养更多具备文化融通力的旅游管理专业毕业生成为了高等教育的重要任务。

一、文化融通力的重要性及构成要素

文化融通力是指在尊重世界文化多样性的基础上，具有文化融通同理心和批判文化意识，掌握基本的文化融通研究理论知识和分析方法，理解中外文化的基本特点和异同，能对不同文化现象、文本和制品进行阐释和评价，能有效和恰当地进行跨文化沟通，具备帮助不同文化背景的人士进行有效的跨文化沟通的能力。

1. 文化融通的重要性

在全球化和中国经济社会快速发展的时代背景下，促进各国之间科学、技术和文化的交流互鉴，实现中西文化融通，已经成为一个不可逆转的趋势[2]。通过与不同文化背景的人士交流互动，接触并理解多样化的观念、价值观以及生活方式，能极大地拓宽我们的视野。同时，这种交流对于提升学习者的语言实际运用能力以及跨文化交际能力具有实质性的促进作用，使我们能够更加敏锐地感知并融入多元文化的精髓。“国之交在于民相亲，民相亲在于心相通”，文化融通是旅游业发展的重要推动力，随着中国经济的快速发展和国际交流的增多，越来越多的人选择走出国门旅游，而外国友人也开始涌入中国，这种趋势不仅促进了旅游业的发展，也使得文化融通变得越来越重要[3]。通过文化融通，旅游从业人员能更好地了解游客的需求和文化背景，为游客提供更加优质的服务，促进旅游业的发展。文化融通的作用体现在以下方面：

①更好地了解目的地文化。当游客前往一个陌生的国家时，如果能够了解当地的文化、风俗和习惯，就能更好地融入当地环境，避免不必要的误解和冲突，而通过与当地人的交

---

[1] 数据源于百度百科：对中国公民实施免签、落地签的国家（地区）。

[2] 穆恩怡，贺灿飞．经济循环视角下的环境经济地理研究进展与议题 [J]. 地理科学进展 ,2023,42(12):2423–2438.

[3] 靳方华．以文化融通筑牢“一带一路”根基 [J]. 甘肃政协 ,2023(5):36–38.

流和互动，游客能获得更深入的文化体验和更真实的旅游感受。

②为游客提供更优质的服务。旅游业是一个服务行业，游客的满意度是衡量服务质量的重要标准。通过了解游客的文化背景和需求，旅游从业人员能为游客提供更加贴心和个性化的服务，提高游客的满意度和忠诚度。

③理解和尊重不同文化之间的差异。随着国际交流的增多，越来越多的外国友人来华工作、学习和旅游，在与外国友人的交往中，我们需要了解他们的文化背景和宗教信仰，以便更好地沟通和合作，通过文化融通，避免在沟通中产生误解和冲突，从而与外国友人建立起更加紧密的联系和友谊，促进中外友好交流和合作。

2. 文化融通力的构成要素

①认知层面。认知能力包括对不同文化背景、价值观、习俗的了解和认知以及对文化差异的敏感性和理解能力等，在文化融通中，认知能力可以帮助人们更好地理解对方的文化和行为方式，减少误解和冲突。

②情感层面。正如生物多样性一样，人类世界的文化也表现出多样性特征，文化的融通作为连接不同文明与心灵的纽带，其顺畅进行离不开一系列情感能力的支撑，如开放的心态、深切的同理心、不懈的耐心以及由衷的尊重，成为了人们在跨文化交流中不可或缺的软实力，文化融通力能助力个体更好地适应并融入对方文化环境，构建和谐人际关系，提升沟通效能。

③行为层面。文化融通是一个由理解、认同、学习及吸收等多个环节紧密交织而成的综合性过程，在文化融通过程中，行为能力扮演着至关重要的角色，它涵盖了语言表达能力、非语言沟通技巧、以及灵活有效的交际策略和方法，能够帮助个体在跨文化环境中更加自信、得体地表达自己的观点和需求，实现有效沟通。

二、培养旅游管理专业学生文化融通力的必要性

1. 适应全球化趋势

旅游业是一个国际性的行业，涉及不同国家和民族之间的交流与合作[1]。随着全球化的发展，出入境旅游越来越频繁，促进了世界各地的经济交流和文化融合，旅游活动日益成为国家间文化交流的重要渠道，给旅游行业带来了新的机遇和挑战。适应全球化趋势是旅游管理专业学生具备文化融通力的必要条件之一，旅游管理专业学生需要具备文化融通力，以应对全球化带来的挑战和机遇。主要表现在以下几点：

①在全球化背景下，旅游业的发展越来越依赖于国际交流与合作，游客的来源和需求呈现多元化趋势，要求旅游从业人员具备文化融通力，以更好地服务不同国家和地区的游

[1] 陈彦铮 . 中国穆斯林在推动“一带一路”战略中遇到的机遇和挑战分析——以新疆、宁夏为例 [J]. 当代经济 ,2019(3):11–15.

客，学生只有具备了文化融通力，才能在全球化趋势下适应旅游业的发展需求。

②国际交流与合作成为推动旅游业发展的重要手段，学生需要积极拓展国际视野和积累文化融通经验，了解不同国家和地区的文化背景、价值观和行为习惯，参与国际交流与合作，以提升自身专业水平，在未来的职业生涯中拓展业务范围和提升竞争力。

③全球化推动了各国之间的经济、文化交流，为旅游业的发展提供了广阔的空间和无限的机遇，学生需要关注国际市场的发展趋势和竞争态势，了解国际游客的需求和期望，掌握国际市场营销和品牌建设的策略和技巧。

2. 提高服务质量

在出入境旅游活动中，游客对服务质量的期望和需求是多样化的，不同文化背景的游客有着不同的价值观和行为习惯。旅游管理专业学生作为未来旅游行业的从业人员，需要具备文化融通力，以便更好地了解和满足游客的需求，提高服务质量和游客满意度。主要体现在以下几点：①学习和掌握文化融通的知识和技巧，了解不同国家和地区游客的文化背景、价值观和行为习惯，更好地理解游客的需求和期望，避免或减少文化冲突和误解，有助于为游客提供更加贴心和个性化的服务，提高游客的满意度；②语言是沟通的桥梁，从业人员需要掌握英语等国际通用语言，具备良好的沟通能力，能够清晰、准确地表达自己的观点和需求，理解游客的意图和问题，更好地与游客进行交流和沟通，为游客提供更周到的服务；③团队协作至关重要，在旅游服务中，需要与同事、导游、酒店等各方密切合作，面对突发情况和紧急情况时，需要具备应变能力，冷静、迅速地处理问题，具备文化融通力有助于团队协作，共同为游客提供高质量的服务，保障游客的安全和舒适。细节决定成败，为提升旅游服务质量，需要关注游客的需求和反馈，以游客为中心，及时调整和完善服务流程和细节，全心全意为游客提供优质的服务。

3. 推动文化交流与传承

旅游管理专业的学生，在深入探索文化融通相关领域的学习过程中，不仅能有效推广本土文化，还具备吸纳与融合外来文化的敏锐洞察力，成为文化交流的积极推手，促进世界各地文化的相互学习与传承，这种学习经历使学生不仅能够以创新的视角展示本土文化的独特魅力，增强文化自信，还能够深刻理解并尊重外来文化的精髓，实现文化的双向交流与互鉴，这种深度的文化交流与融合，为构建更加和谐多元的世界文化格局贡献了自己的力量。

①在出入境旅游中，游客和旅游从业人员是文化交流的重要载体，从业人员具备文化融通力，了解不同国家和地区人们的文化背景、价值观和行为习惯，将不同文化之间的差异和特点呈现给游客，有助于增强游客对不同文化的认知和理解，促进文化交流和传播；②在旅游业的发展过程中，具备文化融通力的旅游从业人员，能够更好地挖掘和推广当地

的文化资源，将传统文化的精髓和特色呈现给游客，有助于增强游客对传统文化的认同感和尊重，促进传统文化的传承和创新；③旅游业是一个国际性的行业，涉及不同国家和民族之间的交流与合作，文化融通不仅有助于增进中外友好交流和合作，还为人们提供了参与国际对话、拓宽国际视野及积累文化交融经验的宝贵平台，旅游业的蓬勃发展，有效促进了全球文化的相互理解和尊重，为推动世界的和平与可持续发展贡献力量。

三、旅游管理专业学生文化融通力培养现状及问题

1. 重视程度不够

受地方本科院校的地理位置和资源限制，与国际接轨的机会较少，其在旅游管理专业的办学理念上缺乏国际化的视野和意识，没有将国际化办学作为重点发展方向，学校对文化融通力培养的重视程度不够，在资金、教材、教学设备等资源方面受限，难以支持大规模的文化融通教学活动，条件限制使得学生在学习过程中难以接触到国际化的知识和技能，学校无法为学生提供国际化的学习和交流机会，影响了学生文化融通力的培养。

2. 实践教学环节薄弱

旅游管理专业实践教学环节中，针对文化融通的实践训练较少。学生缺乏实地接触和体验不同文化的机会，导致在实际工作中难以应对复杂的跨文化情境。文化融通力培养需要大量的实践经验和实际操作，但许多学校在这一点上做得并不到位。例如，缺乏实践教学基地、实地考察机会、模拟导游活动等，学生无法亲身体验和感受文化融通的实际操作，无法真正掌握相关技能。旅游业是一个实践性和应用性很强的行业，学校与企业的合作与交流对于提高学生的实践能力和就业竞争力至关重要。然而，一些高校旅游管理专业缺乏与企业的合作与交流，导致学生缺乏实际操作的机会和经验，无法真正掌握文化融通的技能。

3. 教师队伍素质有待提高

20 世纪 80 年代初，随着中国改革开放的不断深入和国际交流的增多，学术界开始将目光投向文化融通现象，特别是在外语教学领域，相关专家敏锐地捕捉到了跨文化交流重要性，并将其融入教学实践，旨在提升学生的文化融通能力，然而，尽管这一领域的重要性逐渐显现，但对于文化融通的研究在我国还处于起步阶段，与国外的研究成果相比较，国内有关文化融通的研究还存在一些差距和不足，例如，研究方法较为单一，缺乏创新性；研究领域相对局限，需要进一步拓展；对于实际应用的关注度不够等。同时，我国进行文化融通研究的学者主要是从事外语教学的高校教师，从事旅游教学的教师普遍缺乏系统的文化融通知识体系与经验，主要表现在以下三个方面：①跨文化理解能力的欠缺，文化融通教育要求教师具备深刻的跨文化理解力，能够准确把握不同文化的内涵、特点及其相互

间的差异与联系，然而，部分教师由于缺乏足够的国际交流经验或对相关文化背景知识的系统学习，导致在教授相关课程时不能深入剖析文化现象，难以引导学生形成全面的文化认知；②国际视野的局限，在全球化的背景下，文化融通教育要求教师具备宽广的国际视野，紧跟国际文化发展的最新动态，将全球性的文化议题融入教学内容中，但由于教师长期局限于国内教学环境，缺乏对外部世界的深入了解，难以将国际视角融入教学过程，限制了学生国际视野的拓展；③文化融通实践经验的缺乏，大部分从事旅游教学教师很少有机会直接参与国际文化交流活动，如海外研修、国际会议等，从而限制了他们获取文化融通实践经验的机会，影响了教学的生动性和实效性。

4. 学生对文化融通的认知不足

地方本科院校没有足够的文化融通教育资源，如教材、师资、文化体验等，学生无法充分熟悉文化融通的知识和技能。学生没有认识到文化融通的重要性和必要性，认为这只是一种语言交流技巧，更注重专业知识和技能的学习，缺乏对不同文化背景知识的深入学习，没有足够的实践经验，导致学生在实际工作中遇到文化融通相关问题时，往往难以应对，在未来的职业生涯中可能会面临文化差异带来的挑战和困难。

四、新商科背景下旅游管理专业学生文化融通力培养策略

1. 优化课程设置，强化文化融通理论教学

优化旅游管理专业课程设置和强化文化融通教学是提高学生文化融通力的关键措施[1]。具体建议如下：①将文化融通课程与其他相关课程进行整合，形成一个系统的课程体系，例如，将文化融通课程与外语课程、国际商务课程、文化研究课程等相结合，使学生能够在不同的课程中逐步深入地了解文化融通的理论和实践；②在课程设置中增加文化融通理论的教学内容，使学生能够全面了解文化融通的基本概念、理论框架和研究成果，通过学习文化融通相关理论，学生能更好地理解不同文化之间的差异和特点，提升学生文化融通意识和敏感性；③采用多种教学方法，如案例分析、角色扮演、小组讨论等，学生能更好地理解文化融通的实际场景和问题，模拟与不同文化背景的人进行交流，分享自己的观点和经验，增强旅游管理专业学生的协调合作能力和跨文化沟通能力。

2. 加强实践教学，提供丰富的文化融通体验机会

加强实践教学并提供丰富的文化融通体验机会是提高学生文化融通力的重要举措。地方本科院校可以通过组织国际交流活动、建立实践教学基地、模拟商务谈判和文化融通沟通场景、利用现代技术进行远程实践教学、邀请旅游企业等相关行业专家授课、提供语言

[1] 刘宏伟 . 地方高校产教融合培养应用型翻译人才的探索与实践 [J]. 牡丹江大学学报 ,2023,32(10):102-108.

培训和文化融通培训课程以及定期评估和反馈等措施来加强实践教学，为旅游管理专业学生提供丰富的文化融通体验机会，这些措施有助于培养旅游管理专业学生的文化融通意识和能力，更好地适应全球化的市场需求。

3. 创新教学方法，提升教师队伍的文化融通素养

由于从事旅游教学的教师普遍缺乏系统的文化融通知识体系储备，文化融通意识和能力有限，为了培养旅游管理专业学生的文化融通力，必须建立一支高水平的具备文化融通力的教师队伍。积极倡导学校教师参与国际学术交流活动，如研讨会、工作坊和学术会议，为教师提供专门的文化融通培训和进修机会，扩展教师的国际视野，帮助教师深入了解不同地区人们的文化背景、价值观、风俗、习俗和沟通方式，通过培训与交流，教师可以提升自己的文化融通意识和敏感性，提高自身的跨文化交流素养，从而更好地指导学生。同时，创新教学方法，引入国际案例教学法，模拟真实的国际旅游场景，引导学生从文化融通的视角进行深入分析，增强学生对不同文化背景下旅游现象的理解，让学生在实践中提升文化融通能力。

4. 提高学生意识，鼓励参与文化融通相关活动

学校积极倡导、鼓励学生参与文化融通相关活动，建议如下：①加强宣传，学院通过举办讲座、研讨会、展览等形式，向学生介绍不同国家的文化、历史、风俗习惯等，帮助学生了解和认识不同文化，并利用校园媒体、网络平台等渠道，广泛传播具备文化融通力的重要性和好处，激发学生的参与热情；②为学生提供多样化的体验机会，组织学生参加国际交流项目、短期访学、文化交流活动等，让学生亲身体验不同文化的魅力，增进对不同文化的理解和尊重；③设立项目和奖学金，为学生提供资金、资源等方面的支持，帮助学生实现跨文化交流的愿望。同时，设立奖学金等激励机制，表彰在文化融通学习方面表现突出的学生，激发更多学生的参与热情。

参考文献：

[1] 周子英,郑艳.出境游目的地选择偏好影响因素分析——以长株潭城市居民为例[J].中国农业资源与区划,2019,40(2):143-151.

[2] 马惠琼.文化融通背景下大学英语课的价值反思与实现路径[J].昆明理工大学学报(社会科学版),2019,19(5):106-112.

[3] 包富华,杨尚英.2000年以来国内旅游的社会文化影响的研究回顾[J].世界地理研究,2016,25(5):142-152.

[4] 胡杰辉.新工科背景下的大学外语课程建设理念与策略[J].中国外语,2023,20(5):4-10.

[5] 张博文 . 以本土化人才培养促进民族地区高等旅游教育的改革与发展 [J]. 旅游论坛 ,2009,2(1):149−154.

[6] 刘徐湘 . 跨文化教育 : 文化融通的智慧 [J]. 重庆高教研究 ,2014,2(3):21−24..

[7] 李枭鹰 , 耿宁荷 , 郭新伟 . 留学生教育中文化融通的本质、基石和策略 [J]. 现代教育管理 ,2024,(8):21−30..

[8] 袁红 . 高职旅游管理专业“产学结合、校企合作”教育模式探讨 [J]. 中国管理信息化 ,2019,22(8):195−196.

[9] 沈黎嫣 . 试析应用型高职院校旅游管理专业“课岗证赛”四位一体的人才培养模式 [J]. 中国多媒体与网络教学学报 (中旬刊),2023(10):176−179.

[10] 徐晓芳 . 基于地方旅游业发展的高职高专旅游英语课程教学模式探讨 [J]. 黑龙江生态工程职业学院学报 ,2013,26(4):100−102.

第二节 人才培养模式

新商科背景下地方本科院校旅游管理专业双创人才培养模式

随着旅游市场的不断扩大和旅游需求的日益复杂化和多元化，旅游供给将呈现出专业化分工格局，旅游行业对人才的综合素质和创新能力的要求越来越高。为了服务国家创新驱动发展战略，促进学生全面发展、适应社会需求，2010 年，教育部提出创新创业（以下简称“双创”）教育要面向高校全体学生，融入人才培养全过程。为了提升人才培养质量，2018 年，教育部发布了《普通高等学校本科专业类教学质量国家标准》，该标准涵盖了各个本科专业类的培养目标、培养规格、课程体系、师资队伍、教学条件、质量保障等多方面，均对双创教育提出了明确的要求。双创教育旨在培养学生的创新思维和创业精神，提高学生的创新能力和创业素质。双创教育模式能够帮助学生掌握创新思维和方法，具备发现问题、解决问题的能力，从而为未来的职业发展和社会进步作出贡献。

旅游管理类专业建设在我国起步较晚，但随着旅游业在国民经济中的地位日益提升，旅游管理专业也得到了更多的重视，许多高校都开设了旅游管理专业。随着人们收入的提高和旅游消费需求的升级，主题旅游、定制旅游、智慧旅游等旅游新业态不断涌现，旅游行业的变化对人才的的综合素质和创新能力的要求越来越高。2018 年，教育部发布《旅游管理类教学质量国家标准》，对旅游管理专业建设与发展从培养规格、学制学分、专业目标、师资队伍、课程体系等 7 个方面提出了相应标准和要求。双创教育的核心旨在激发学生的创造力，培养学生的创新思维和创业意识，使毕业生具备自主创业或创新的能力。新商科背景下的旅游管理专业人才培养需要更加注重培养学生的创新思维、实践能力、跨学科整合能力以及国际化视野，以满足旅游行业对高素质、高能力人才的需求。在新商科背景下，构建旅游管理专业双创人才培养模式是旅游管理专业建设和人才培养的重要任务之一。

一、地方本科院校旅游管理专业双创教育存在的问题

为深入贯彻科学发展观，坚定实施科教兴国与人才强国战略，针对 2024 届全国普通高校毕业生的充分就业与创新需求，教育部于 2023 年 1 月发布了《关于做好 2024 届全国

普通高校毕业生就业创业工作的通知》，该通知特别强调了对创新创业教育（简称“双创教育”）的高度重视，明确要求各高校应大力推进大学生自主创业工作，将双创教育无缝融入人才培养的每一个环节，构建集课堂教学、自主学习、实践锻炼、导师指导及文化引领为一体的高校双创教育体系。目前很多地方高校已将双创教育理念融入人才培养方案中，积极开展各种形式的双创教育活动，如创业计划大赛、创新项目等，鼓励学生积极参与，提高学生双创的实践能力和经验积累。但随着大数据与人工智能技术的快速发展，双创教育在教育理念、师资力量、课程设置、实践平台等方面都面临一些急需解决的问题。

1. 双创教育与专业教育缺乏有机融合

2012 年 6 月，教育部发布《国家教育事业发展第十二个五年规划》，首次明确将“地方高等学校以培养应用型、技能型人才为主”作为重要导向，为高等教育体系内的角色定位与人才培养目标设定了清晰方向。2015 年 10 月，教育部携手国家发展改革委、财政部，共同发布了《关于引导部分地方普通本科高校向应用型转变的指导意见》，该意见深刻阐明了转型发展的核心路径，即推动高校将办学重心切实转移到服务地方经济社会发展、强化产教融合与校企合作、专注于应用型技术技能型人才培养、以及增强学生就业创业能力等方面，为高校转型提供了全面而具体的指导。2017 年 12 月，国务院办公厅印发《关于深化产教融合的若干意见》，强调了产教融合的重要性，指出要深化产教融合机制，确保教育链、人才链与产业链、创新链之间形成紧密且高效的有机衔接，为提升人才培养质量与社会需求的契合度提供了重要保障。进入新的发展阶段，2021 年 3 月，国务院精心编制的《中华人民共和国国民经济和社会发展第十四个五年规划和 2035 年远景目标纲要》中，“再次重申并强调了推进部分普通本科高校向应用型转变的战略部署”，这不仅是国家层面对高等教育发展目标的系统性设计与长远规划，更是对前期政策导向的深化与巩固，标志着我国高等教育在培养应用型人才、服务经济社会发展方面迈出了更加坚实的一步。随着国家“创新驱动发展战略”的提出和旅游产业转型升级对双创人才的需求，在教学过程中，要注重拓展学生的视野，培养他们的综合能力和创新思维，以满足新商科和旅游行业不断发展的需求。以湖南工程学院旅游管理专业为例，开设了“大学生职业发展与就业指导”“双创教育”等共计 4 个学分的课程，这些双创课程旨在培养学生的双创意识、思维和能力，促进大学生的全面发展。由于双创课程是独立开设的，只单纯地停留在传授创业知识和训练创业技能的层面，并没有跟旅游管理专业课程有机融合，专业课程教师在传授专业知识时，不能普及双创理念，难以系统地培养学生的创新思维，严重制约了学生未来职业的发展与就业竞争力。

2. 缺乏具有双创教育理念的“新商科 + 数字能力”教师

以湖南工程学院旅游管理专业为例，尽管独立开设了 4 个学分的双创课程，但是没有专业的双创教师团队，授课教师未接受过双创的系统训练和培训，缺乏一定的创业实战经验，当学生在实际创业过程中遇到问题时，不能为学生提供有针对性的指导和建议，导致学生在进行双创实践时缺乏全面的知识和技能支持。“新商科 + 人工智能”涉及多个学科领域，如商业管理、数据分析、机器学习等，教师缺乏新商科和数字能力的知识背景，对行业的敏感度较低，不能将最新的商业理念、数字技术融入教学中，学生所学内容与市场需求脱节，对新商业趋势和数字技术的了解不足，教学内容陈旧，缺乏时代性和前瞻性，无法满足现代商业社会的需求。

3. 双创教育缺乏协同育人合力

很多地方高校开展了校企协同育人合作，但是学校和企业有着不同的目标和诉求，学校主要目标是培养人才，而企业的主要目标是追求利润，校企合作的诉求不同，使得这种合作往往停留在表面，学校拥有的教育资源和企业拥有的企业资源未能得到充分的共享与利用，学校和企业之间的沟通和互动不足，导致双方无法有效地整合资源，合作缺乏深度，协同育人的效果不佳。

4. 实践教学环节薄弱

双创实践教学应当与理论教学相互补充，共同提高学生的创业精神和创新能力，但由于传统的教学模式的影响，许多高校在教学中仍存在“重理论、轻实践”现象。同时，由于实践教学环节薄弱，体系不够完善，往往存在教学内容陈旧、实践教学方法单一、与实际市场需求脱节的情况，学生难以将理论知识转化为实际的双创能力，导致学生难以学到真正有用的知识和技能，无法满足企业对人才的需求。

二、新商科背景下旅游管理专业双创人才培养模式改革的总体思路

以“立德树人”为引领，提出“横向整合 + 纵向发展”的双创人才培养模式，通过空间与时间的维度设计，构建一个综合而有机的旅游管理专业双创人才培养体系（图 1）。在空间维度上，以实践教学平台为支撑，通过重构新商科背景下旅游管理专业人才培养方案，将双创教育、课程体系和专业能力三个要素分层次分阶段进行整合，以达到对旅游管理专业跨学科交叉融合的培养目标。在纵向的时间维度上，将双创教育分为四个递进层次，分别为双创理论教育、双创项目训练、专业竞赛和创业实践，以确保旅游管理专业学生在不同的时间阶段均能获得相关的专业知识与技能。为确保专业教育与双创教育的效果，建立一个递进式课程体系，包括专业基础、专业技能、综合实践和工程实践四个阶段，以全面培养旅游管理专业学生的跨学科思维、数据驱动思维和解决问题能力，最终激发出学生的双创潜力。

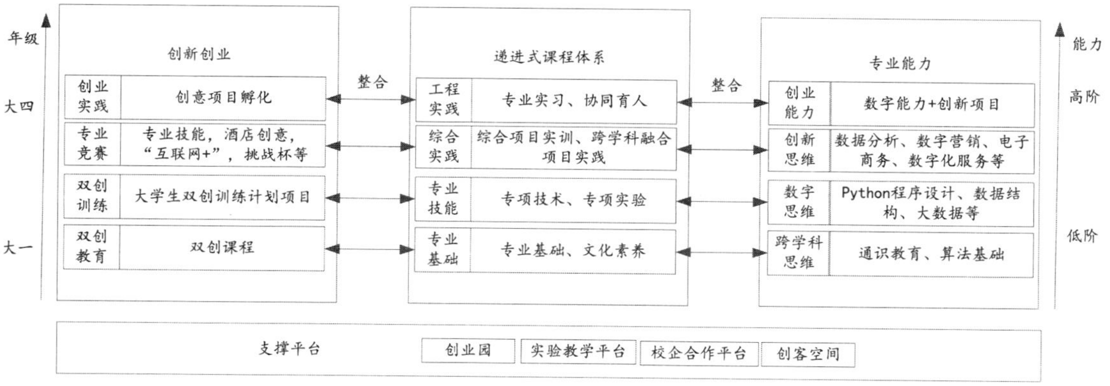

图 1　“横向整合 + 纵向发展”的双创人才培养模式

在时间维度，进行了双创教育、递进式课程体系、数字能力三个要素的有机融合。首先，在双创教育的同时，引入数字能力的通识教育，并将双创元素融入专业基础课程，使得课程体系可以结合新商科发展，课程内容能够与时俱进，不仅使课程内容更具吸引力，还能加强学生对人工智能和创新的理解和关注度；在双创训练阶段，将“Python 程序设计”“大数据技术”“数据结构”等与专业课程有机结合，使学生获得专项技能；在综合实验阶段，让学生参加旅游专业技能竞赛、酒店创意竞赛、“互联网 +”和挑战杯竞赛等，让学生能够运用数字技术解决专业领域的问题，不仅能够培养学生的数字应用能力，而且还培养了他们的创新精神和解决问题的能力，通过专业教育结合数字能力的培养模式，教学效果得到进一步提升；最终，在创业实践阶段，结合数字能力与创新项目，将双创教育提升到创业实践层次，综合运用支撑平台（创业园、实验教学平台、校企合作平台、创客空间等），帮助学生将创新思维转化为创业项目，为社会培养旅游管理专业高阶人才。

新商科背景下，旅游管理专业双创人才培养模式的核心目标在于培养学生专业能力，可以细分为跨界整合、创新思维、数字服务三种关键能力，它们相互交织，形成一个有机整体：

①跨界整合能力：通过交叉学科的整合，课程体系的纵向递进，使学生不仅能打下坚实的专业基础，又能够拓展认知，通过双创人才培养模式，培养学生的跨界整合能力，将不同领域的知识、资源和技术结合起来，为旅游业的发展提供新的动力。

②创新思维能力：通过横向融合，旅游管理专业学生能够将不同学科领域的知识和技能相互结合，培养学生创新思维，使学生具备敏锐的洞察力和独立思考的能力，能敏锐地观察到旅游业中存在的问题，并提出新的观点和解决方案。

③数字服务能力：在新商科背景下，通过双创人才培养模式，培养学生的数字能力，帮助旅游管理专业的学生掌握先进的技术工具，如智能预订系统、移动应用程序等，从而为客户提供更加高效、便捷的服务。学生运用大数据和人工智能技术，优化旅游服务流程，提高服务质量和效率，为客户提供更加个性化的旅游体验。

三、新商科背景下旅游管理专业双创人才培养模式的改革措施

基于新商科建设背景，结合旅游管理专业双创人才培养模式改革的总体思路，地方本科院校为了培养具备创新思维和创业能力的旅游管理专业人才，可以从构建双创教育人才培养体系、加强新商科双创师资队伍建设、打造双创实践教学平台等多方面进行旅游管理专业双创人才培养。

1. 融入双创教育理念，制定专创融合的培养体系

在新商科建设背景下，地方本科院校应当结合旅游管理专业特点与社会需求，立足岗位，将跨学科思维、数字思维、创新意识、创新精神、创业能力等融入旅游管理专业人才培养方案中，制定出有针对性的人才培养方案。在课程设置上，将专业课程与双创课程有机融合，形成一套完整的专创融合的人才培养体系，培养出既掌握专业知识又具备岗位技能的双创型旅游管理专业人才，同时注重学生综合素养的培养和道德品质的塑造，课程体系的设计紧跟旅游行业产业的发展趋势，以职业适应力为出发点，制定“专创融合”的梯级课程体系，培养旅游管理专业学生的双创与数字能力。

2. 加强师资队伍建设，提升双创教育水平

加强新商科双创师资队伍建设，提升双创教育水平，是实现旅游管理专业双创人才培养的关键。高校通过引进具有创新思维和创业背景的教师，组织专业教师参加双创培训、研讨会和交流活动，鼓励教师开展创业实践，培养教师的创新意识和创业能力，建立一支高水平的双创师资队伍，提高教师的双创教育水平。同时，通过引进、培养和激励的方式，吸引企业技术骨干、双创专家来校担任双创课程教学工作，为学生提供双创方面的指导和支持，帮助学生解决在创业实践中遇到的实际问题。

3. 深化校企合作，打造双创实践教学平台

深化与旅游企业合作，共同参与实训基地的建设和管理，推进校企合作的校内实训基地建设，注重培养学生的实践操作能力、创新思维和创业能力。结合行业发展趋势和市场需求，根据旅游管理专业的特点，建设包括酒店管理实训室、旅行社实训室、导游实训室、景区管理实训室、智慧旅游实训室等多样化的实训场所，引入先进的旅游管理设备和软件，如酒店预订系统、旅行社管理系统、景区管理系统、智慧旅游管理系统等，同时，注重实训场所的仿真性和实用性，模拟真实的行业环境，为旅游管理专业双创人才培养提供更加完善和实用的实践平台。

四、结束语

随着人们生活水平的提高和旅游经验的丰富，旅游需求越来越多元化和个性化，而科

技的进步和互联网的普及，使得旅游服务也越来越智能化和数字化。随着人们旅游需求的不断变化和旅游市场的竞争加剧，旅游企业需要不断进行创新和升级，以适应市场的变化和满足游客的需求。旅游行业转型升级对高校人才培养提出了新的要求和挑战。首先，随着旅游行业的转型升级，需要更多具备创新思维、实践能力、跨学科知识的综合性人才。其次，旅游行业的新业态、新模式和新技术的应用也需要高校在人才培养过程中与时俱进，关注行业发展趋势和市场需求变化，及时调整和更新教学内容和培养方案，保持与行业的同步发展。最后，旅游业转型升级需要高校在人才培养中注重学生双创能力的培养。结合实际需求，提出了“横向整合＋纵向递进”的双创人才培养模式，以提升旅游管理专业毕业生的综合素养、双创意识和数字能力。“横向整合＋纵向递进”的双创人才培养模式在横向维度上要求打破专业间的壁垒，重构旅游管理专业人才培养方案，在纵向维度上需要建立逐层递进的教学课程体系，更好地满足学生在不同学习阶段的需求。在具体实施过程中，通过改革旅游专业课程体系，培养旅游管理专业学生的跨界整合能力、创新思维能力和数字服务能力，为地方旅游业的发展注入新的活力。

参考文献：

[1] 童广路 . 课程思政视角下旅游管理专业学生创新能力培养体系研究 [J]. 现代商贸工业 ,2023,44(22):203−206.

[2] 梁永国 , 谢战军 , 李少云 , 等 . 基于“专创融合”的旅游管理专业创新型人才培养模式研究 [J]. 创新创业理论研究与实践 ,2023,6(13):189−194.

[3] 张学堂 , 马蕊 . 高等学校创业教育与应用型人才培养刍议 [J]. 教育现代化 ,2019,6(25):17−18+30.

[4] 杨庆云 . 甘肃高校学科结构优化与产业结构优化升级之间的关系 [J]. 知识经济 ,2018(22):177−178.

[5] 邓小鸿 , 刘惠文 . 新工科背景下信息类大学生创新创业能力提升策略研究——以江西理工大学应用科学学院为例 [J]. 创新与创业教育 ,2020,11(2):33−38.

[6] 秦开凤 , 张陈一轩 . 新发展格局下数字文化消费的内涵、潜力与发展路径 [J]. 东岳论丛 ,2022,43(12):17−26.

[7] 彭毅弘 , 程丽 .“新工科＋人工智能”时代应用型高校双创人才培养新模式 [J]. 石家庄学院学报 ,2023,25(6):150−155.

新商科背景下地方本科院校旅游管理专业创新型人才培养模式

地方经济的发展需要大批高素质专业人才。教育部2017年6月正式发布《教育部办公厅关于推荐新工科研究与实践项目的通知》，先后形成了“复旦共识”“天大行动”“北京指南”。在工业4.0时代，物联网、大数据、云计算、人工智能等新技术的推广使得服务场景发生了翻天覆地的变化，给旅游管理专业人才培养带来了新的要求与挑战。新商科建设工程，需要主动适应以新技术、新业态、新产业、新模式为特点的新经济发展需求。随着全球化经济发展的大趋势，地方经济发展对于复合型人才的需求极为迫切。由此可见，如何培养和输送合格的旅游管理专业复合型人才，成为地方本科院校旅游管理专业建设亟待解决的问题。

湖南工程学院是教育部“服务国家特殊需求人才培养项目”硕士专业学位研究生教育试点高校、“卓越工程师教育培养计划”“新工科研究与实践项目”实施高校，学校现有电气、机械、纺织、化工、管理、信息等优势专业群，涵盖工、管、文、理、经、艺六个学科门类。旅游管理专业属于优势专业群管理类下的一个特色专业，实行“3+1”人才培养模式，多年来为地方经济发展培养了大批专业人才。

基于地方经济发展和旅游产业对专业人才的需求，以地方高校——湖南工程学院为例，从旅游管理专业人才培养方案修订、课程体系建设以及人才培养模式的实施，探讨新商科背景下地方本科院校旅游管理专业创新型人才培养模式，为新商科背景下以工科专业人才培养见长的地方应用型本科院校的文科类专业人才培养提供启示与借鉴。

一、专业定位与人才培养方案的修订

1. 专业定位

一个专业的人才培养目标具有纲领性作用，专业定位必须结合学校的办学定位与办学条件，紧随时代发展的要求，以社会对旅游管理人才的需求为目标，进行科学、准确的专业定位。湖南工程学院旅游管理专业定位主要体现在以下三个方面：

①基本素养。旅游管理毕业生必须具备丰富的专业知识，具备国际视野，学校致力于培养学生的爱岗敬业精神，践行“游客为本，服务至诚”的旅游业核心价值观。

②能力要求。培养学生的跨文化交际、组织协调、数字、双创等能力，充分考虑社会对旅游管理专业人才的需求，注重学生的创新精神和实践能力的培养，以适应旅游行业发展的需求。

③就业方向。定位于各级旅游行政管理部门、旅游企事业单位，从事旅游管理相关服务工作。

2. 人才培养方案的修订

2021 年 6 月，文化和旅游部对外公布了《“十四五”文化和旅游发展规划》，这是文化和旅游部组建以来的第一个五年规划，指出新时代对旅游业发展新的要求，以应对旅游产业的外部压力和发生的巨变。为了实现旅游管理专业人才培养目标，确保人才培养质量，根据旅游管理专业定位与人才培养目标要求，2021 年，在学校与学院牵头领导下，对旅游管理专业人才培养方案进行了修订。为了使培养的人才能够适应湖南省及周边省份市场的需求，学院成立了企业专家、一线教师为代表组成的工作小组，对旅游管理专业毕业生、旅游企业进行了充分调研，同时，结合新冠疫情对旅游行业的冲击与影响，对旅游行业未来人才需求进行了分析，对原有的人才培养方案进行了修订，制定了旅游管理专业 2021 版人才培养方案，新的人才培养方案突破了专业界限，着重培养学生跨学科、跨领域发展的思维和技能。

二、课程体系的设置

基于 CBE 教育理论，湖南工程学院旅游管理专业以培养新形势下服务地方经济社会发展需要的复合型旅游管理专业人才为目标，重视学生的创新思维能力的培养，通过对旅游企业核心岗位能力需求进行充分的市场调研，依托高等教育人才培养方案，以市场需求为导向，结合学生的认知规律，充分利用政校企合作资源，在一线专业教师反复论证的基础上，构建了包含理论教学、实践教学、创新创业三模块的旅游管理专业课程体系。

1. 重构课程体系，凸显旅游产业需求

为紧跟专业前沿与社会发展需求，提高毕业生岗位适应力和满意度，针对旅游行业对旅游管理专业人才的要求，以“校企政互动、工学创交替”为主要路径，基于 CBE 教育理论，采用“行业、职业、岗位”一体化的人才培养模式，紧跟行业发展，紧密贴合企业需求，对旅游管理专业人才培养课程体系进行重构，设置了通识教育课程和专业教育课程。通识教育课程主要包括思想政治类、体育类、外语类、信息技术类、素质教育类、数理统计类以及创新创业类课程。专业课程包括专业必修课程与专业选修课程，其中专业必修课程有旅游学概念、旅游心理学、管理学、旅游财务管理、微观经济学、宏观经济学等主干课程，强调旅游管理专业核心能力的培养，同时又突出了旅游管理专业特色。专业选修课程在突出专业特色的基础上满足学生的个性化发展需求，依据学科发展动态与技术应用手段，以不断满足社会发展变化带来的相应需求，对旅游管理专业方向进行调整，进行“旅游 + 方向”的课程设置。旅游管理专业人才培养的“旅游 + 方向”设置不仅体现了“一专多能”的培养目标，使培养的人才拥有更丰富的文化知识和专业素养，拥有更宽的知识面和更广的视野适应“旅游+”和“+旅游”的发展需要，同时又很好地与地方旅游企业对接旅游管理专业人才的要求。

2. 构建实践教学体系，注重专业能力培养

为了有效提升旅游管理专业毕业生的综合能力与专业素养，在进行实践教学体系构建时，以社会职业岗位的实际需求为依据，实践教学体系强调学生综合能力和实践能力的培养，有针对性地对学生进行指导、训练、强化。

旅游管理专业实践能力的培养，离不开实践教学的开展。湖南工程学院旅游管理专业充分利用校内外的教学资源，将实践教学分为校内实训、校外实训、校内校外相结合实训以及课程实训四种形式。为了提升实践教学效果，在不同的学期开展不同的实践教学，以实现理论教学与实践教学完美衔接。湖南工程学院旅游管理专业实践教学环节与时间安排如表 1 所示。

表 1 所列举的实践教学环节均与专业综合素养与专业能力培养密切相关，这些实践教学环节的设置体现了新时代旅游业发展的需要，充分结合互联网、数字经济的发展现状，旅游业发展要实现智慧化、数字化，旅游消费空间不断拓展的需求，对旅游行业岗位群进行充分的调研与分析，结合专业定位与人才培养目标，根据学生的认知规律，进行实训项目的开展与实践课时的设置。在新商科背景下，为了提升教学质量，改变传统的先理论学习再实践学习的教学模式，将理论教学和实践教学环节完美地进行了融合，打破了传统教学中理论与实践之间的壁垒，实行校内实训、校外实习、校内校外相结合实训和课程实训，实践教学内容安排由浅入深、从单一到综合，采用理论学习与实践学习相结合的模式，建立起课程实践、校内实训、专业实习、毕业实习的阶梯式提高循环机制与完善的实践教学体系。同时，为了凸显旅游管理专业的实践性，按照“3+1”的人才培养模式进行教学安排，多年的追踪与回访表明，这种教学模式可以有效提升学生的综合能力与专业素养，教学效果良好。

表 1　旅游管理专业实践教学环节与时间安排

序号	名称	内容	学期	课时
1	旅游礼仪	礼仪实训	2	1 周
2	认识实习	旅游管理专业认识实习	3	1 周
3	课程实践	旅游景区管理	4	8 课时
4	课程实践	酒店前厅与客房管理	4	8 课时
5	课程设计	旅游营销策划	5	1 周

续表

序号	名称	内容	学期	课时
6	酒店服务技能	酒店技能实训	6	1 周
7	旅游信息化	旅游管理信息化软件实习	6	1 周
8	课程实践	酒吧服务与管理	6	8 课时
9	课程实践	旅游规划与开发	6	8 课时
10	课程实践	酒店餐饮管理	6	8 课时
11	专业实习	旅游企业服务与管理实践	7	16 周
12	毕业实习	毕业实习	8	7 周
13	毕业设计	毕业论文	8	10 周

3. 未来职业导向，培养创新创业能力

为了使旅游管理专业毕业生能够更好地适应社会经济的发展，以未来职业为导向，从以下几个方面对旅游管理专业学生进行双创能力的培养：①充分利用学校的工程院校背景，积极与政府、企业合作，深化产学研融合，定期邀请相关行业专家到校讲座和实践课程指导，让学生了解最新的行业动态，以便更好地进行未来的职业规划，培养学生的创新思维与工程实践能力；②创新教育与学科发展相融合，利用学校的优势专业群，致力于拓宽已有工科的内涵，结合旅游管理专业的应用性学科特性，对旅游管理专业进行跨学科发展，积极搭建多元化、综合性通识教育课程平台，在丰富与拓展旅游管理专业学生跨学科获取知识渠道的同时，拓展学生的认知视野，提升完善旅游管理专业学生的知识体系和能力结构，培养学生的综合能力；③以学科竞赛为牵引，以赛代练，以赛促学，赛教融合，鼓励学生积极参加旅游管理专业学科竞赛，全面提升学生的双创能力；④价值引领，突破专业限制，为促进学生的全面发展，丰富学生的精神世界，在教学过程中，教师积极挖掘学科专业知识与课程要素的内在价值，积极发挥旅游交叉学科的优势，鼓励学生将课堂中所学的理论与社会现实相磨合，提升综合能力。

三、新商科背景下旅游管理专业人才培养策略

1. 产教融合，共享“三维协同”政校企合作平台

旅游管理专业是应用性很强的专业，在进行旅游管理专业人才培养过程中，改革传统的旅游管理专业人才培养模式，树立共赢理念，深化产教融合，以产业需求为导向，利用学校建立的“四链融通”多主体协同育人机制，积极推动深化政校企三维协同联动，建立

旅游管理专业人才的“开放、融合、协同、共享、共赢”的政策激励和良性运行机制。运用产、学、研、创、转、用“六位一体”的人才培养理念，与旅游企业合作，加强高校与企业协同培养模式的研究，主动对接长株潭国家级自主创新示范区建设，利用长沙洲际、长沙世界之窗、长沙海底世界、株洲美的万豪、株洲希尔顿、株洲方特、湘潭华天等合作实习基地，强化工程实践能力培养，创建政校企协同旅游管理实训室，充分利用合作企业的行业优势与影响力，为实践教学提供平台，开展各种课程实习、模拟实训、技能竞赛等。同时，不断开拓新的实习基地，在企业内设立实习岗位，为学生创造定岗实习机会，从而达到实践教学社会化、实践教学课程化、实践教学平台化，强化旅游管理专业学生的工程实践能力培养。

2. 理工文交叉，创新教育与学科发展相融合

结合新形势下国家对旅游管理专业人才的需求，培养旅游管理创新型、复合型的人才，不仅要充分考虑每一个学生的个体差异，在课程设置时要与时俱进，将成果导向教育（OBE教育理论）融入旅游管理专业新商科教育全过程，加强旅游管理专业跨界知识交叉融合的教学，注重旅游管理专业学科发展的前沿，灵活选择实践课程的开设场所，增加实践课程的课时设置，提升学生解决复杂管理科学工程问题的能力，形成以成果导向的旅游管理专业新商科人才培养模式。依据学生的职业规划与专业兴趣，丰富“旅游+方向”的课程设置，以满足不同学生的个性化需求。

3. 搭建双创教育平台，开展创新创业实践教育

开展双创实践教育，结合旅游管理专业双创训练项目以及不同平台的双创竞赛，实现双创思维训练。利用校企合作的资源优势，联合企业，搭建双创实践教育平台，为学生提供一个展示创意、实践创新的舞台，保障学生实现“创意—创新—创业”，培养学生双创能力。同时，为了加强对学生双创能力的培养，鼓励双创能力和实践能力强的教师承担实践环节的教学和指导工作，加强双师双能型教师队伍建设，满足旅游管理专业应用型人才培养要求，提高旅游管理专业人才培养质量和服务地方的能力。

4. 思政课程引领，强化管理工程类课程思政建设

明确人才的培养目标与培养方向，在原有的课程上深度挖掘思政元素，加强“旅游资源（微观、中观）+旅游开发（微观、中观）+旅游管理（微观、中观、宏观）”课程思政建设，构建旅游资源开发管理充分融通的新型特色课程思政群。在旅游学概论、生态旅游、景区管理、旅游地理、旅游规划与开发等旅游方向课程，整合理论课、实践课等多种课程类型的思政元素，将习近平生态文明思想贯穿理论与实践的全过程。在实践教学过程中，立足地方特色，结合十八洞村的精准脱贫案例，帮助学生树立起“绿水青山就是金山银山”的发展理念。开展湘江风光带、木鱼湖湿地公园、湖湘公园、菊花塘公园、滴水湖公园、九华湖中华德文化公园等现场教学，促进学生对习近平生态文明思想、生态文明建设和可持续发展理念的深入理解。

四、结束语

新形势下，时代和社会发展对现代服务业管理提出了新的需求，对地方本科院校旅游管理专业人才培养提出了新的要求。湖南工程学院立足长株潭国家级自主创新示范区，坚持地方性、应用型办学定位，积极开展新商科建设背景下四链融通、六共育人，创新培养旅游管理专业人才的探索与实践，为了培养出符合地方经济发展的旅游管理专业人才，需要对旅游管理专业进行重新定位，结合时代要求对旅游管理专业人才培养方案进行修订，重构课程体系，以求培养出更多符合区域经济发展的旅游管理专业人才。在人才培养过程中，通过产教融合、理工文交叉、搭建双创教育平台、思政课程引领，实现了旅游管理专业跨学科多尺度知识体系的大融通，使旅游管理专业毕业生的专业素养和综合能力得到了更快的提升。

参考文献：

[1] 周子英，张维梅．新工科背景下地方本科院校旅游管理专业创新型人才培养模式研究——以湖南工程学院为例 [J]. 旅游纵览，2022(12):78-80+93.

[2] 刘兴友，章亚东，丰贵鹏，等．新工科背景下地方高校应用型人才培养模式的探索与实践——以新乡学院为例 [J]. 管理学刊，2022,35(2):136-145.

[3] 庞华，王心屿．“新工科”背景下旅游、会展专业本科教育培养模式研究 [J]. 科教导刊（下旬），2019(36):35-36.

[4] 李杨帆，张倩，欧阳通．新工科导向下生态文明工程师本科人才培养模式探讨 [J]. 中国大学教学，2021(10):16-21+48.

[5] 王清义．建好新工科 开创地方高校建设新局面 [J]. 中国高等教育，2021(2):7-9.

[6] 邓小艳．“十四五”背景下地方高校旅游管理专业本科人才培养思路的调适 [J]. 湖北经济学院学报（人文社会科学版），2022,19(4):130-132.

[7] 唐茜，刘艳，任思曼，等．基于 CBE 与 CDIO 交互设计教学模式探索 [J]. 实验室研究与探索，2022,41(2):228-232.

[8] 周子英，张雪婷．基于 CBE 理论的旅游管理专业创新型人才培养模式研究 [J]. 湖南工程学院学报（社会科学版），2019,29(4):94-97.

[9] 王奂．新工科理念下外语专业人才培养的问题与对策——以太原理工大学为例 [J]. 教育理论与实践，2022,42(9):61-63.

[10] 李斌．“四链融通”产教融合长效机制的探索与实践——以福建船政交通职业学院

为例 [J]. 海峡科学 ,2021(10):73−76.

[11] 王兆杰 , 栗艾华 . 基于 OBE 理念的旅游类应用型本科课程体系设计研究 [J]. 文化产业 ,2022(8):156−159.

基于 CBE 理论的旅游管理专业创新型人才培养模式

旅游管理专业是与旅游业及相关产业具有共同的产业基础和相近领域的综合性应用型专业，教育部 2018 年颁布的《普通高等学校本科专业类教学质量国家标准》中，将旅游管理专业人才培养目标概括为培养“厚基础、宽口径、重应用”的专业人才。旅游管理专业具有综合性、实践性和创新性三大特点，综合性表现为旅游管理专业知识体系涉及社会科学、自然科学、新兴交叉学科等专业学科知识；实践性则说明旅游管理知识内容源自产业实践并服务于产业运营需要；创新性表示旅游管理知识体系具有面向产业可持续发展和立足全球视野的开放性和创新性。

“能力本位教育（CBE）”理论，产生于二战时美国对技术工人的培训，在 20 世纪 60 年代被用于职业教育的师资培训，强调学生在学习过程中深度参与和主导地位。CBE 理论强调对学生综合能力的提升培养，具体体现在学校与企业的密切合作，以及企业或用人单位在开发专业课程中的深度参与。CBE 理论有机结合了高校的教育教学资源与企业的实践场所，发挥各自的资源优势，在高校和企业之间实现教师、学生、企业员工、管理人员之间的互动，让学生充分利用企业的培训基地，实现对资源最大限度地利用，以提升学生的综合素质、专业素养和实践能力。

一、社会对旅游管理专业人才的需求现状

就行业性质来看，旅游行业是一个劳动密集型的行业，工作过程中的每个环节基本都是依靠人工来完成；从人才的学历层次来看，旅游行业对人才的需求越来越呈现出职业化和高要求，需要越来越多的专业素养高、综合能力强的新型旅游管理专业人才，对人才的要求与挑选将更为苛刻，技能、形象、素质、语言等缺一不可。

目前旅游行业高速发展与人才严重缺乏的矛盾日益显著，一方面是高校旅游管理专业毕业生专业综合能力和专业素养不够，呈现出理论与实践脱节的“两张皮”现象，在毕业后不能立即胜任所从事的岗位工作，难以适应旅游行业对人才的要求，导致学生难以找到对口的工作岗位；另一方面是旅游行业对高素质、高技能人才的求贤若渴，难以找到符合企业发展要求的综合能力强的高素质人才；再者，有不少的旅游管理专业毕业生想走捷径，忍受不了从基层做起而转行，或者没有在本专业领域内进行就业的意向，使得多年的专业教育与人才培养所做的诸多努力付诸东流。

二、旅游管理专业人才培养存在的问题

1. 专业认同度不高

随着全球经济增长速度放缓和国际贸易摩擦不断，出口经济受阻，中国转变经济的增长方式，需要依靠内需拉动。2009 年，国务院通过《关于加快发展旅游业的意见》，明确提出了“要把旅游业培育成国民经济的战略性支柱产业和人民群众更加满意的现代服务业”。目前，中国旅游业发展迅速，社会对专业人才的需求十分强烈，但是，由于旅游业就业门槛较低、部分民众对服务行业存在偏见、旅游企业不平等的用人制度等，旅游管理专业大学生普遍对本专业的认同度不高。对部分旅游管理专业学生进行抽样调查显示，只有 30% 左右的学生表示自己在填写志愿时填报了旅游管理专业，而 70% 左右的学生表示自己是被调剂到旅游管理专业，这导致部分学生对专业学习比较迷茫。尽管现阶段旅游管理专业人才在社会上的缺口很大，就北、上、广、深等一线城市来说，酒店业管理人才缺口均在 55 万以上，而且随着社会经济的发展，民众对旅游需求增大，每年均会增加大量的专业岗位，这些专业岗位中，中、高级管理岗位人才极缺，使得一些高素质、高技能、应用型的旅游管理专业毕业生就业前景可观，不愁经过系统的专业学习，将来毕业后找不到对口的心仪工作，但是由于长期形成的专业偏见，造成了部分毕业生“有业不就”或“频繁跳槽”的现象。如何提升专业的认同度，使毕业生能够留在旅游业及相关行业内就业，从而有效解决旅游管理专业人才“供需失衡”的问题已迫在眉睫。

2. 培养目标不明确

近年来进行了一系列的高等教育体制改革，将本科院校划分为普通本科院校与应用型本科院校，其中，应用型本科院校以应用型为办学定位，注重对学生职业能力的培养，对培养模式、教学方法进行一系列的创新与改革。但是，大部分应用型本科院校在进行旅游管理专业人才培养目标设置时，培养目标不明确，并没有很好地体现出“能力本位”教育，而是沿用一直以来的办学理念，没有很好地对社会人才需求进行调研，对于社会所需人才的规格、层次、能力掌握不够及时，沿袭传统的教学模式与教学体制，不能适应摆脱“以知识为中心”的应试教育体系，培养计划一般两至三年修订一次，课程没有很好体现出社会对旅游管理专业人才技能的要求，课程体系不够完善，缺乏针对性，难以完全满足外向型旅游行业的岗位需求。在实际教学过程中，如在大一、大二年级，教学内容以专业理论教学为主，与其他管理类的专业课程设置基本雷同，区别性不大。

3. 理论教学与实践教学脱节

高校目前主要的授课方式仍然是传统的教学模式，部分旅游管理专业教师授课内容不能够紧跟酒店业、旅游业、会展业等发展形式，仅限于课本陈旧的知识体系。在授课时，

将大量的时间花费在对课本基础知识的讲解中，而对于旅游管理专业学生未来主要从事的职业的要求、应具备的新技能等介绍较少，理论与实践结合的紧密度不足，理论知识落后于实践要求。尽管学校为了使教师的授课内容能够紧跟实践需要，要求教师在授课过程中采用近三年出版的教材，但是一本理想的、高水平的教材在编著时，需要进行大量的调研、采编与论证，由于社会发展太快，在教材出版时已落后于社会实践，因此，即使采用最新出版的教材，有些知识体系亦显陈旧。同时，由于部分从事本科教学的教师与企业之间的合作欠紧密，在进行教学时，可能传授的是一些社会上早已淘汰的理论知识，即使有些教师传授了一些前沿的学科知识，但是高校实践条件的限制，不能让每个旅游管理专业学生有足够的机会去进行实践，致使学生专业技能不熟练，综合能力得不到有效的提升。

根据对部分应用型本科院校旅游管理专业所开设的课程进行抽样调查分析，发现很多高校设置的课程，理论教学与实践教学相互脱节，偏重于理论教学，实践教学普遍是本科院校旅游管理专业教学的薄弱环节。根据对本科实习生在企业实习环节的跟踪调查，发现部分旅游管理专业本科生在实习初期阶段的表现反而不如一些高职院校的旅游管理专业实习生，究其原因就是这些学校在进行旅游管理专业教学过程中偏重理论教学而轻实践教学，即使有些学校强调实践教学，但是往往因部分教师缺乏企业的实际从业经验，在实践教学指导过程中，难以对学生进行专业的指导，导致学生的实践技能达不到培养要求，实践能力、创新能力培养有所欠缺。

4. 考核评价体系单一

旅游管理专业要求毕业生有着很高的综合专业素养和很强的实践操作能力，而要对专业综合素养与实践操作能力进行科学客观的评价必须依据一定的评价指标，需要聘请多位指导老师、专家或从业人员依据这些指标对学生进行公正的考核评价。但是在对学生进行考核评价时，由于学校经费与条件的限制，难以得到很好的实施，往往采用传统的评价方式，基本上就是依据最后的试卷或实习报告结合实践表现作为最终成绩的评价依据，而学生的综合专业素养和实践能力依靠试卷或实习报告难以体现，这种单一的考核方式不能体现出 CBE 的“能力本位”教育的宗旨，使得培养的人才达不到企业对旅游管理专业人才的要求。

5. 教师实践能力有待提升

由于大部分从事高等教育的教师多年远离企业实践岗位，再加上近年来高校教师博士学位的比例大大增加，这些高学历的专业教师理论能力强，但是往往缺乏企业工作经验与实践操作技能，从而影响了实践教学效果，最终影响了学生综合能力与专业素养的提升，导致旅游管理专业人才培养的质量难以达到预期目标。

三、基于CBE理论的旅游管理专业创新型人才培养模式

1. 引导学生理性报考，招录有行业潜质的考生

高考志愿填报时，部分考生对自己的专业兴趣了解不深，对不同的专业认识度不清晰，或者可能由于所考分数不高或缺乏对旅游管理专业的认识，为了加强被心仪高校录取的几率，在“服从调剂”情况下被调剂到旅游管理专业，这部分学生在进行专业学习时，或者专业学习兴趣不够，或者心理有一定的落差，针对这种情况，基于CBE理论，要培养出综合性、实践性和创新性的旅游管理专业人才，需要从以下几个方面做起：①媒体进行广泛宣传引导，消除社会民众对从事与旅游等相关的服务行业的社会偏见；②教育部和各大高校加大对旅游管理专业的宣传力度，通过电视、报纸、抖音、快手、小红书等多种媒体向社会、考生介绍旅游管理专业，对旅游管理专业将从事的专业岗位进行说明，为考生填报高考志愿提供参考依据；③学校从招生源头做起，在进行招生宣传时，就旅游管理专业的学习内容、未来就业方向等情况进行详细介绍，就适合从事旅游管理专业的人才个性特质进行详细说明，让学生理性报考，以便学校在招录新生时可以录取到真正具有行业潜质的学生；④努力加强专业建设，大力提升人才的培养质量，增强旅游管理专业自身的影响力，努力将旅游管理专业做大做强，打造有影响力的旅游管理专业品牌。

2. 调整培养方案，与社会需求接轨

对旅游管理专业毕业生主要从事的专业岗位进行专项调研，针对旅游行业如酒店业、旅行社、会展业等对专业人员的要求，以“校企政互动、工学创交替”为主要路径，基于CBE理论，采用“行业、职业、岗位”一体化的人才培养模式，制定符合企业要求的人才培养目标、教学大纲，不断更新专业教材、紧跟行业发展、紧密贴合企业需求，培养出具有良好的人文素养、科学素养、综合能力、实践能力、创新能力的专业人才，具有一定的听、说、读、写、译等基本能力，具有企业各部门所需的业务知识、服务操作技能与较强实践应用能力，具有较强公关、交流、组织、协调、团队合作、自我调控、灵活应变与危机应对的综合能力的复合型旅游管理专业人才。

3. 整合知识体系，理论与实践相结合

按照职业能力的要求对教学知识体系进行整合，就旅游管理专业学生应具备的知识、能力、素养来科学统筹与安排教学内容，要求教师在教学过程中对各个知识体系进行整合，将学生必须掌握的通识性知识体系、基础理论知识和专业知识体系进行有效整合。实践环节是学生综合能力培养的重要一环，在教学过程中注重理论与实践相结合，注重学生对知识的融会贯通，开设相应的礼仪实习、专业认识实习、餐饮实习、市场营销实习、旅游管理信息化软件实习、专业实习、会计实务实习与毕业实习等实践教学环节，并进行一定时

期的酒店、旅行社、会展等上岗实习，着重提升学生实践综合能力。在实践环节，学校需要将教学内容与社会发展同步，主动适应旅游产业结构升级，积极调整和优化专业人才培养模式。

4. 结合社会需求，更新知识体系

基于 CBE 理论的旅游管理专业创新型人才培养，关键是有一批才智高强、知识底蕴深厚、能力素质过硬的教师作为支撑，教师要能够紧跟学科发展前沿，结合社会需求，不断更新自身的知识储备，为此，应该加强教学团队建设与团队协作：①在科学研究上，加大投入力度，以校企合作项目与共同攻关课题为依托，实现产学研相结合，将科研成果转化为教学内容。②在教学团队建设上，以学科带头人牵头，以教授治学为督导，形成传帮带的团队创新氛围，建设老中青梯形师资团队，鼓励不断创新；③在教学能力上，不断提升教师自身的知识储备，运用先进的教学方法与现代教学手段开展教学改革与创新，结合行业动态与学科发展，创新教育教学方法，提升教学能力与教学效果。

5. 创新评价模式，重视过程考核与多元化考核

创新评价考核模式，重视过程考核与多元化考核，把创新创业能力、实践能力培养落到实处，在新的考核评价制度中：①要评价教育教学的结果，即学生经过系统学习后，对其所应具备的综合能力进行科学的评价；②学生的自我评价，即学生应用相应的考核标准，检查自己是否达标；③保证好评价的科学性，把教学目标尽量细化并制定相应的考核标准；④评价的公正性，聘请多位指导老师、专家或旅游从业人员对学生实践综合能力进行客观、公正的评价，创新评价模式，将理论考试与实践考核相结合，对能力与知识、操作与理论进行双向考核，评价内容包括阶段理论考核、学习过程考核和实践技能考核，着重过程考核，对学生的学习效果进行客观科学的评价。

6. 重视教师实践能力培养，提升实践教学效果

从事旅游管理专业教学的高校教师，必须具有与旅游相关行业的从业经历或学科的教育教学背景，具备与所讲授课程相匹配的知识与能力，教师知识体系应涵盖所从事专业的知识领域和知识点。实践性较强的课程的主讲教师应具有行业背景或经验，而对于实践经验有所欠缺的教师，可以鼓励其下沉到相应企业，积极融入行业协会，以便迅速地提升其实践能力，从而提升教学效果。推行“实践教学主讲教师实践能力提升计划”项目，对承担实践教学主要教学工作的教师给予培训和指导。教师通过深入企业半年或一年的实习，结合自己的知识储备，不仅可以将所学知识融会贯通，而且可以在实际工作中了解到企业对旅游管理专业人才的最新需求，为自己今后教学科研拓展研究方向提供依据，只有专业基础扎实的教师才能更好地实施旅游管理专业实践教学，才能培养出专业素养高、实践能力强的学生。

四、结束语

随着我国综合国力的提升，与全球合作越来越密切，旅游业发展迅速，社会需要越来越多的旅游管理专业人才，人才的培养离不开旅游教育的发展，应用型本科院校更应该根据社会对旅游人才的市场需求，区别于普通本科院校与高职院校的人才培养模式，应以创新创业、就业为导向，充分发挥出应用型本科院校人才培养模式的优势与特色，积极转变传统的教学观念，确立明确的人才培养目标，设置教育教学体系，创新旅游管理专业的人才培养模式，不断提高学生专业素养和综合能力。

参考文献：

[1] 教育部高等学校教学指导委员会.普通高等学校本科专业类教学质量国家标准[M].北京：高等旅游出版社,2018.

[2] 于平,高江江,朱伟."大旅游"人才培养实验教学体系研究[J].实验技术与管理,2016,33(8):159−161+186.

[3] 张健.旅游管理专业立体化实践教学体系研究[J].黑龙江畜牧兽医,2016(12):233−234.

[4] 任志涛,孙彦武,党斐艳,等.CBE视角下工程管理专业校企合作创新人才培养模式研究[J].教育教学论坛,2019(9):22−23.

[5] 吴姝菊,滕祥金,张晶红.CBE教学模式对大学生创新创业能力的新启示——以园林专业大学生为例[J].黑龙江高教研究,2017(1):144−146.

[6] 张凯,李振春.基于CBE的高校大学生"卓越工程师"实践能力培养模式研究[J].中国成人教育,2016(14):96−99.

[7] 刘瑛,许丹凌,吴长海,等.基于能力本位教育(CBE)人才培养机制的研究[J].价值工程,2018,37(8):202−204.

[8] 王榕.CBE教育模式在体育运营管理人才培养中的应用研究[J].教育教学论坛,2018(4):246−247.

[9] 王琴,王鑫.基于CBE理念的多层次应用型人才培养课程体系构建——以网络工程专业为例[J].教育现代化,2016,3(11):7−10.

[10] 张维梅.旅游管理专业"三层次"实践教学体系的构建[J].湖南工程学院学报(社会科学版),2010,20(1):104−105+126.

[11] 杨昉.酒店管理实践教学体系构建的研究[D].太原：山西大学,2011.

[12] 张群.旅游管理专业实践教学中的产学结合模式研究[J].湖南工程学院学报(社会科学版),2011,21(2):88−93.

[13] 周健伟 . 以就业为导向的高校旅游管理专业人才培养策略研究 [J]. 世纪桥 ,2015(12):63-65+86.

第三节　人才培养路径

数字经济背景下旅游管理专业人才培养路径

推动经济高质量发展，坚持在高质量发展中推进经济实力大幅跃升，加快实现中国式现代化，是我国进入新发展阶段以来持续奋斗的伟大目标[1]。促进大数据、5G、人工智能、区块链等互联网技术与实体经济深度融合，加快发展数字经济，是国家下一阶段的发展重心[2]。技术进步、消费升级、市场竞争和政策支持等多种因素共同作用下诞生了新制造、新零售和新服务。2022 年 10 月，中共中央办公厅、国务院办公厅印发了《关于加强新时代高技能人才队伍建设的意见》指出，技能人才是支撑中国制造、中国创造的重要力量。

继 2017 年教育部提出建设新工科、新医科、新农科、新文科之后，新商科也逐渐受到关注[3]。2018 年 10 月，天津大学举办“新时代・新商科”主旨论坛，与会嘉宾就新时代背景下，如何推动新商科人才培养模式创新、促进产教融合、培养具有国际视野和创新能力的高素质人才等议题进行了深入交流和探讨[4]。2019 年 3 月，上海对外经贸大学举办了“新商科：概念、内涵与实现路径”研讨会，旨在探讨新商科的概念、内涵、特征和发展趋势[5]。2019 年 7 月，由教育部高校工商管理类专业教学指导委员会与中国商业联合会共同主办，在银川召开了“2019 新商科教学改革与专业建设论坛”，与会专家和学者深入探讨新商科背景下教学改革与专业建设的新理念、新模式和新路径[6]。2020 年 11 月在宁波召开由浙江省教育厅指导，中国商业联合会、浙江工商大学和宁波市教育局主办，浙江工商大学宁波分校承办的“新科技・新经济・新商科”论坛，该论坛以新科技、新经济、新商科为研讨主题，深入探讨新科技革命和产业变革背景下新商科人才培养的新理念、新模式和新路径。2023 年 5 月，在北京召开了“聚产业融技术 新商科新实践”数智商科本科论坛，该论坛由中国教育发展战略学会指导，中国商业联合会、北京市商业学校（北京祥龙资产

---

[1] 纪玉山，代栓平，刘美平，等．高质量发展与中国式现代化笔谈 [J]. 工业技术经济 ,2023,42(11):3–25.

[2] 张柏林．元宇宙赋能文旅产业的理论基础、实践前景与发展策略 [J]. 河南社会科学 ,2022,30(11):116–124.

[3] 张琪，廉国恩，陈茜等．数智时代高校新商科人才培养体系构建研究——以大数据管理与应用专业为例 [J]. 现代商贸工业 ,2024,45(3):114–116.

[4] 张琪，廉国恩，陈茜等．数智时代高校新商科人才培养体系构建研究——以大数据管理与应用专业为例 [J]. 现代商贸工业 ,2024,45(3):114–116.

[5] 赵航．新商科背景下基于金课理念的工商管理专业实践教学改革研究 [J]. 西部素质教育 ,2023,9(16):162–165.

[6] 左敏．商科教育数字化转型思考与探索 [J]. 中国现代教育装备 ,2023(12):1–5.

经营有限责任公司所属学校）联合主办，旨在探讨新商科背景下数智商科人才培养的新理念、新模式和新路径。

《全球数字经济白皮书（2023年）》报告书显示，2022年，美国、中国、德国、日本、韩国等5个世界主要国家的数字经济总量为31万亿美元，数字经济占GDP比重为58%，较2016年提升约11个百分点，随着数字经济逐渐渗透到经济、社会和生活的各个方面，传统的商业行为、商业组织和商业生态系统也面临巨大的挑战。科技的发展和商业环境的不断变化，企业需要培养数据驱动的文化和人才，传统的商科教育已经无法满足数字经济发展的需求，需要寻求新的发展方向和创新发展模式，新商科建设已经是当前高校普遍面临的时代命题[1]。新商科人才不仅需要具备扎实的商业知识和管理技能，还需要掌握数字技术和创新思维，以适应数字化时代的变革。随着全球化、信息化和技术创新的快速发展，旅游行业不断变革，新的旅游形式、业态和商业模式层出不穷，旅游管理专业作为商科的一个重要领域，要求旅游管理专业的人才培养模式必须与时俱进，紧跟行业发展趋势。

一、旅游管理专业人才培养体系存在的问题分析

1. 专业交叉融合不够

要培养出具有双创能力的高素质旅游管理高端人才，旅游管理专业需要新工科、新医科、新农科、新文科与新商科的交叉融合，目前旅游管理专业在学科交叉融合和相互渗透方面存在不足，存在商科与其他学科知识简单相加的情况，学生知识面相对狭窄，缺乏对旅游行业的全面理解，数字能力存在明显的不足。

2. 课程体系设置“两张皮”

旅游管理专业在课程体系设置方面，只是简单的专业课程与生态类、信息类等课程的汇总，缺乏有效的融合与衔接，没有从通识课程开始进行跨学科知识的融合设计，学生无法将经济学、管理学、市场营销、数据分析、计算科学、生态学等多个学科的知识有机结合起来，形成一个连贯、系统的新商科知识体系，难以掌握旅游管理的精髓和核心技能。

3. 师资难以满足交叉学科发展需要

旅游管理专业涉及了很多新工科、新医科、新农科、新文科与新商科等学科知识，属于典型的交叉学科，交叉学科的发展需要教师具备跨学科的知识结构和知识储备，而目前旅游管理专业的师资力量难以满足这一需求，许多教师只具备单一的学科背景，对于交叉学科领域的知识和技能掌握不够充分。

---

[1] 王久平，胡平．产教融合培养应急人才——访教育部学校规划建设发展中心校企合作联盟常务副秘书长李德明[J].中国应急管理,2020(11):24–27.

4. 实践教学与行业融合度不足

高校与企业存在不同的利益诉求，校企合作沟通不够紧密，实践教学环节设置与行业需求存在脱节现象，实践教学环节设置过于传统，与旅游行业的实际需求存在较大的差距，注重传统的教学方式和方法，缺乏创新性和灵活性。

二、数字经济时代对旅游管理专业人才培养的新要求

数字经济的迅猛发展深刻改变了传统旅游业，对旅游管理专业人才培养提出了新的要求[1]。数字经济对传统旅游业的影响主要体现在数字化营销和社交媒体的影响力不断扩大，旅游服务的个性化和智能化成为趋势，数据分析和人工智能技术的应用成为核心竞争力，跨文化交流能力在国际化竞争中愈发重要。

1. 注重商业思维的转变

在数字经济时代，旅游行业的商业模式和竞争格局发生了深刻变化，传统的商业思维已经难以适应新的市场环境。为适应数字经济时代的发展，旅游管理专业人才需要转变商业思维，商业思维的转变主要包括以下几个方面：①在数字时代，消费者拥有更多的选择和信息，旅游企业需要更加注重消费者的需求和体验，以用户为中心进行产品和服务的设计、营销；②数据已经成为数字时代的重要资源，对于旅游管理专业人才来说，需要具备数据分析和处理的能力，利用数据进行决策和优化，提高管理效率和企业的竞争力；③数字时代变化迅速，旅游管理专业人才需要具备创新思维和快速响应的能力，不断探索新的商业模式、服务模式和技术应用，以适应旅游市场的变化和满足游客的需求；④在数字时代，旅游企业需要与其他企业、机构甚至消费者进行更多的合作和共享，共同创造价值，实现互利共赢。

2. 注重知识结构的调整

数字经济时代的跨界融合趋势要求旅游管理人才具备更广泛的跨学科知识、创新思维和合作精神等，而传统旅游管理专业在人才培养方面确实更侧重于单一学科的教学，注重培养学生的某一特定领域的知识和技能，显然不符合时代要求。在数字经济时代，旅游管理专业人才不仅要具备学科专业知识，还需要具备更广泛的跨学科知识和技能。原因如下：一是数字经济时代使得各行业之间的界限逐渐模糊，跨界融合成为常态，要求旅游管理专业人才能够理解和应对不同行业的商业挑战和机遇，具备更广泛的商业视野和跨学科知识。例如，旅游管理专业人才不仅需要熟悉旅游行业的从业知识，还需要了解市场营销、数据分析、电子商务等相关领域的知识；二是数字经济的发展也带来了技术和商业模式的快速变革，旅游管理专业人才需要具备创新思维和快速响应的能力，能够适应变化并不断创新，

[1] 林明水，胡晓鹏，杨勇，等．流量经济对旅游资源创新性开发的影响：热反应与冷思考 [J]. 自然资源学报，2023,38(9):2237-2262.

鼓励学生尝试新的商业模式和技术应用，培养他们的创新意识和实践能力。总之，数字经济时代要求旅游管理专业人才具备多元化的知识储备，能够对多个领域的知识进行融会贯通，以应对复杂多变的商业环境。

3. 注重跨文化交流能力的提升

随着全球化的加速，旅游业已经成为全球性的产业，呈现出多样化、个性化、智能化和绿色环保的发展趋势。旅游管理专业人才需要具备与不同文化背景的人进行交流和合作的能力，以适应全球化的发展需求。旅游活动涉及的文化体验和交流是消费者需求的重要组成部分，旅游管理专业从业人员需要了解不同国家和地区的文化特点，以便更好地满足游客的需求。跨文化交流能力是旅游管理专业从业人员综合素质的重要组成部分，提升跨文化交流能力，可以更好地适应旅游行业的变化和发展，提高自身的职业发展潜力。

三、数字经济时代旅游管理专业人才培养的路径

1. 促进跨学科和跨专业交叉融合，构建高水平专业群

在数字经济时代，数据信息的传输交互速度、深度和广度较之前的互联网时代大大提升，高校在进行旅游管理专业人才培养时，应围绕数字经济和新商科人才需求特征，注重促进跨学科和跨专业交叉融合。一方面，促进旅游管理专业与新工科、新医科、新农科、新文科等专业的有机融合，突破商科专业的认知界限，形成具有交叉特色的旅游管理专业人才培养体系，使专业建设和人才培养更加符合旅游行业背景和经济发展；另一方面，促进旅游管理专业与数字经济的紧密衔接，高校立足自身特色，对接数字经济产业需求，深入了解数字经济产业的发展趋势和需求，掌握行业前沿动态，与数字经济企业紧密合作，共同制定人才培养目标，确保专业教学与市场需求相匹配，针对数字经济发展的关键领域，如大数据分析、云计算、人工智能、电子商务等，加强相关核心课程的建设，提高云计算、区块链、人工智能等新一代信息技术应用在专业课程体系中的比重，实现旅游管理、会计、电子商务、大数据、人力资源等为主体的面向数字经济的新商科专业群，培养集数据挖掘、数据处理和数据分析能力为一体，并适应线上线下相结合、内外贸融合发展的高层次旅游管理人才。

2. 改革旅游管理专业人才培养课程体系，开发数字化管理课程

人才培养需要依托合适的课程，在数字经济时代，改革旅游管理专业人才培养课程体系势在必行。首先，注重公共必修课的结构调整，注重数学课程如高等数学、数理统计、微积分等的引入和完善，为旅游管理专业人才的培养奠定坚实的理论和方法论基础，同时要增加计算机课程（编程语言、数据库原理、数据挖掘和数据分析等）与数据分析相关的新兴技术类课程的课时和学分比例，为培养旅游管理人才的实践能力提供支撑。其次，注

重旅游管理专业课程与其他课程的融合，如积极探索和开发数字化新课程，将大数据、人工智能和区块链技术等新方法、新理论融入旅游管理专业课程中，增加旅游管理专业人才的知识储备。最后，注重课程思政与专业课程的融合，发挥旅游管理教育中案例教学的优势，大力开展能够体现数字创新领域社会主义核心价值观、新时代企业家精神和科学思维的教学案例的编写和使用。

3. 强化校企合作与产教融合，建设数字化实践教学体系

数字化旅游管理专业人才需要具备多方面的能力和素质。首先，掌握数字化技术和工具，如大数据分析、云计算、人工智能等，能够运用这些技术和工具解决实际问题和创新商业模式。其次，培养的旅游管理专业人才需要具备商业洞察力和战略思维，能够把握市场趋势和商业机会，为企业制定数字化战略和实现数字化转型提供支持。要培养优秀的旅游管理专业人才，强化校企合作与产教融合，建设数字化实践教学体系是培养优秀旅游管理专业人才的重要途径，通过与旅游企业的紧密合作，高校能更好地了解旅游行业需求，优化人才培养方案，提高学生的实践能力和就业竞争力。同时，实践教学也是学生将理论知识应用于实际的有效方式，有助于培养旅游管理学生的创新思维和解决问题的能力。

四、数字经济时代旅游管理专业人才培养保障机制

1. 政策引导：健全政产学研协同育人机制

政策引导在健全政产学研协同育人机制中起着至关重要的作用，政府制定相关政策，鼓励和推动政产学研各方加强合作，共同培养高素质人才。首先，政府出台相关政策，明确政产学研各方在旅游管理专业人才培养中的职责和权益，引导各方积极参与人才培养全过程，例如，制定税收优惠政策、财政扶持政策等，鼓励企业参与高校实践教学基地建设、共同开展科研项目等。其次，政府建立政产学研协同育人平台，促进各方资源共享和优势互补，通过搭建信息交流平台、技术转移平台等，促进知识成果的转化和应用，推动产业升级和经济发展。此外，政府通过制定相关法规和标准，规范政产学研协同育人行为，保障人才培养的质量和效益，例如，制定教学质量标准、实践教学标准等，对人才培养的全过程进行监督和管理。政府在政策引导方面采取的一系列措施，能有效推动政产学研协同育人机制的完善和发展，通过明确各方职责、促进资源共享、规范行为等方式，提高人才培养的质量和效益，为数字经济发展提供有力支持。

2. 互利共赢：发挥企业主体作用

在数字经济时代，企业作为市场经济的主体，应该发挥其在人才培养中的重要作用。高校和企业需要加强合作，发挥各自的优势，共同培养适应市场需求的高素质人才。在数字经济时代，企业与高校之间的合作互利共赢的关系，有利于共同培养出适应市场需求的

高素质人才。首先，高校拥有大量的高素质人才和优秀的科研团队，企业引进这些人才和智力资源，能有效提升自身的技术水平和创新能力，推动企业的发展，同时，企业通过与高校的合作，共同开展科研项目和技术创新，进一步拓展自身的业务领域和市场份额。其次，企业通过与高校的合作，能有效整合各种资源，如技术资源、信息资源、人力资源等，实现资源的优化配置和高效利用，降低自身的成本和风险。最后，企业参与人才培养和教育事业，是一种社会责任和公益行为，能提高自身的社会形象和品牌价值，增强企业的社会影响力，为企业未来的发展奠定更加坚实的基础。

3. 资源整合：打破传统的教学资源壁垒

在数字经济时代，高校在进行旅游管理专业人才培养的过程中，资源整合是一个关键环节。通过打破传统的教学资源壁垒，实现教学资源的共享和优化，提高人才培养的质量和效率。首先，旅游管理是一个综合性很强的学科领域，需要不同专业之间的交叉融合，高校应该鼓励各专业之间的教师合作，共同开发旅游管理专业课程和教学资源，实现资源共享和优势互补，促进各专业之间的交流和合作。此外，不同高校和研究机构在教学资源和研究领域上各有优势，通过校际合作、校企合作、国际合作等多种合作形式，相互学习和借鉴，实现资源整合和共享，提高自身的教学和科研水平，推动人才培养的创新和发展。最后，高校可以利用数字化技术手段，建立数字化教学资源库，将各类教学资源进行数字化处理和分类整理，实现教学资源的数字化整合与资源共享，方便教师和学生获取和使用，提升旅游管理专业的人才培养质量。

参考文献：

[1] 胡艳妮 . 新商科背景下广西中职学校电子商务专业建设研究 [D]. 桂林：广西师范大学 ,2021.

[2] 张琪 , 廉国恩 , 陈茜 , 等 . 数智时代高校新商科人才培养体系构建研究——以大数据管理与应用专业为例 [J]. 现代商贸工业 ,2024,45(3):114−116.

[3] 田菊 . 国家文化数字化战略经济学范式的体系构建 [J]. 经济问题 ,2024(1):18−24.

[4] 夏翠娟 , 铁钟 , 黄薇 . 元宇宙中的数字记忆："虚拟数字人"的数字记忆概念模型及其应用场景 [J]. 图书馆论坛 ,2023,43(5):152−161.

[5] 尚晓萍 . 科技创新助推生态旅游可持续发展分析 [J]. 西部旅游 ,2021(6):63−64.

第二章

双创能力导向的专业建设

第一节　专业建设理念

基于OBE理论的旅游管理专业建设的理念与路径

随着教育部《加快推进教育现代化实施方案（2018—2022年）》的发布，提出了加快推进教育现代化的指导思想和实施原则，标志着中国教育现代化建设已进入了新的阶段。人工智能、区块链、云计算、大数据等新兴技术的快速发展正在深刻地改变我们的生活方式和工作方式，催生并推动数字经济进入一个新的发展阶段。随着数字经济的快速发展，旅游行业也在经历着数字化转型，成为数字经济的重要组成部分，旅游行业的数字化转型使得旅游管理专业的教学内容和方式也需要随之更新，以适应行业的新需求和新挑战。

2018年10月，教育部发布《关于加快建设高水平本科教育全面提高人才培养能力的意见》，决定实施“六卓越一拔尖”计划2.0，全面推进“四新”（新工科、新医科、新农科、新文科）建设，并启动实施“新商科”建设。“新商科”的启动实施，意味着将注入新的活力和发展机遇，旅游管理专业作为商科领域的重要组成部分，在新商科建设中将扮演重要角色。

湖南工程学院旅游管理专业始创于2005年，作为一门在工科为优势学科高校的商科专业，依托学校的工科优势，结合市场需求，注重理论与实践的结合，培养出了很多符合市场需求的高素质旅游管理专业人才，但专业在发展过程中亦面临一些挑战和困难，如存在着与工科专业交叉融合度不足、人才培养方式与行业需求不吻合、课程体系创新不足、与行业需求匹配低等问题，基于此，结合OBE理论，针对旅游管理专业发展面临的困难，利用反向设计思维，探索旅游管理专业建设的路径，构建旅游管理专业发展及学生成长、成人、成才的有效路径，推动旅游管理专业建设行稳致远。

一、OBE理论

成果导向教育（OBE, Outcome-Based Education）理论是美国学者斯派蒂（Spady W. D.）于1981年率先提出，与传统的以教学内容和过程为导向的教育模式不同，OBE理论是一种以学生的学习成果为导向的教育理论，强调学生的学习成果和能力培养，重视学生学习的全过程，更关心学生的学习效果，注重学生的能力培养和实际产出，强调学生学习能力的提升，而不是单纯的知识灌输。OBE理论是一种先进的教学理论，先后被引入英国、德国、法国、加拿大等国家，并成为了教育教学改革主流理论。2013 年 6 月，我国被接纳为《华盛顿协议》签约成员，用 OBE 理论引导工程教育改革，推动了中国教育教学改革。

二、旅游管理专业的学科专业定位与课程体系建设

1. 学科专业定位

在《普通高等学校本科专业目录（2022 年版）》中，旅游管理专业（120901K）隶属于 12 个门类中的管理学类别（12）。旅游管理专业是一个跨学科的专业，涉及管理学、经济学、地理科学、心理学等多个学科领域，注重理论与实践的结合，旅游管理学科专业定位主要包括以下几个方面：

①培养目标。旅游管理专业的培养目标是培养掌握现代旅游管理基础理论、专门知识和专业技能，具有国际视野、管理能力、服务意识、创新精神，能够从事与旅游业相关的经营、管理、策划、规划、咨询、培训、教育等工作的高素质应用型人才。

②学科特色。旅游管理专业是一门注重学科特色、强调理论与实践相结合的综合性学科，融合了管理学、经济学、地理科学、历史学、心理学等多个学科的知识和方法，形成了一个独特的学科体系，强调理论与实践的紧密结合，注重培养学生的实际操作能力和解决问题的能力。

③服务面向。旅游管理专业的服务面向旅游业及相关领域，为旅游业培养高素质的管理人才，促进旅游业的可持续发展。同时，旅游管理专业注重国际交流与合作，培养具有国际视野和跨文化交流能力的人才，推动中国旅游业走向世界。

④发展方向。旅游管理专业的发展方向是多元化和个性化的，根据学生的兴趣和市场需求，设置不同的专业方向，如导游、酒店管理、会展管理等。注重创新和变革，紧随时代的变化，进行人才培养目标的更新，调整课程体系结构，不断探索新的教学模式和服务模式，以适应旅游业的发展和变化。

2. 课程体系建设

课程建设是人才培养的载体，是教学改革的核心。在旅游管理专业中，基于 OBE 理论的课程建设有助于更好地实现人才培养目标，提升教学质量，满足行业需求。在 OBE 理论指导下，旅游管理专业的人才培养目标与行业需求高度契合，注重培养学生的实践能力和创新能力。作为一种新型的课程建设模式，课程群建设成为近年来课程建设中逐渐被关注的关键词，课程群是指基于同一受众对象，遵循高等教育规律，将相关联的课程进行设计和整合，形成一个群组，相互照应，渗透互补，以便更好地进行教学和学习，这些课程具有共同的主题、目标或学科领域，并相互补充，帮助学生在该领域内获得更全面和深入的知识。

旅游管理专业涉及多个领域，包括酒店管理、旅行社管理、景区管理、信息管理、大数据管理、市场营销等，这些领域之间存在密切的关联性。加强课程群建设是探索旅游管理专业课程改革的有效途径，具有重要的现实意义。一是有利于提升教学质量。课程群建设立足“大课程”布局，能够突破按学科组织课程的传统方式，整合教学资源，形成更加完整、系统的教学资源体系，通过课程群的建设，将相关课程的教学内容进行优化整合，避免重复和交叉，形成更加连贯、系统的知识体系；二是有利于促进教师成长。课程群建设需要多位教师共同参与，在课程群建设平台上，不同专业、学科背景的教师各自发挥优势，共同制定教学计划、分享教学资源和方法，合作研究教学问题，实现资源共享，共同探讨教学难点和重点，创新教学内容，改进教学方式方法，提高教学效果，不断推进课程教学改革与发展；三是有利于打造“金课”。在课程群中，教师可以根据学生的需求和行业的发展，整合优质教学资源，避免课程之间的重复建设，调动教师的主动性、创造性，相互学习，设计出具有深度、广度和实际应用价值的课程，共同提高，实现 1+1>2 的效果。

三、基于 OBE 理论的旅游管理专业建设理念

1. 以学生为中心：关注学生需求与发展

学生是教育的主体，他们的需求和发展是教育的重要目标。在旅游管理专业建设过程中，需要充分了解学生的需求，培养学生的综合素质和创新能力，帮助学生更好地适应社会和旅游行业的发展。以学生为中心，采取以下措施：①深入了解学生的需求和发展方向，根据学生的兴趣、特长和职业规划，制定适合他们的课程内容和教学方式，更好地激发学生的学习兴趣和动力，提高学习效果；②注重学生的个性化和全面发展，培养学生的综合素质和创新能力，在课程设置和教学方式上，尽可能地提供多元化的选择，以满足不同学生的需求，加强实践教学环节，提高学生的实践能力，增强创新思维，帮助学生更好地适应社会和行业的发展；③建立有效的反馈机制，及时收集学生对课程的意见和建议，不断改进课程内容和教学方式，提升学生的学习体验感和满意度。

2. 以成果为导向：明确培养目标与要求

OBE 理论是一种先进的教育理论，强调以学生最终的学习成果为目标，设计、实施和评价教育活动。在旅游管理专业建设中，明确专业培养目标，以此为导向，制定具体的课程要求和评估标准。为了更好地以成果为导向，采取以下措施：①根据旅游行业需求和学生发展，制定明确的旅游管理专业培养目标，包括知识、技能和素质等目标要求，确保学生的学习成果与实际需求相匹配；②根据培养目标，进一步制定详细的课程体系和评估标准，确保学生能够获得所需的知识和技能，培养学生的专业素养，并能够有效地评估学生的学习效果；③ OBE 理论强调反向设计课程，从最终的学习成果出发，反向规划每门课

程的目标、内容和方法，以确保课程内容和教学路径能够帮助学生达到预期的成果；④建立有效的反馈机制，持续评估学生的学习效果，根据评估结果，对课程设计、教学方法等进行调整和改进，以确保教学始终与预期成果保持一致；⑤加强实践教学环节，为学生提供实际操作和解决问题的机会，同时，加强与其他高校、企业的合作交流，了解旅游行业动态，以提高教学质量和学生未来的社会竞争力。

3. 持续改进：建立质量保障与反馈机制

旅游管理专业建设需要建立质量保障与反馈机制，不断对工作过程进行检查、评估和改进，以提高工作效率和学生的专业素养，确保教学质量的不断提升，满足学生的学习需求和旅游行业的发展要求，具体来说，这一机制的实施路径包括以下几点：①建立完善的质量保障机制，定期对教学效果进行评估，发现教学中存在的问题和不足之处，及时进行改进，以确保教学质量不断提升；②建立有效的反馈机制，及时收集学生、教师、企业等各方的意见和建议，了解教学过程中存在的问题与不足，并针对不足之处进行改进，不断提高教学质量。

四、基于 OBE 理论的旅游管理专业建设路径探索

1. 依据反向设计的原则，创新专业培养方案

（1）以产出为导向，确定人才培养目标

了解行业趋势、市场需求和岗位需求，分析旅游管理专业的就业前景和发展空间，与旅游协会、企业、专业人士保持密切联系，了解社会对旅游管理专业人才的具体要求和期望。依据 OBE 理论，制定的培养目标要结合国家和旅游行业对人才的需求和要求，并根据学校办学特色及学生自身的学习情况，组建团队去国内外旅游管理专业办学较好的院校进行调研，为制定培养目标提供有益的参考和借鉴。另外，在新商科背景下，对毕业生的数据与信息能力要求越来越高，在旅游管理专业人才培养过程中，要关注学生核心能力和综合素质的培养，如专业技能、沟通能力、团队协作、创新思维、跨文化交流、大数据管理、信息技术等的培养。

（2）根据毕业要求，编制课程教学大纲

人才培养方案中的每一门课程对毕业要求都有有效的支撑作用。而课程的教学大纲是要固化每门课程的教学要求、教学内容、教学活动、教学方式等要素之间的呼应关系。OBE 理论对课程教学大纲也有相应的要求：第一，在大纲中要反映出该课程对应的毕业要求有哪些；第二，大纲中要反映出哪些内容对应哪几条毕业要求，然后按照教学内容分配教学课时。这样，教师在授课的过程中，能够根据对应的毕业要求，清楚地知道自己所教

的内容对学生有什么作用，学生在学习的过程中也能够知道自己所学的内容在毕业后起到什么作用。因此，在课程的教学大纲中，要体现课程的目标与毕业要求相互对应，要明确课程学习内容、教学方法与手段、课程的重点与难点、课程的考核方式、课程内容对应的目标点、学生的学习预期等。另外，在课程内容方面要有创新，并加强思想政治教育和学科专业教育的紧密融合，将思政融入每节课堂，达成专业教育与思政教育同向同行的协同效应。

（3）根据培养目标，明确毕业要求

培养目标是教育机构对学生毕业后能够达到的职业和专业成就的总体描述，反映了学校的教育理论和目标。毕业要求是明确学生“能干什么”“会干什么”。在确定旅游管理专业毕业要求时，需要教师、学生、用人单位等参与讨论。结合2022年教育部颁布的93个本科专业类国家标准的毕业要求，修订培养方案，从专业知识、实践能力、沟通与团队协作能力、国际化视野、职业素养与道德、持续学习与自我发展等方向明确旅游管理专业毕业要求。

（4）聚焦毕业要求，映射课程体系

根据旅游管理专业培养目标和毕业要求，选择合适的课程并安排合理的课时，旨在确保学生具备核心能力，以满足旅游行业需求和实现个人发展目标。明确旅游管理专业学生所需具备的核心能力，如团队协作、沟通交流、问题解决、创新思维等。根据核心能力需求，选择合适的课程，将能力指标点作为各课程考核的标准，并以反推的方式将这些指标的达成任务分配给相应的课程，进行课程体系构建。将毕业要求细化成若干个指标点，反推出每门课程应承担的任务和目标，然后将这些指标点分配到具体的课程内容当中，形成毕业要求与课程体系的对应关系。课程是支撑毕业要求达成的充分必要条件，课程体系是实现毕业要求的重要基础，课程体系是一个有机的整体，由课程内容、课程结构、课程活动方式组成，各个环节之间相互关联、相互影响，共同作用于学生能力的培养和未来的职业发展，直接影响着学生的专业知识结构。OBE理论强调以达成毕业要求为导向，通过反向设计各门课程，明确各门课程对应的毕业要求的“指标点”，形成一体化的矩阵匹配，这样的矩阵匹配有助于构建相应的课程串和课程群，从而形成一个完整、连贯的课程体系。在构建旅游管理专业课程体系的过程中，纵向与横向的考虑都很重要，从纵向的角度来看，课程体系应该是一个有机的整体，各门课程之间应该具有良好的衔接和支撑关系，从横向的角度来看，课程体系应该注重各门课程之间的联系和配合。在OBE理论的指导下，每门课程都有明确的指标点和教学目标，但这些指标点和目标之间应该是相互关联的，共同为实现毕业要求提供支撑。

2. 以学生为中心，重构教学实施体系

（1）创新教学方法

在教学实施过程中，始终将学生置于中心地位，关注学生的个性化需求，了解每个学生的学习特点、兴趣和需求，通过提供个性化的学习指导和支持，帮助学生实现其潜能和才能的发挥。创新教学方法，如案例分析、小组讨论、角色扮演、翻转课堂等，以激发学生的学习兴趣和主动性。同时，利用现代信息技术手段，如在线学习平台、移动应用程序等，为学生提供便捷、灵活的学习方式。

（2）引导学生主动学习

OBE 理论强调学生的主动学习和自我管理，教师应该关注学生的兴趣和需求，了解每个学生的特点，创造富有挑战性和趣味性的学习环境，通过实验、项目、实习、竞赛等方式，引导学生将理论知识应用于实际中，激发学生的学习兴趣和动力，培养他们的实践能力和创新精神。

（3）增加过程考核评价方式

传统的分数考核方式是一种静态的、单一的评价方式，主要关注旅游管理专业学生的考试成绩和作业完成情况，而忽略了学生的学习过程和综合素质的发展，已经无法适应 OBE 理论的需求，需要采用更为全面、动态的过程考核评价方式来更好地评估学生的学习状况和综合素质。在过程考核评价方式中，可以采用多种考核方式，如作业、课堂表现、小组讨论、阶段性测试等。这些考核方式可以全面评估学生的学习成果和能力发展情况，同时也能够及时向学生提供反馈和指导，帮助他们改进和提升。

3. 产教融合，促进实践课程统筹合作

（1）加强产教融合

加强产教融合，推进协同育人，以成果导向为原则，建设起课内和课外相结合的实践教学内容与管理体系。产教融合可以促进产业与教育的深度融合，推动经济发展和转型升级。通过产教融合，学校可以更加了解旅游市场需求和产业发展趋势，并据此调整教学计划和课程设置，提高人才培养的针对性和实用性，企业可以通过与学校的合作，获得技术支持和人才储备，推动技术研发和创新。

（2）实验实训室建设

实验实训室建设是产教融合中的重要一环，根据实践教学的要求和旅游管理专业特色，依据人才培养方案，对旅游实验实训室进行统筹设计，确保实验实训室的建设符合人才培养的需求，与企业共建实验实训室，定期到企业调研，与企业负责人或人力资源部经理沟

通，了解企业的人才需求、技术难题、产业发展趋势等信息，根据了解到的信息，制定具体的合作方案，包括实验实训室的场地建设、设备配置、人员安排等，确保实验实训室的建设符合企业和学校的共同目标。

参考文献：

[1] 赵晓峰 . 基于 OBE 理念的旅游管理一流专业建设路径研究 [J]. 内蒙古财经大学学报 ,2023,21(5):19−22.

[2] 徐晓慧 . 智慧交通视域下交通管理工程专业建设的理念更新与路径选择 [J]. 河南警察学院学报 ,2023,32(6):5−11.

[3] 郑丽 . 新文科视域下应用型大学经管专业建设的理念与路径研究 [J]. 北京联合大学学报 ,2023,37(5):22−29.

[4] 卢艳丽 . 基于 OBE 理念的课程教学设计与探索——以“旅游资源规划与开发”课程为例 [J]. 教育教学论坛 ,2023(49):113−116.

[5] 申天恩 , 斯蒂文· 洛克 . 论成果导向的教育理念 [J]. 高校教育管理 ,2016,10(5):47−51.

[6] 李臻 .OBE 理念下地方高校音乐表演专业一流本科专业建设路径探析 [J]. 艺术教育 ,2021(2):43−46.

[7] 梅鲁海 , 王耀军 . 新《职业教育法》下工匠精神培养的“四维进阶”理论模型和“四重迭代”运作路径 [J]. 宁波职业技术学院学报 ,2024,28(1):25−30.

[8] 吴元芳 , 李纲 . 文旅融合背景下地方高校旅游管理专业发展定位冷思考 [J]. 江苏商论 ,2024(1):49−54.

[9] 刘林舒 . 文旅融合背景下旅游管理专业课程建设研究 [J]. 齐齐哈尔大学学报 (哲学社会科学版),2023(11):147−151.

[10] 马艺静 . 文旅融合背景下中职旅游服务与管理专业课程设置研究 [D]. 南昌：江西科技师范大学 ,2022.

[11] 马勇江 , 孙永学 . 动物医学国家一流专业建设的思考与策略——以华南农业大学为例 [J]. 教育教学论坛 ,2020(44):318−320.

[12] 叶青 , 董小伟 , 黄明 , 等 . 基于 OBE 理念与育人视角的电子技术课程教学探究 [J]. 创新创业理论研究与实践 ,2023,6(13):161−164.

地方本科院校旅游管理学科建设与人才培养

2022 年中国旅游科学年会以“旅游人才建设与青年人才培养”为主题，重点探讨新阶段背景下学科建设与旅游人才培养的问题。旅游业是全球重要的经济行业之一，能够创造大量的就业机会，2019 年在西班牙塞维利亚召开的世界旅游及旅行理事会 (WTTC) 峰会公布的一组数据显示，2018 年，旅游业为全球 GDP 贡献了 10.4% 的份额，在几大主要行业对世界 GDP 的贡献中，排名第二，仅次于工业制造业[1]。随着旅游业的持续发展，对旅游人才需求亦越来越高，地方本科院校应该关注旅游行业动态，根据旅游业的发展趋势和市场需求，要超前识变、积极应变、优化专业设置，着力培养更多的“一精多会”“一专多能”的旅游管理复合型人才。

地方本科院校旅游管理专业肩负着为社会发展培养高素质旅游管理专业人才的重任，在培养具备创新思维和创业精神、国际化视野、跨文化沟通能力的旅游管理专业人才方面发挥了不可替代的作用。随着全球化的深入发展，旅游市场的多元化与国际化程度越来越高，应注重培养学生的国际化视野，让学生了解不同国家和地区的文化、风俗习惯等，提高学生的跨文化交流能力，传统的旅游管理专业已难以满足市场需求。因此，地方本科院校需要对旅游管理专业进行改造升级，以培养出更能符合市场需求的旅游管理高级人才。

一、旅游管理专业学科建设与改革契机

1. 适应市场需求

随着全球化和人们生活水平的提高，旅游业的快速发展，全球旅游收入与旅游人数持续增长，旅游收入成为全球经济的重要组成部分。据统计，国际旅游业在 2022 年和 2023 年强劲复苏，《世界旅游经济趋势报告（2023）》指出，2022 年全球旅游总人次达到 95.7 亿人次，旅游总收入达到 4.6 万亿美元，分别恢复至 2019 年的 66.1% 和 79.6%。旅游业的快速发展，为旅游管理学科的发展提供了广阔的空间和机遇。

2. 技术进步与创新

随着科技的进步，旅游行业也在不断创新和发展，旅游管理专业的学科建设需要注重培养学生的创新思维，鼓励学生独立思考、勇于探索，为旅游业的发展注入新的活力。首先，技术进步与创新可以帮助学生更好地理解和掌握新知识，拓展学生的创新视野，互联网、大数据、区块链、人工智能等技术的应用，为旅游管理提供了新的思路和方法，因此，旅

[1] 数据来源：《企业家日报》，2019 年 4 月 10 日。

游管理专业的学科建设需要积极引入新技术、新方法，推动教学和研究的创新。其次，技术进步与创新为旅游管理专业的实践教学提供了更多的可能性，如虚拟现实（VR）、增强现实（AR）、元宇宙等技术可以模拟旅游场景，让学生在安全的条件下进行实践操作，提高了实践教学的效果。此外，技术进步与创新不仅催生了新的旅游业态，如在线旅游、共享经济等，还能推动旅游行业的转型升级，如智慧旅游的快速发展，使得旅游服务变得更加便捷、高效。

3. 产教融合

随着经济发展模式的转变，当前社会对人才的需求已经从简单的知识技能转变为综合素质的全面要求，传统的教育模式过于注重理论知识的灌输，缺乏实践能力的培养，已经无法满足旅游行业的需求，旅游业需要更多高素质、创新能力强的人才。因此，教育界需要更加贴近实际、与时俱进的新教学模式，产教融合模式强调产业与教育之间的深度融合，通过学校与企业、行业的紧密合作，共同培养符合社会需求的高素质旅游管理人才。

4. 国际化发展

全球化进程的推进、科学技术的快速发展以及旅游业的转型升级共同推动着旅游业成为一个日益国际化的产业。随着旅游市场的竞争加剧和国际游客人数的增多，旅游业需要不断创新和提升服务质量，以适应国际旅游市场的变化。快速变化的旅游业对旅游从业人员提出了更高的要求，旅游管理专业毕业生除了具备超高的专业素养，还应具备超强的国际化视野和跨文化交流能力，以适应旅游业的国际化发展。

二、地方本科院校旅游学科建设与人才培养存在的问题

1. 学科定位不清晰

地方本科院校旅游学科办学历史不长，经验积累不足，如湖南工程学院旅游管理专业创办于2005年，至今有19年的办学历史，开始隶属于人文学院，于2012年转到管理学院，专业隶属度的变更导致其在学科定位和体系建设方面存在一定的困难和挑战。旅游学科具有明显的跨学科性质，涉及管理学、地理科学、社会学、心理学、生物学、农学、医学等多个学科领域，这使得旅游学科定位更加复杂，难以形成统一的标准和规范。缺乏明确的办学目标和定位，导致课程设置和培养方案不够科学和系统，这不仅影响了教学质量，也制约了旅游学科的发展。

2. 教材体系建设不完善

旅游管理专业的教材体系不够完善，教材体系建设缺乏系统性和整合性，教材质量参差不齐，存在内容陈旧、知识点与案例重复、同一内容在不同教材中反复出现、教材与现

实脱节、没有随着旅游行业的发展而更新等问题，降低了其实用性和前瞻性，学生在学习过程中难以获得全面、系统的专业知识，影响了教学效果和教学质量。

3. 实践教学环节薄弱

旅游管理专业是一门实践性很强的专业，但目前实践教学环节普遍比较薄弱，由于旅游学科办学历史不长，在教学过程中沿袭其他商科的教学模式，注重理论教学，忽视了实践环节，学生无法将理论知识应用到实际工作中，同时，许多学校缺乏实践教学所需的设施、设备和资源，实践教学活动难以顺利开展，同时，实践教学环节的管理往往不如理论教学规范，使得实践教学的质量难以保证。地方本科院校为了提高实践教学质量，纷纷开展校企合作，企业成为旅游管理实践的重要场所，但旅游管理专业开展企业实习时，有些企业的参与度低，影响了实习效果。总之，在旅游学科实践教学环节，缺乏实践基地、实践环节与理论教学脱节等问题比较突出，学生难以将理论知识应用于实践中，影响了学生的实践能力和综合素质的提高。

4. 师资力量不足

旅游行业的快速发展需要更多的旅游从业人员，高校招生规模扩大，对专业教师的需求量不断增加，但目前旅游管理专业的教师数量相对较少，无法满足教学的需求。旅游管理专业的跨学科性质，教师的专业背景和教学经验存在差异，教师素质参差不齐，部分教师缺乏旅游行业实践经验，难以有效地指导学生进行实践活动。地方本科院校难以培养或引进旅游管理专业领域的学术领军人才，学科发展缺乏引领和指导，限制了旅游学科的快速发展。

三、地方本科院校旅游学科建设与人才培养的实施途径

1. 明确学科定位与人才培养目标

（1）学科定位

根据旅游学科的特点，如湖南工程学院旅游管理专业定位为：以科学发展观为指导，通过教育教学改革，进一步提高旅游管理专业教学质量，使旅游管理专业办学特色更加鲜明，旅游管理人才培养模式取得突破性进展，学生实践能力和创新精神显著增强，师资队伍整体素质稳步提高，形成规模、结构、质量、效益协调和可持续发展的旅游管理专业人才培养机制；以湖南省及周边省份蓬勃发展的旅游经济为实践平台，旨在培养适应社会经济建设和旅游业发展需要，人文底蕴深厚、学科功底扎实、综合素质高、实践能力与沟通能力强，具有较强创新精神和服务意识的高级应用型专门人才。

（2）办学目标

紧密结合地方经济发展与旅游产业的发展需求，在科学发展观的指导下，开展围绕一个中心，突出两大特色，重点发展三个专业方向，着重培养四种能力的“1234”旅游管理特色专业建设工程，以行业为依托，充分发挥专业优势，强化校、政、企、研跨界融合，结合旅游管理专业特色，构建多层次、多类型、全方位的创新型人才的培养体系，为湖南、周边省份乃至全国输送具有“四种能力”的高素质旅游管理专业人才，推动地方旅游产业的可持续发展。

（3）人才培养目标

旅游管理专业依托湖南省应用特色学科“工商管理”，协同湖南省文化创意产业基地共同管理建设，通过“人文与科技”融合、“旅游与数据”融合、“理论与实践”融合，培养具有人文素养、国际视野、创新意识、创业精神、实践能力和社会责任的人才，学生毕业后能在各级旅游行政管理部门、各类旅游企业、旅游景区及相关行业从事经营管理服务、教育及其他工作。

2. 优化课程体系

以湖南工程学院旅游管理专业定位与人才培养目标为例，在进行课程体系优化时，具体从以下几个方面开展：

（1）课程体系设置与时俱进

通过借鉴国内外一流大学的办学经验，构建和设置旅游管理专业课程，强调学生主体，真正以学生兴趣与未来就业方向为基础，选择和转换专业方向和课程学习，鉴于此，减少了部分不必要的公共基础课程，增设了更多的与旅游管理专业密切联系、与时俱进的基础课与交叉学科课程。如适当补充计算机科学、社会科学及自然科学、Python 程序语言设计、大数据管理、旅游人类学、消费者行为学等课程。

着重培养学生的学习能力，强化学生的创新思维、创业能力。在课程设置和学生培养方案中分阶段安排培养学生学习能力、沟通能力、专业运用能力的基础课程，如专业调查方法与实践、项目策划文本撰写、旅游线路设计等训练。对学生自主学习能力进行强化训练，分层次分阶段逐渐深入，使学生形成自主学习的思维方式和能力。

（2）专业课程设置突出本土化特色

围绕旅游学科发展目标，在教材建设方面，突出本土化特色，建立一套适合本校地方化教材，在课程中增加有关湖南及周边地区的文化、历史、地理等方面的内容。例如，开设湖南旅游文化、地方民俗文化等课程，使学生更加了解本土文化的内涵和特色。

3. 强化实践教学环节

旅游管理专业是一门实践性很强的专业，覆盖面广，敏感度强，对社会实践要求高，比如湖南工程学院旅游管理专业采用“3+1”的人才培养模式，对实践教学进行了强化，前三年主要运用理论学习与实践教学交叉进行的教学方式，实训项目主要有旅游礼仪实训、旅游认知实训、餐饮实训、旅游信息化软件实训四个独立的实训环节，外加旅游市场营销、旅游规划与开发等课程的实践环节。在第四年，全部安排实习环节，学生需要参加在校内、校外导师共同指导下的专业实习、毕业实习和毕业论文实习环节。实习指导教师结合社会工作岗位需要，加强校内外实践项目的教学活动，组织学生参加校外实践活动，如社会调查、志愿服务、实习实训等，让学生接触社会、了解行业，增强社会责任感和提高实践能力。鼓励学生参与教师的科研项目或自主开展科研活动，提高学生的科研能力和创新能力。同时，通过科研项目，学生可以与行业专家和企业进行交流合作，拓展实践经验。组织学生参加各种专业技能竞赛和创新创业活动，学生可以锻炼自己的团队协作、沟通表达和解决问题的能力，激发学生的创新思维和实践能力。

4. 建立“专业化 + 差异化”导师团队

根据旅游专业特点和学科发展方向，制定明确的导师职责和选拔标准，对导师进行专业分工，鼓励导师在学术研究和教学方法上寻求差异化发展，形成各自的特色和优势。建立班级导师制度，以更好地贯彻“五育并举”现代教育理念，以适应旅游管理专业素质教育的要求和人才培养目标的转变，在教师和学生之间建立一种“本科生导师制”关系，针对学生的个性差异，因材施教，由不同学科背景（管理学、旅游学、经济学、社会学、民族学、信息科学等）、不同职业生涯（企业领导、研究人员等）、不同执业资格（规划公司、策划公司、旅行社、景区、酒店等）的老师组成导师团队，对学生进行辅导，不同学科背景的导师能够从各自的专业领域出发，为学生提供深入的学术指导，帮助他们建立跨学科的思维方式和知识体系，有助于激发学生的创新思维，提升学生的综合专业素养，培养学生解决复杂问题的能力。

参考文献：

[1] 黄凯南，苗滋坤 . 揭示新文科建设的理论进展　探寻新文科的发展规律——2021 年新文科建设进展报告 [J]. 新文科理论与实践 ,2022(1):104−122+128.

[2] 陈如琳 . 旅游英语的发展对促进旅游经济的影响探讨 [J]. 中阿科技论坛（中英阿文）,2020(5):129−130.

[3] 郭璇瑄，梁春群 . 高质量发展背景下应用型本科产教融合协同育人策略研究——以旅游管理类专业为例 [J]. 广东技术师范大学学报 ,2023,44(3):90−94+112.

[4] 杜丹，林青，杨荟卉．乡村振兴背景下高职院校创新创业教育体系的构建研究 [J]. 智慧农业导刊，2024,4(1):159–162.

[5] 刘鑫．旅游管理专业本科生创新能力及其提升对策研究 [D]. 大连：辽宁师范大学，2023.

[6] 陈秀芳．校企共建校内旅游工作室经营管理浅析——以厦门兴才畅徒休闲旅游工作室为例 [J]. 攀枝花学院学报，2017,34(6):110–116.

第二节　专业建设路径

新商科背景下旅游管理专业产学合作协同育人路径

近年来，世界发展范式正发生深刻改变，全球经济发展速度放缓，就业市场面临着诸多挑战。旅游业是一个受多种因素影响的行业，如新冠疫情对于旅游行业的巨大冲击，再加上越来越多的高校开设了旅游管理专业，毕业生数量增加，就业竞争加剧。在新商科背景下，旅游市场对旅游管理专业人才的需求呈现出多元化、个性化、跨学科、国际化、数据化和可持续发展的特点，传统的人才培养模式难以适应旅游市场人才的需求。高校与旅游企业紧密合作，共同制定人才培养方案，学生能够获得深入了解旅游企业的运营和管理的机会，了解行业前沿动态和市场需求，激发学生的创新思维和创业精神，从而使教学与市场需求相匹配。高校和企业需要建立长期、稳定、深入的合作关系，实现资源共享、优势互补、互利共赢，以促进旅游产业的健康可持续发展。

一、产学合作协同育人模式概述

1. 产学合作协同育人内涵

产学合作协同育人指的是产业界与教育界通过共同合作，共同培养具有实践能力、创新能力和适应未来工作需要的人才的一种模式。产学合作协同育人强调产业与学校的深度合作，通过资源共享、优势互补，实现人才培养的目标。产学合作协同育人的内涵主要包括以下几个方面：

①共同制定培养方案。产业界和教育界共同参与制定人才培养方案，确保教学内容与市场需求相匹配，使培养的人才更加符合产业发展的需要。

②实践教学资源共享。产业界提供实践教学资源，如实习基地、实践项目等，学校利用这些资源开展实践教学，帮助学生提升实践能力。

③合作开展科研项目。产业界和教育界共同开展科研项目，推动科技创新和成果转化，同时提高教师的科研水平和实践能力。

④师资互聘。产业界和教育界互聘师资，企业专家到学校授课或担任导师，学校教师到企业挂职锻炼，以提高教师的实践能力和教学水平。

⑤合作办学。产业界和教育界合作办学，共同开展人才培养活动，如定向培养、订单式培养等，合作办学充分结合了产业界的实践经验与教育界的理论优势，能够共同培养出既具备专业知识又具备实际操作能力的人才。

2. 产学合作协同育人模式的发展历程

产学合作协同育人模式的发展历程可以追溯到20世纪初的美国，当时被称为“合作教育”，后来逐渐发展成为世界各地广泛应用的模式。在中国，产学合作协同育人模式的发展历程可以大致分为以下几个阶段：

①起步阶段。20世纪80年代初，中国开始探索产学合作协同育人模式，一些高校开始与企业合作，开展实践教学和科研活动，这一阶段的合作模式比较简单，缺乏系统的理论指导和完善的机制。

②初步发展阶段。20世纪90年代以后，中国高等教育开始注重实践教学，产学合作协同育人模式得到了初步的发展。高校开始建立实践教学基地，与企业建立长期稳定的合作关系，共同培养人才。同时，政府也开始出台相关政策，鼓励和支持产学合作协同育人模式的发展。

③深入发展阶段。进入21世纪以来，中国高等教育改革不断深入，产学合作协同育人模式得到了更广泛的关注和应用。高校和企业之间的合作更加密切，涉及的领域更加广泛，包括科学研究、技术开发、人才培养等。同时，合作的形式也更加多样化，如共建实验室、联合研发项目、共建创新创业平台等。

3. 产学合作协同育人模式的主要类型

①订单式人才培养模式。高校根据企业需求，与企业签订人才培养协议，为企业量身定制人才。订单式人才培养模式的特点是人才培养目标明确，课程设置和教学计划紧密结合企业需求，实践教学环节比例较高，学生毕业后可以直接进入企业工作。

②共建实践教学基地模式。高校与企业合作，共同建立实践教学基地，为学生提供实践机会。共建实践教学基地模式的特点是资源共享，企业提供实践教学所需的场地、设备、技术等资源，高校提供实践教学所需的教学资源和管理资源，双方共同参与实践教学过程。

③科研项目合作模式。高校与企业合作，共同开展科研项目，推动科技创新和成果转化，合作深度较高，涉及的领域较广，合作形式多样化，包括联合研发、技术转让、专利申请等。

④创新创业平台模式。高校与企业合作，共同搭建创新创业平台，为学生提供创业指导和资金支持。创新创业平台模式的特点是学生创业参与度高，创新创业成果丰富，能够有效激发学生的创新意识和创业精神。

⑤双向交流合作模式。高校与企业合作，开展双向交流活动，如学生实习、教师挂职锻炼、企业员工培训等，双向交流合作模式的特点是双方互动性强，能有效促进双方的了解和合作。

二、新商科背景下旅游管理专业产学合作协同育人的必要性

1. 促进旅游管理专业教学改革

新商科背景下旅游管理专业教学体现了信息技术与旅游管理专业知识融合教学的教育理念，因此，地方本科院校旅游管理专业更应该与现代企业岗位实践相接轨，使学生能够深入旅行社、酒店、会展服务等相关旅游企业，亲身感受企业实践岗位的工作实践流程，帮助学生了解行业基本知识和技能。旅游管理专业教学与旅游生产实践环节紧密相连，形成一套完整的教学育人体系，既可以替旅行社、酒店、会展服务等培养信息技术与旅游管理融合的专业性人才，又可以促进地方本科院校专业教学与社会生产实践接轨，更好地提高教育教学质量，培养出既懂技术又懂管理的专业性人才。同时，地方本科院校旅游管理专业人才培养的数量、质量对于旅游行业的发展至关重要，因此，学校应与企业紧密配合，从旅游管理的实践教学需求出发，建立健全校企合作的人才培养知识框架，明确人才培养目标，根据人才培养目标，构建旅游管理专业的知识框架体系，完善旅游管理专业的课程设置等相关教学内容，培养出适应社会市场需求的人才。

2. 促进旅游管理专业人才培养计划的调整

随着数字技术的不断发展，旅游业正经历着数字化转型，传统的旅游业务模式正在被数字化模式所取代，产生了诸如在线旅游平台、智能旅游、定制旅游等旅游新业态。越来越多的消费者选择在线预订旅游产品、获取旅游信息，并对旅游服务的质量和体验提出了更高的要求。精通信息技术的旅游管理专业人才需求紧张，旅游企业需要大量的具有专业理论与信息技术实践知识相融合的数字旅游人才。在传统的旅游管理教学中，学校与旅游行业的联系不够紧密，教学内容与市场需求存在一定程度的脱节，教师是课堂的主导者，学生处于被动接受知识的地位，对学生的要求更加强调学习理论知识，对实践教学环节重视程度不够，致使地方本科院校旅游管理专业毕业生的知识体系比较陈旧，缺少信息技术应用和旅游实践的经验，旅游企业需要大量数字旅游人才，而旅游管理专业毕业生却在专业能力上难以达到旅游企业的需求。产学合作协同育人能促进学校与旅游企业的深度合作，实现资源共享和优势互补，学校和旅游企业共同制定人才培养方案和课程设置，使得教学内容更加贴近市场需求和行业趋势。同时，学校能更加准确地了解旅游企业的需求和人才标准，调整教学计划和课程设置，提高人才培养的针对性和实用性。

3. 有助于培养高素质旅游管理人才

随着数字技术的不断进步和应用，人才在推动经济发展和社会进步方面发挥着越来越重要的作用。数字化经济的发展需要大量掌握数字技能和知识的人才，具备跨行业、跨领域的融合能力，将不同领域的知识和技能结合起来，创造出新的价值。产学合作协同育人有助于培养高素质的旅游管理人才，主要表现在以下几个方面：①提高人才培养的实用性。通过产学合作，学校能更加准确地了解市场需求和旅游行业发展趋势，调整和优化人才培养方案，提高人才培养的针对性和实用性，培养出来的人才能够更好地适应市场需求，具备实际工作所需的知识与技能；②增强学生的实践能力。产学合作协同育人注重实践教学，为学生提供了更多的实践机会和实习岗位，通过实际工作环境的锻炼，学生能积累实践经验，提高专业能力，有助于学生更好地适应旅游业发展的需求，提高就业竞争力；③推动双创教育。产学合作协同育人为学生提供了更多的创新创业机会，通过与旅游企业的合作，学生能了解到旅游行业前沿动态和市场需求，激发创新思维和培养创业精神，学校和企业共同为学生提供创业指导和支持，帮助学生实现创业梦想；④提升学生综合素质。产学合作协同育人不仅注重学生的专业技能培养，还注重学生的综合素质提升，通过校企合作，培养学生的团队合作、沟通协调、解决问题等能力，提高学生自身的综合素质，更好地适应社会发展的需求。

三、新商科背景下旅游管理专业产学合作协同育人现状

产学合作协同育人是地方本科院校旅游管理专业应用型人才培养的重要方式之一。然而，在新商科的背景下，地方本科院校的教育体制与企业在效益观念和发展战略上存在一定的差异，从而导致地方本科院校在推进产学合作协同育人过程中存在一定的问题，产学合作协同育人项目难以顺利实施。

1. 人才培养目标不一致

随着数字经济的不断发展，新商科对人才的需求不断变化，需要更多具备创新能力和跨界思维的旅游管理专业人才，产学合作协同育人教育是地方本科院校培养适应数学经济发展的综合型旅游管理人才的主要途径，一些地方本科院校旅游管理专业人才培养目标定位不够清晰，人才培养模式机制相对固化，与旅游企业需求不一致，难以与旅游企业进行有效的合作。学校的课程设置过于偏重理论教学，实践教学资源存在不足，缺乏实践性和应用性，而旅游企业更注重人才的实践能力和应用技能，传统的人才培养目标与企业对人才的需求不一致，难以满足旅游企业的需求。

2. 课程设置不合理

课程设置不合理是产学合作协同育人教育中的一个常见问题，影响旅游管理专业学生

的就业和发展。课程设置不合理的可能原因如下：①在设置课程时，没有对旅游市场人才需求进行深入的调研和分析，无法准确了解旅游企业对人才的具体要求；②课程设置过于偏重理论教学，缺乏实践性和应用性，学生缺乏实际操作能力和解决问题的能力，无法满足旅游企业对人才的需求；③课程设置更新速度慢，无法跟上旅游行业发展和市场需求的变化。

3. 资源整合不充分

地方本科院校和企业之间的资源整合存在不充分的问题，学校的优势在于人才培养和学科研究，而企业的优势在于拥有市场和行业资源。如果校企双方不能充分整合各自的资源，可能会导致合作项目的低效和浪费。产学合作协同育人资源整合不充分的可能原因如下：①缺乏有效的合作机制。产学合作协同育人需要学校和企业的深度合作，但一些地方本科院校和旅游企业之间缺乏有效的合作机制和平台；②缺乏共享意识。地方本科院校和旅游企业之间可能存在资源壁垒和保护主义，缺乏共享意识；③缺乏资金支持。产学合作协同育人需要一定的资金支持，但一些合作项目可能缺乏资金支持。

4. 沟通协调不畅

学校和企业之间的文化差异、管理方式差异、信息不对称等因素都可能导致沟通障碍，如果校企双方不能建立有效的沟通机制，会导致合作双方产生误解和矛盾。沟通协调不畅的可能原因如下：①缺乏有效的沟通机制。产学合作协同育人需要学校和企业双方进行有效的沟通协调，但一些合作双方可能缺乏有效的沟通机制和渠道，导致信息传递不畅；②文化差异和价值观不同。学校和企业之间的文化差异和价值观不同可能导致沟通障碍，学校更注重学术自由和探索性研究，而企业更注重市场导向和经济效益，这种差异可能导致双方在沟通中产生误解或冲突；③缺乏信任和合作基础。一些学校和企业之间可能缺乏信任和合作基础，沟通协调不畅，双方可能对彼此的动机和意图存在疑虑；④缺乏专业沟通和协调人员。一些产学合作协同育人项目中可能缺乏专业沟通和协调人员，从而对项目的顺利进行和育人效果产生负面影响。

四、新商科背景下旅游管理专业产学合作协同育人路径优化

1. 制定符合新商科背景的旅游管理专业人才培养目标

地方本科院校培养的旅游管理专业毕业生最终要到旅行社、旅游咨询公司、旅游电子商务企业、酒店等企业进行工作实践，旅游管理专业人才培养应从行业发展背景、企业岗位需要、市场人才需求、学生个人发展需求等角度出发，与旅游相关企业紧密联系，利用产学合作协同育人手段，培养符合旅行社、旅游咨询公司、旅游电子商务企业、酒店等企业需求的复合型、创新型人才，切实为现代旅游企业发展提供人才保障。地方本科院校在

制定旅游管理专业人才培养方案时要深入了解旅游行业的市场需求和发展趋势，通过与行业专家和企业进行交流，了解旅游企业对人才的具体要求，确定人才培养的目标和方向。

2. 根据企业工作实际设定专业课程改革内容

地方本科院校设置旅游管理专业课程时应该遵循院校教学发展、市场需求导向、学科交叉融合等规律，动态调整旅游管理专业实践教学内容。旅游管理专业的教学重点包括旅游行业基础知识和理论、旅游企业管理与实践、旅游法律与法规、旅游服务技能与质量、跨文化交流与国际化发展以及信息技术在旅游业的应用等。地方本科院校要重点关注新商科相关产业的发展动态，了解市场需求，及时调整专业方向，提高教学质量，增强学生竞争力，考虑产学合作协同育人教学模式的发展需要，充分发挥地方本科院校育人的优势。同时，地方本科院校应该组织师生深入旅行社、旅游咨询公司、旅游电子商务企业、酒店等企业一线，开展岗位工作实践教学内容调研活动，亲身接触实际工作场景，了解旅游企业的运营流程、管理模式和市场动态，构建符合现实发展规律的旅游管理专业课程体系内容。旅游管理专业的必修课程和选修课程应充分利用网络信息技术，开发优质教学资源，建设在线课程平台、移动应用程序、案例库、虚拟仿真实验等，更好地满足学生的学习需求和市场对人才的需求。

3. 充分整合校企产学合作协同育人资源

为了解决学校与企业资源整合不充分的问题，学校和企业之间需要建立有效的合作机制和平台，加强沟通和协调，促进资源共享和整合。同时，政府和社会各界也应该加强对产学合作协同育人的支持，提供一定的资金和政策支持，推动其深入发展。学校和企业通过创新合作模式和机制，如共建实验室、共同研发项目等，加强资源整合和共享，提高人才培养的质量。

4. 建立有效的信息沟通渠道

学校和企业之间需要建立有效的沟通机制和渠道，加强沟通和协调，双方通过指定专门的沟通和协调人员，确保信息的及时传递。当学校与企业双方存在矛盾时，应该尊重彼此的文化和价值观差异，加强相互了解和信任，建立良好的合作关系。通过加强沟通和协调，实现共同的目标和利益。

参考文献：

[1] 刘海建，胡化广．畅通国民经济循环与劳动力就业——基于流通标准一体化视角的研究 [J]. 数量经济技术经济研究，2023,40(10):51−70.

[2] 罗冰，庞丹丹．文旅融合背景下国产动漫 IP 人才培养模式研究 [J]. 传播与版

权 ,2023(24):114−116.

[3] 杨娟娟 . 创新创业教育与旅游管理专业教育的有机融合——以“餐饮服务与管理”课程为例 [J]. 西部旅游 ,2023(16):97−99.

[4] 凌妙 , 罗秋雪 . 乡村振兴战略下地方高校人才培养路径——以百色学院为例 [J]. 西部素质教育 ,2023,9(22):71−74.

[5] 王全林 , 尹宏林 . 加拿大合作教育及对省域应用性高等教育体系建设的借鉴与启示 [J]. 应用型高等教育研究 ,2020,5(3):78−84.

[6] 王振中 . 基于旅游专业教学文化育人的探索与实践 [J]. 职业 ,2020(12):55−57.

[7] 严灵灵 .OBE 理念下高职旅游管理课程改革研究——以常州高职园区为例 [J]. 常州信息职业技术学院学报 ,2023,22(1):39−46.

[8] 赵丽丽 . 职业院校研学旅行专业人才培养：现实需求与培养路径 [J]. 中国职业技术教育 ,2023(11):42−49+73.

[9] 卓毅 . 旅游产业转型视域下协同育人平台的升级路径 [J]. 社会科学家 ,2021(7):156−160.

[10] 吴素吟 , 盛颐 , 刘宏兵 . 高校旅游管理专业顶岗实习优化策略研究——以海南热带海洋学院为例 [J]. 高教学刊 ,2023,9(14):113−116.

双创能力导向的应用型本科院校旅游管理专业课程体系建设

经济全球化给世界各国带来了前所未有的机遇和挑战，在市场竞争日益激烈的背景下，产业需要优化升级，不断创新，提高自身核心竞争力，以应对各种挑战。2022年7月，习近平总书记提出，要深刻把握发展的阶段性新特征新要求，坚持把做实做强做优实体经济作为主攻方向，一手抓传统产业转型升级，一手抓战略性新兴产业发展壮大，推动制造业加速向数字化、网络化、智能化发展，提高产业链供应链稳定性和现代化水平[1]。产业的转型升级与新兴产业的发展壮大，需要技术创新、政策支持、人才培养、产业协作等多方面的支撑和配合，高校是培养双创人才的基地，具有培养双创人才的重要使命，培养大学生的创新思维，使其掌握一定的创业知识，是知识经济时代发展的必然趋势和要求。

一、旅游管理专业开展双创教育的必要性

1. 适应市场需求和产业发展趋势

随着人们生活水平的提高和旅游经验的积累，旅游需求呈现出多样化、个性化的趋势，游客更加注重旅游体验的品质和独特性，对旅游产品和服务的要求也越来越高，促使旅游企业不断创新，提供更加多元化、个性化的旅游产品和服务[2]。旅游市场的不断扩大和旅游业态的不断创新，使旅游产业对人才的需求也在不断发生变化，传统的旅游管理专业人才已经不能满足当前市场的需求，而双创型人才则成为旅游产业发展的新动力。双创教育能帮助学生更好地了解旅游市场需求和旅游产业发展趋势，提高学生实践能力和综合素质，增强就业竞争力。通过双创教育，学生可以获得创业知识和技能，探索新的商业模式和旅游产品，以适应不断变化的旅游市场环境。

2. 培养创新思维和创业能力

旅游业是一个快速发展的行业，需要不断推陈出新，以满足游客日益增长的求新、求异、求变的旅游需求[3]。具备创新思维和创业能力的旅游专业人才能够为旅游业带来新的商业模式、技术和服务，推动旅游产业的创新发展。双创教育能够激发学生创新灵感，探

---

[1] 唐茂华．深刻把握习近平经济思想的学理逻辑和科学内涵 [J]. 求知 ,2023(10):15–19.

[2] 刘洋，徐振宇．文旅数字化的内涵演绎、现实挑战与推进机制 [J]. 青海社会科学 ,2023(2):80–93.

[3] 周子英，王路路，刘伏英．游客感知视角下的农业旅游开发研究——以岳阳市平江县横冲村为例 [J]. 湖南工程学院学报（社会科学版）,2020,30(4):23–29.

索新的商业机会，在当今竞争激烈的就业市场中，能够独立思考、勇于尝试、敢于创新的旅游管理专业毕业生，在求职过程中更受招聘企业的青睐，更容易脱颖而出。

3. 缓解就业压力

通过双创教育，学生获得创业知识和技能，自主创业不仅能解决自己的就业问题，还能为社会创造更多的就业机会[1]。一方面，双创教育能有效培养学生的创新意识和创业精神，通过双创教育，学生能更好地了解市场需求和产业发展趋势，掌握创新思维和创业技能，能更好地适应市场需求，有助于学生拓宽就业渠道，增加就业机会，缓解就业压力，提高学生在就业市场中的竞争力。另一方面，双创教育可以激发学生的创业热情，通过双创教育，学生可以了解自主创业的基本知识和技能，掌握自主创业的基本流程和方法，自主创业不仅可以解决自己的就业问题，还能为社会创造更多的就业机会，进一步缓解社会的就业压力。

4. 促进教育模式转变

传统的旅游管理专业教育模式往往注重理论知识的传授，而忽视实践能力和创新思维的培养。然而，随着旅游市场的不断变化和产业发展需求的转变，这种传统教育模式已经难以适应市场的需求，双创教育的提出为旅游管理专业教育模式的转变提供了新的思路和方法。一方面，双创教育强调实践性和创新性，促使旅游管理专业教育更加注重学生实践能力和创新思维的培养[2]，通过引入双创项目、实践教学环节等，鼓励学生将理论知识与实践相结合，培养学生的实际操作能力和创新思维，以适应市场的需求。另一方面，双创教育强调与产业界的合作，通过校企合作、产学研一体化等方式，加强教育与产业的联系和合作[3]，产教融合有助于学生了解市场需求和产业发展趋势，积累实践经验，提高实际操作能力，同时亦为企业提供技术支持和创新思路，促进旅游产业的创新发展。

二、应用型本科院校旅游管理专业人才培养与课程建设

1. 人才培养定位

应用型本科院校的旅游管理专业旨在培养具备扎实的专业知识、较强的实践技能、良好的综合素质，能够快速适应旅游行业的发展变化，满足旅游企事业单位用人需求的高层次应用型人才。设置的课程面向旅游市场、职业能力和社会发展的需要，在教学过程中，重视课程思政元素的融入，突出双创能力和专业核心应用能力的培养。

---

1 傅厚春 . 乡村振兴视角下高校毕业生农村就业意愿分析 [J]. 农业经济 ,2020(11):125–127.

2 张静 . 高职会展专业双创融合人才培养模式构建 [J]. 职业教育研究 ,2021(1):61–65.

3 郭芳燕 . 我国创新创业教育研究文献综述 [J]. 创新与创业教育 ,2020,11(2):44–52.

2. 双创能力导向的课程体系建设

（1）创新课程设计

创新课程设计是双创能力导向的课程体系中的重要组成部分，其目标是通过系统的课程设计，培养学生的创新意识和创新思维，提高学生的创新能力。在进行创新课程设计时，注重以下方面：①在进行旅游管理专业人才培养方案设计时，开设创新思维课程，培养旅游管理专业学生的创新思维能力和创新精神，使旅游管理专业毕业生能够拥有独立思考、解决问题的能力；②引入创新方法论的基本原理和实践应用等相关课程，系统地介绍创新思维的基本原理和方法，帮助旅游管理专业学生了解创新的过程，掌握创新的工具和技能，引导学生掌握创新思维技巧；③着重于培养旅游管理专业学生的创意思维和创新能力，引导学生进行创意设计和制作，培养学生的创新能力；④开设与创新项目管理相关的课程，让旅游管理专业学生学习如何识别和评估创意、制定项目计划、协调团队成员、控制项目进度等，培养旅游管理学生的项目管理能力。

（2）创业教育融入

将创业教育融入旅游管理专业人才培养方案，在人才培养方案中加入创业基础课程，向学生介绍创业的基本知识和技能，帮助学生了解创业的全过程[1]。鼓励学生参与创业实践项目，组织学生开展旅游市场调研、产品开发、营销策划等实践活动，让他们了解旅游企业的实际运作和管理，让学生在实践中锻炼创业能力。此外，组织双创竞赛，激发学生的创业精神和创新思维，通过参加竞赛，学生可以了解创业的基本流程和市场需求，培养他们的商业意识和商业思维，同时，竞赛也能为学生提供展示自己才华的平台，增强学生的自信心和创业能力。

（3）实践平台的搭建

双创能力的培养离不开实践环节，为了培养学生的双创能力，整合校内外实践教学资源，为学生提供各种实验设备和场地，满足学生进行实验的需求，建立稳定的校外实践基地，与企业、社会机构等团体进行合作，为学生提供实习、实践和双创的机会。为了充分发挥实践平台的功能，要建立完善的包括实践教学计划、实验设备管理、实践成果评价等在内的管理制度，组建旅游管理专业实践教学团队，由专业教师和企业导师组成，负责实践教学的组织和管理。

（4）学科交叉融合

学科交叉融合可以为旅游管理专业学生提供更广阔的知识视野和更丰富的研究资源，

---

[1] 王维军 . 双一流理工高校创业课程建设的特点及经验 [J]. 职业教育研究 ,2020(10):53-59.

有助于激发学生的创新思维和创业灵感[1]。首先，不同学科的知识体系和思维方式各具特点，通过学科交叉融合，促进知识的整合与重构，形成新的知识体系和思维方式，培养旅游管理专业学生双创能力。其次，不同学科的研究方法和技术手段各具优势，学科交叉融合可以推动研究方法的创新，学生通过综合运用不同学科的研究方法和技术手段，进行创新性的研究和实践，从而培养其双创能力。最后，学科交叉融合可以提供跨学科的团队协作机会，通过与不同学科背景的学生合作，学生能学习到团队协作的重要性，提高旅游管理专业学生的沟通能力和协调能力，从而更好地适应未来的创业环境。

三、双创能力导向的旅游管理专业课程体系建设现状

1. 课程设置不够合理

地方应用型本科院校在旅游管理专业人才培养方案制定时，课程设置不够合理，缺乏系统性、科学性和实用性，过于注重理论知识的传授，忽视了对学生实践能力的培养，缺乏实践性和创新性的内容，导致学生缺乏实际操作能力和创新思维。旅游管理专业涉及多个学科领域，但课程体系中缺乏跨学科课程，学生难以形成综合性的思维方式和视野。尽管许多高校已经意识到双创教育的重要性，但在旅游管理专业的课程设置中，与双创教育相关的课程仍然较少。

2. 缺乏双创教育理念

在“大众创业、万众创新”的大背景下，高校学生已经成为我国双创事业的重要力量。高校尽管已经意识到双创教育的重要性，但在实际操作中存在教育理念陈旧，沿用传统的教育理念，过于注重知识的传授和技能的培养，忽视了学生的创新精神和创业意识的培养，这种陈旧的教育理念无法适应社会发展的需求，也不利于学生未来的职业发展。

3. 实践教学环节薄弱

实践教学环节薄弱是高校双创教育中的突出问题之一。具体表现包括：①实践教学的目标不明确、针对性不强。很多时候，实践教学的环节设计只是简单地模仿或复制某些实践环节，而没有根据旅游行业的实际需求和学生的职业发展规划来制定明确的实践教学目标；②实践教学的系统性不强，缺乏层次性。实践教学环节之间没有明显的梯度，实践训练强度不足，难以有效提升学生的实践能力和技能水平，此外，实践教学的内容更新缓慢，结构配置不尽合理，不符合教学规律和学生的职业成长规律；③实践教学的学时安排往往不够。按照相关教育政策要求，结合旅游行业的快速发展，实践教学的比重应适当增加，但在实际情况中，实践教学的学时往往被压缩，导致实践活动无法得到充分开展；④实践

[1] 郭元好．数字时代“四维五融”工艺美术活态传承教学实践优化路径探索——以中职脱胎漆器专业为例 [J]. 东方收藏 ,2023(10):131–133.

教学环节的考核制度不规范或落实不到位。实践教学的要求往往明显低于理论教学，实习、实训要求低，缺乏淘汰机制，导致学生对实践教学环节不重视，缺乏学习动力和压力；⑤实践教学的创新性不足。现有实践教学环节大多沿用以往教学内容和模式，缺乏创新，无法跟上社会发展的速度，也无法满足旅游行业对创新型人才的需求。

4. 缺乏有效的评价体系

评价体系是衡量学生学习成果和教师教学效果的重要工具，如果缺乏科学、客观、有效的评价体系，就会导致学生的学习效果无法得到有效反馈，教师的教学效果也无法得到及时反馈和改进。缺乏有效的评价体系会导致出现以下问题：一方面，学习成果无法得到有效评价，导致学生难以明确自己的学习方向和目标，也无法及时调整自己的学习方法，学习动力不足；另一方面，教学效果无法得到及时反馈和改进，导致教师的教学水平难以

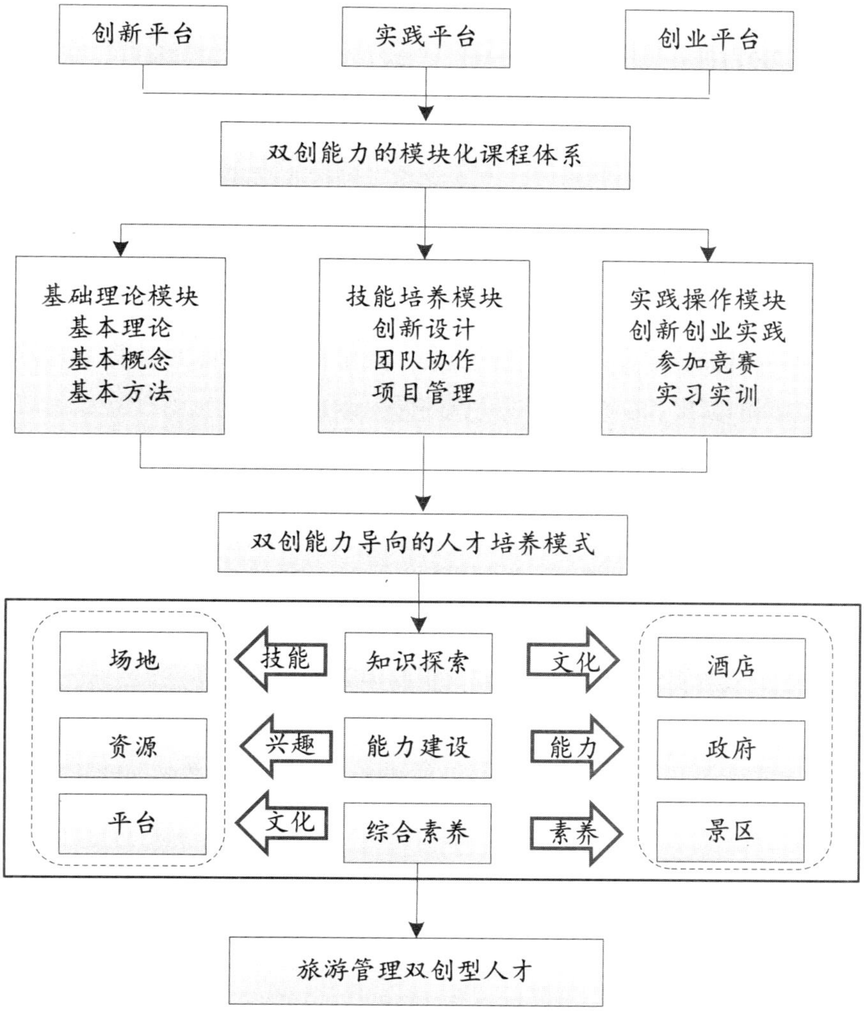

图 1 双创能力导向的模块化课程结构图

提高，影响了教学效果。此外，缺乏有效的评价体系，就无法对双创教育的质量进行科学评估，也无法发现和解决存在的问题，从而影响了双创教育的质量持续提升。

四、双创能力导向的旅游管理专业课程体系构建

1. 建立双创能力的模块化课程体系

双创能力的模块化课程体系包括以下三个方面：①基础理论模块。主要涉及双创的基本理论、概念和方法，基础理论模块帮助学生了解双创的内涵和实质，培养学生的创新思维和创业意识；②技能培养模块。技能培养模块注重培养学生的创新技能和创业能力，包括创新设计、团队协作、项目管理、市场调研等方面的技能；③实践操作模块。此模块强调实践操作和经验积累，通过开展双创实践、参加竞赛、实习实训等方式，提高旅游管理专业学生的双创实践能力。双创能力导向的模块化课程结构如图 1 所示。

2. 构建双创教育课程标准

在构建双创教育课程标准的具体操作上，主要从以下几个方面着手：①制定总体框架。明确双创教育的总体目标和培养要求，为课程标准的制定提供指导，总体框架应该包括课程目标、课程内容、课程实施、课程评价等方面的规定；②设计课程体系。根据双创教育的培养要求，设计相应的课程体系，课程体系应该包括理论课程、实践课程、双创课程等多个方面，形成完整的双创教育课程体系；③制定课程标准。针对每门课程制定具体的课程标准，包括课程目标、课程内容、教学方法、教学资源等方面的要求，在制定课程标准时，注重课程之间的衔接和配合，形成完整的课程体系。

3. 创建双创能力导向的创新教学模式

采用翻转、开放式课堂，运用互动式、项目式、体验式教学，实施课堂创新，开创第二课堂等多种方式的创新教学模式，例如以双创项目为驱动，遵循“项目引入—学生分组与选题—项目实施—课堂展示与讨论—评估与反馈—成果转化与推广”的项目驱动式的教学模式，将理论知识与实践相结合，培养学生的创新精神和创业意识，学生通过参与真实的双创项目，可以了解市场需求、行业趋势和社会现状，提高自己的实践能力、团队协作能力和解决问题的能力，同时，这种创新教学模式也可以促进教师与学生的互动和合作，有效提高教学效果和教育质量。

4. 建立多元的双创教育课程评价体系

为了促进学生的双创能力发展，对双创教育课程改革进行多元化考核，全面地评估学生的双创能力发展，主要进行三方面的考核：①知识考核。确保学生对双创的基本理论和实践有深入的理解，运用传统的考试、小测验或论文等方式进行考核；②实践能力考核。

重点评估学生在实际项目中的表现，如团队协作、问题解决、项目管理等能力，通过观察、项目报告、实际操作等方式进行考核；③创新思维考核。鼓励学生提出新颖、有创意的想法和解决方案，通过案例分析、创意设计、创新方案策划等方式进行考核。通过建立贯彻实施对知识、实践能力和创新思维三方面的考核，能够为培养具有创新精神和实践能力的旅游管理双创人才提供有力支持。

参考文献：

[1] 侯宝锁.旅游职业教育创新问题研究[J].齐齐哈尔大学学报(哲学社会科学版),2022(6):151−153.

[2] 龙慧琳.双创理念下产教协同培养创新人才的思考[J].黄冈职业技术学院学报,2023,25(6):32−35.

[3] 陈洁茹."三位一体"的大学生创新创业能力培养体系探析[J].教育与职业,2018(6):60−63.

[4] 张军爱,吴美云.深度教学理念在旅游管理专业教学中的实践研究[J].广西教育学院学报,2022(4):224−228+232.

[5] 林盛光."双创"背景下的高校创新创业教育[J].山西财经大学学报,2023,45(S2):107−109.

[6] 莫敏燕.OBE理念指导下高校创新创业课程体系构建探索[J].湖北开放职业学院学报,2023,36(20):14−16.

[7] 孙钦莹,刘春艳.基于双螺旋结构的电子商务专业"双创"人才培养模式研究[J].黑龙江教育(理论与实践),2024(2):8−11.

[8] 丁南,王韵甜.产教融合背景下应用型本科会展专业项目式教学实施探索[J].商展经济,2024(1):189−192.

[9] 焦连志,海燕.高等教育高质量发展背景下高校创新型人才的培育[J].渭南师范学院学报,2023,38(5):32−37.

第三节　专业建设保障机制

面向新商科的旅游管理专业人才培养质量评价体系

提高人才培养质量是高等教育发展的时代主题[1]。1998年颁布，并在2018年进行了修订的《中华人民共和国高等教育法》第八条明确规定，高等教育应当注重培养具有创新精神和实践能力的人才，同时鼓励高校与社会力量合作办学，推进产、学、研、用协同创新。在建设创新型国家的背景下，创新能力成为衡量人才培养质量的关键因素，我们需要着重培养具备创新精神和实践能力的高素质人才，不断提高自主创新能力，推动经济社会向前发展。高等教育肩负着培养数以千万计的高级专门人才和一大批拔尖创新人才的使命，提高人才培养质量是高等教育发展的核心任务，是建设教育强国的基本要求。在全球化的背景下，国际竞争日益激烈，人力资源已经成为最重要的战略资源，人才是推动科技创新、经济发展和社会进步的核心力量。我国正在建设新型工业化国家，旅游业作为新兴的综合性产业，涉及多个领域和部门，对于促进经济社会的可持续发展具有重要作用[2]。随着全球化深入发展，国际旅游市场的竞争也越来越激烈，只有拥有高素质的旅游人才，才能在国际旅游市场上取得竞争优势，加强旅游人才的培养，提升旅游管理专业人才培养质量，可以提高我国旅游业的国际竞争力，吸引更多的国际游客，推动我国旅游业的国际化发展。

一、文献回顾

在进行旅游管理人才培养时，要着重思考“培养什么样的人才”“怎么样培养”这两个重要的问题，注重对学生的跨文化交际、创新创业能力进行培养，国外学者针对旅游人才培养方向和要求的相关研究主要涉及：①旅游管理人才培养目标与定位。旅游管理人才的培养目标通常与行业需求紧密相连，强调培养学生的实践能力和综合素质，如美国、英国、澳大利亚等国的旅游管理教育将人才培养目标定位为培养具有全球视野、跨文化交流能力、创新思维和实践能力的旅游管理专业人才，这些国家注重与业界合作，了解行业动态和发

---

[1] 李凤亮，古珍晶．“双碳”视野下中国文化产业高质量发展的机遇、路径与价值[J]. 上海师范大学学报（哲学社会科学版），2021,50(6):79–87.

[2] 周子英，王路路，刘伏英．游客感知视角下的农业旅游开发研究——以岳阳市平江县横冲村为例[J]. 湖南工程学院学报（社会科学版），2020,30(4):23–29.

展趋势，以确保人才培养的针对性和实用性；②旅游管理人才培养模式。旅游管理人才培养模式和课程体系多样化，根据不同国家和地区的文化背景、教育制度及行业需求，形成了各具特色的培养模式。例如，美国的社区学院模式、英国的工读交替模式、澳大利亚的TAFE（职业教育培训）模式等，这些模式注重实践教学和校企合作，通过校内实训、校外实习等方式提高学生的实际操作能力和适应能力；③旅游管理人才培养质量评价与保障机制。国外在这方面的研究相对完善，一方面，通过建立专业认证制度、推行职业资格认证等措施，确保人才培养的质量和水平；另一方面，通过建立有效的信息反馈机制和毕业生跟踪调查制度，及时了解行业需求和毕业生就业情况，对人才培养过程进行持续改进和调整；④旅游管理人才培养的创新与发展趋势。随着旅游业的发展和变革，数字化旅游、智慧旅游等新业态的兴起，培养新兴旅游管理专业人才成为新的研究重点方向。在创新创业教育方面，注重培养学生的创新思维和创业精神，通过开设相关课程和实践活动，提高学生的创新能力和创业意识。

20 世纪 80 年代以来，中国旅游业的发展带动了旅游教育的发展，引起了相关学者的密切关注，研究领域主要集中于以下方面：①旅游管理人才培养模式的研究。认为应用型本科高校要提高旅游管理专业人才培养质量，“产学研赛创五位一体”的这种直观系统的人才培养模式存在着一定的问题，并提出了“四维双循环人才培养模式”，认为这种模式能够有效地提升旅游管理专业人才培养质量；②人才培养目标的研究。旅游专业人才的培养是复杂且重要的工作，要培养出优秀的旅游管理专业人才，需要学校、家庭、社会形成合力，共同拟定和完善旅游人才培养目标、培养内容和培养方案[1]；③旅游人才培养过程中存在的问题。随着旅游产业的快速发展，开办旅游专业的高校越来越多，但存在专业人才培养目标的定位不够清晰，课程设置不够科学的问题，教学设施设备、教师队伍建设方面未得到提升，教学质量不高，在一定程度上影响了旅游管理专业人才的培养质量。

由此可见，关于旅游管理专业人才培养，国内外学者均做出了较为深入的研究，但就新商科背景下，旅游管理专业人才培养质量研究尚处于起步阶段。随着信息技术和数字经济的快速发展，商业环境变得更加复杂和多元化，传统的商科教育已经无法满足数字经济时代的发展需求，需要打破传统管理学和经济学学科壁垒，融合现代技术，培养跨学科复合型的新商科人才。基于 OBE 理论评价模式的基本框架，运用德尔菲法和层次分析法构建旅游管理本科人才培养质量评价指标体系，OBE 理论评价模式注重评价的全过程，并且强调评价反馈的改进功能，因此，以该模式为框架构建的评价指标体系可以覆盖旅游管理人才培养工作的全过程，既可为今后旅游管理专业人才培养质量评价工作的开展提供参考，又可以方便相关单位采取针对性的措施以提高旅游管理专业人才培养质量，从而更好地为

[1] 李锦宏，曾雪，车旭航．山地旅游目的地“三生”系统耦合协调时空演化分析——以贵州省为例 [J]. 生态经济，2024,40(1):111-118.

国家和社会输送优秀的旅游管理后备人才。

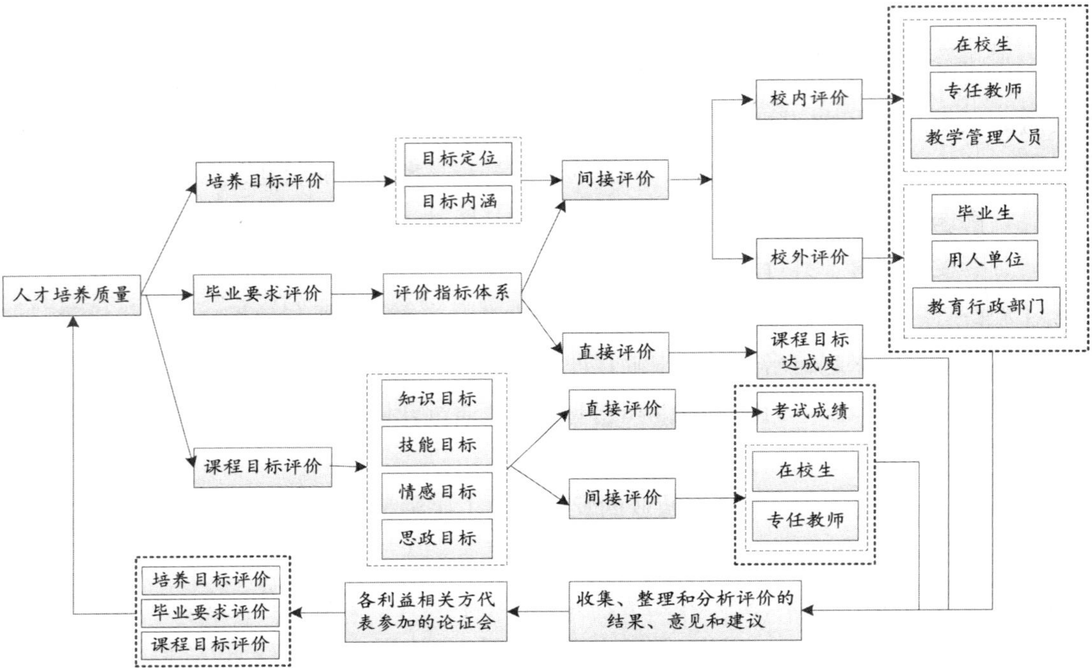

图 1 “课程目标 – 毕业要求 – 培养目标”的旅游管理专业人才评价体系

二、旅游管理专业人才质量评价体系的构建

以 OBE 理论为指引，基于新商科建设背景，以培养目标为方向，着眼毕业要求，建立和明确“课程目标 – 毕业要求 – 培养目标”的逐级支撑的旅游管理专业人才评价体系。通过对课程目标、毕业要求和培养目标的达成评价，确定旅游管理专业人才培养质量是否达到预期，“课程目标 – 毕业要求 – 培养目标”的旅游管理专业人才评价体系如图 1 所示。

1. 课程目标评价

（1）评价方法

评价方法分为直接评价和间接评价两种，直接评价采用定量评价的方式，通过具体的指标和数据进行评估，如考试成绩、实训报告、项目成果等，体现课程目标对毕业要求等指标点的支撑达成情况；间接评价是一种定性评价，如企业反馈等，主要体现用人单位对旅游管理专业毕业生工作的满意度和对专业人才的需求情况。

（2）评价主体

直接评价主体包括专业负责人、教学管理人员及相关任课教师；而参与间接评价的主体分为校外和校内两部分，校外主体包括应往届毕业生、用人单位及教育行政部门，校内主体则为在校生、专业任课教师和教学管理人员等。

（3）评价实施

分过程考核与期末考试两个环节进行评价，过程考核主要包括课堂出勤、课堂表现（回答问题、讨论、演讲等）、课后作业（作业题、读书报告、小论文等）、章节测验，评价结果按照权重由过程考核成绩与期末考试加总构成。

（4）评价结果

依据过程考核成绩与期末考试成绩，按照权重进行加总，深入评价学生的知识体系、实践能力、创新能力、道德素养、综合素质能力，通过对课程目标达成度评价结果的综合分析，发现问题、改进教学、提高人才培养质量，推动课程教学改革。

2. 毕业要求评价

毕业要求评价主要是对学生的理论知识、实践技能与个人素质进行综合评价。

（1）理论知识

通过期末考试、平时测验与过程考核等方式，对学生的旅游管理专业理论课程学习成果进行考核，确保学生掌握了基本的旅游管理知识和理论。同时，为了检验学生对专业知识的理解和应用能力，要求学生完成与旅游管理相关的论文或报告。

（2）实践技能

实践技能培养是旅游管理专业教育中的重要环节，涵盖了一系列与旅游业实际运作紧密相关的技能，实践技能不仅有助于学生在校期间积累实践经验，更为学生未来在旅游行业中的职业发展奠定了坚实基础。学生在实习期间的表现是评价其实践技能的重要依据，收集学生的实习报告、实习单位评价等信息，评估学生在实际工作中的表现。

（3）个人素质

通过师生评价与学生的自我评价等方式，对学生的道德品质、职业认同感、职业责任感等方面进行评价，帮助学生认识自己的优点和不足，有助于了解学生的个人素养水平，为学生未来职业发展提供参考。

3. 培养目标评价

人才培养目标是专业人才培养的依据，是专业人才培养要求的具体化。旅游管理专业人才培养目标体现了学生毕业后五年左右在社会和专业领域的职业发展预期，依据旅游管理专业的发展定位和人才培养的目标，制定了科学合理的培养目标达成度评价及反馈机制。

①评价方式：采用问卷调查、座谈、电话访谈、走访及组织专家论证会等方式。

②评价内容：涵盖旅游管理专业人才培养目标的定位和内涵（毕业后五年左右发展预期）。

③评价主体：分为校内和校外两部分，校内评价主体包括旅游管理专业在校生、专任教师和教学管理人员、学校督导等，校外主体包括毕业生、用人单位和行业协会等。

④评价目的：促进教学质量提升、优化人才培养方案、增强学生就业竞争力、提升学校社会声誉、反馈与改进以及满足外部需求。

⑤评价结果的反馈和使用：通过多元化评价主体对旅游管理专业人才培养质量进行评价，为学校、教师和学生提供全面的反馈和指导，发现问题并及时反馈信息，推动旅游管理专业人才培养质量的不断提高。

三、构建面向新商科的旅游管理专业人才培养质量评价指标体系

新商科背景下，高水平的旅游管理专业人才培养质量需要全方位保障措施的顺利实施，构建科学合理的人才质量评价指标体系是提升人才培养质量的必经之路。如湖南工程学院为了提升旅游管理专业人才培养质量，基于OBE理论，邀请了旅游行业从业人员、高校教师、旅游管理专业毕业生、旅游企业负责人，采用德尔菲法，通过多轮次的问卷调查，收集并整理专家的意见，充分利用专家的知识和经验，通过多轮反馈和修正，从知识体系、实践能力、创新能力、道德素养、综合素质能力5个一级指标出发，构建了包含专业知识、商业知识、跨学科知识、实践技能等16个二级评价指标的旅游管理专业人才质量评价指标体系，基于层次分析法，得到各评价指标的权重（表1）。

表1　面向新商科的旅游管理专业人才培养质量评价指标体系

目标层	一级指标	权重	二级指标	二级指标权重	绝对权重	权重排序
旅游管理专业人才培养质量	知识体系	0.2857	专业知识	0.4	0.1143	1
			商业知识	0.3	0.0857	6
			跨学科知识	0.3	0.0857	7
	实践能力	0.2857	实践技能	0.333	0.0951	2
			商业实践技能	0.333	0.0951	3
			团队协作和沟通能力	0.333	0.0951	4

续表

目标层	一级指标	权重	二级指标	二级指标权重	绝对权重	权重排序
旅游管理专业人才培养质量	创新能力	0.1429	创新思维	0.4	0.0897	5
			创新方法	0.3	0.0266	15
			创新实践	0.3	0.0266	16
	道德素养	0.1429	商业道德	0.333	0.0476	8
			职业操守	0.333	0.0476	9
			社会责任感	0.333	0.0476	10
	综合素质	0.1429	领导力	0.25	0.0357	11
			沟通能力	0.25	0.0357	12
			组织协调能力	0.25	0.0357	13
			决策能力	0.25	0.0357	14

1. 知识体系

由表 1 可知，在进行新商科背景下的旅游管理专业人才培养质量评价时，专业知识的权重是整个评价指标中最为重要的指标，用来评估学生对旅游管理专业专业知识的掌握程度。专业知识体系包括旅游规划、酒店管理、导游服务等方面的专业知识；而商业知识能够帮助毕业生更好地理解旅游市场的运行规律，把握市场发展趋势，制定有效的战略规划，从而在竞争激烈的市场中获得竞争优势；跨学科知识则可以帮助学生形成更加完善的知识体系，提高综合素质和增强核心竞争力。从评价指标的权重来看，影响旅游管理专业人才培养质量最重要的一级指标为知识体系和实践能力，而二级指标中的专业知识权重为 0.1143，在全部指标中，重要程度最高。

2. 实践能力

实践能力的重要程度与知识体系等同，是新商科背景下旅游管理专业人才培养质量评价中的一个非常重要的指标，包括旅游管理实践技能、商业实践技能、团队协作和沟通能力，以及学生运用这些技能解决实际问题的能力。从各二级指标的评价权重来看，实践技能、商业实践技能、团队协作和沟通能力这三个指标的重要性相同，权重均为 0.0951，其重要性程度仅次于知识体系中的专业知识。

3. 创新能力

创新能力是旅游管理专业学生诸多能力中的一项非常重要的能力，通过培养创新思维、掌握创新方法、参与创新实践，学生能够为旅游业的发展作出贡献，实现个人和行业的共同成长。从指标权重来看，创新思维权重为0.0897，高于创新方法与创新实践，表明要培养出优秀的旅游管理专业人才，应注重创新思维的培养，激发学生的创新潜力，同时也不能忽视创新方法与创新实践的重要性。

4. 道德素养

商业道德是企业在商业活动中应遵循的道德准则，包括诚实守信、公平交易、尊重竞争等。在进行旅游管理专业人才培养过程中，应注重培养学生的道德素养，将道德培养融入课程设置和实践活动中，帮助学生树立良好的道德观念和职业素养。商业道德、职业操守、社会责任感三个指标的权重值均为0.0476，意味着这三个指标在道德素养方面都具有同等重要的地位。

5. 综合素质

为了培养出更多符合社会需求的高素质的旅游管理人才，高校应该注重培养大学生的综合素质，帮助学生全面提升自己的综合能力和专业素养，以适应旅游行业的快速发展和变化。综合素质的权重为0.1429，重要性程度等同于创新能力和道德素养，意味着在旅游管理教育中，综合素质能力的培养与其他关键素质（如创新能力、道德素养）一样重要。综合素质包括领导力、沟通能力、组织协调能力和决策能力等核心能力，这些能力在旅游管理工作中起着至关重要的作用。领导力能帮助学生有效地组织和激励团队，实现共同目标；沟通能力有助于学生与各类利益相关者建立良好的合作关系；组织协调能力则有助于学生合理安排资源和时间，应对各种挑战；决策能力能帮助学生根据信息做出明智的选择。

四、结束语

在新商科背景下，需要培养大批量具备全球视野和数字商业价值观、能掌握运用数字商业规律、知识技能跨界复合、多种思维交叉融合、智商情商双高、终身学习持续发展等鲜明特征的复合型新商科人才。地方高等院校作为旅游管理专业人才培养的主阵地，肩负着为旅游业培养造就一大批德才兼备、应用型、复合型优秀旅游管理专业人才的重任。面向新商科的旅游管理专业人才培养质量，则是OBE理论的具体体现。学生发展是中心、培养目标和毕业要求是导向，课程与教学、合作与实践、支持条件、质量保障是支撑，人才培养质量的持续改进和提升是目的。构建面向新商科的旅游管理专业人才培养质量评价体系是一个系统工程，需要综合考虑多个方面和多种因素，通过明确评价目标和标准、建立多元化的评价指标体系、采用多种评价方法、引入外部评价机构以及持续改进和优化评价体系等措施，不断提高旅游管理专业人才培养的质量。

参考文献：

[1] 何建伟 . 旅游产业化国际化背景下高素质人才培养创新探索——兼谈暨南大学深圳旅游学院的教育改革与发展 [J]. 社会科学家 ,2006(1):130−133.

[2] 关俊利 , 吕观盛 . 高等院校旅游教育全程实践教学体系构建与思考 [J]. 旅游论坛 ,2011,4(6):133−136.

[3] 翟京云 , 周庆杰 . “一带一路”背景下高校开展体育交流的现状、困境与策略 [J]. 北京体育大学学报 ,2020,43(8):76−86.

[4] Johnson K R, Huang T, Doyle A. Map talent development in tourism and hospitality: a literature review[J]. European Journal of Training and Development, 2019, 43(9): 821−841.

[5] Ring A, Dickinger A, Wöber K. Designing the ideal undergraduate program in tourism: Expectations from industry and educators[J]. Journal of Travel Research, 2009, 48(1): 106−121.

[6] Johnson K R, Huang T, Doyle A. Map talent development in tourism and hospitality: a literature review[J]. European Journal of Training and Development, 2019, 43(9): 821−841.

[7] Raby R L. Defining the community college model[M].Community college models. Dordrecht: Springer Netherlands, 2009: 3−19.

[8] Barnard C, Deakin S, Hobbs R. Opting out of the 48−Hour week: employer necessity or individual choice? An empirical study of the operation of Article 18 (1)(b) of the Working Time Directive in the UK[J]. Industrial Law Journal, 2003, 32(4): 223−252.

[9] Stevenson J, Brown I. Australian TAFE assessment practices: confusing relevance and responsiveness[J]. Australian journal of education, 1994, 38(2): 118−138.

[10]Thomas R, Shaw G, Page S J. Understanding small firms in tourism: A perspective on research trends and challenges[J]. Tourism management, 2011, 32(5): 963−976.

[11]Dwyer L, Edwards D, Mistilis N, et al. Destination and enterprise management for a tourism future[J]. Tourism management, 2009, 30(1): 63−74.

[12] 孙国霞 , 赵岚 . 应用型本科高校“产学研赛创五位一体”人才培养模式研究 [J]. 中国高校科技 ,2023(12):60−64.

[13] 屈小爽 . 新文科背景下地方本科院校旅游管理专业特色培育研究——以郑州航空工业管理学院为例 [J]. 创新创业理论研究与实践 ,2023,6(2):121−124.

第三章
双创能力导向的课程改革

第一节　课程改革理念探讨

“旅游景区管理”课程改革与实践

课程建设是高等院校人才培养的核心要素，在人才培养过程中起着至关重要的作用，其水准直接决定了人才培养的质量。随着我国高等教育领域“质量革命”的持续推进与深入发展，提升教学质量，培养具备理论和实践知识、适应旅游行业的复合型人才，已成为各高校的核心任务、迫切需求与关注焦点。

旅游景区是自然美景与人文底蕴的集中展示窗口，更是推动地方经济发展、促进文化交流与理解的重要平台，是旅游业的重要组成部分。“旅游景区管理”课程，是旅游专业的必修课，是在学习“旅游学概论”“中国旅游地理”和“导游实务”等课程的基础上，进一步深化和拓展学生对旅游行业的理解和应用能力的关键课程。“旅游景区管理”课程是一门综合性很强的课程，涉及面广泛，涵盖了景区治理模式、景区线路设计、游客管理、设施管理、环境保护等方面的内容，教学课时为40学时，旅游管理专业学生学习该课程能有效拓展专业视野，形成环境保护意识，提高分析和处理问题的能力，进一步深化和拓展相关知识和技能，其教学质量直接关系到学生未来在旅游行业的职业发展。

一、“旅游景区管理”教学中存在的问题

1. 重理论轻能力

长期以来，“旅游景区管理”课程在教学内容与模式上，侧重于“学科知识中心”的传统框架，过于注重知识的完整性、系统性和准确识记，而忽略了实践操作和学生的主动性。主要表现在以下三个方面：一是教师过分聚焦于知识的精确记忆与理论理解，导致学生陷入机械背诵的泥潭，难以触及知识的深层含义及其在现实工作中的应用价值，忽视了对学生实际操作技能与问题解决能力的培养，与旅游景区管理领域对复合型人才的实际需求相脱节；二是传统的“学科知识中心”教学方式缺乏多元化的教学形式和实践活动，学生学习兴趣和动力不足，“旅游景区管理”是一门实践性很强的课程，需要学生在实践中掌握技能和经验，然而，传统的课堂教学方式缺乏足够的实践环节，学生无法真正体验到实际的旅游景区管理工作内容；三是传统的教学方式忽略了学生的个性化需求和兴趣，如有的

学生可能对旅游景区的规划和设计更感兴趣，而另外的学生则可能更关注旅游景区的运营和管理，传统的教学方式无法满足学生的个性化需求，导致学生的学习热情和动力不足。

2. 重灌输轻参与

“旅游景区管理”课程主要采取课堂教师主讲、学生课后巩固为辅的教学方式。教师所关注的是如何围绕既定内容和目标实现高效的讲解，将学生视作一个个待改造的“客体”，这种教学方式存在以下问题：一是教师过于注重课程内容的讲授，忽略了学生的学习主动性和参与性，学生只是被动地接受知识，缺乏独立思考和实际操作的机会，学习效果不佳；二是单纯的漫灌式教学方式单调乏味，无法满足学生多样化的学习需求，难以激发学生的学习兴趣。

3. 重结果轻过程

在未进行课程改革之前，学生的“旅游景区管理”课程学习成绩由过程成绩和期末成绩两部分加权组成。过程成绩比重为 40%，期末卷面考试成绩比重为 60%。过程成绩由主讲教师依据学生的课堂表现、平时作业和课堂互动情况等给出相应的评价分数，受课程知识主导观念的影响，主要聚焦于学生学习任务完成量及由此所反映出来的学习态度上（表现性目标），这种评价方式存在以下弊端：一是教师过于注重学生学习任务的完成量和态度，可能导致评价结果的片面性，学习任务的完成数量并不一定反映出学生对知识的掌握程度和理解深度，学生可能为了追求数量而忽略了质量，导致对知识的理解不够深入；二是教师过于注重学习态度的评价可能忽略了学生的学习效果，学习态度固然重要，但它并不一定直接反映学生的学习效果。由于缺乏一个科学有效的评价体系与评价标准，很难真实反映学生的实际水平和学习效果。期末考试成绩占整个课程的权重为 60%，聚焦学生对知识的掌握和应用程度，以期末考试的卷面成绩来体现，考题一般包括填空题、选择题、判断题、名词解释、简答题、案例分析和论述题等，前五种题型主要考查学生对课程知识的记忆与理解程度，后两种题型重在考查学生对知识的运用能力。对于客观题部分，由于受到卷面容量和考试时间的限制，无法做到面面俱到，难以实现对学生知识系统性地考察；对于主观题部分，由于预期学习成果不明确，且无法做到针对学生实际的“专属化”设计，所以学生对试题所涵盖的课程理论知识的领会常常成了决定得分与否、分数高低的最主要判据，这种重结果轻过程的学习评价方式无法真实反映学生的能力和素质情况，不利于最终学习目标的达成。

二、“旅游景区管理”课程教学改革具体措施

1. 课程改革思路

针对以往“旅游景区管理”课程教学中存在的诸多问题，结合 OBE（成果导向教育）

理论与多年的教学经验，课程教学改革思路如下：①根据“跨界融合、创新驱动、数字化转型、实践导向和全球视野”的新商科办学特色，结合“旅游景区管理”课程教学实际，围绕爱国主义教育、社会主义核心价值观、创新创业等课程思政主题，将思政元素与课程有机融合，精心设计课程教学任务，在每个项目式任务案例中细化思政要点，将国家产业需求、时政热点、文化自信、环境保护等不同思政要点有机融入“旅游景区管理”课堂教学中，培养学生的爱国热情、社会责任感、探索精神、工匠精神、批判思维、双创能力等，从思想上提高学生对课程的重视程度，增强学习动力；②针对“旅游景区管理”教学中存在的重理论轻能力、重灌输轻参与、重结果轻过程的问题，采用 OBE 理论进行课程改革。OBE 理论强调以学生为中心，关注学生能力的培养和达成，注重学生的学习成果和学习过程。

2. 课程教学框架

根据课程特色，从“育人”本质出发，将育人思想与专业知识进行有机结合。在课程教学中明确教学目标，强调育人导向，优化教学内容，强化知识与育人的结合；关注教学过程，注重学生的参与和体验，注重教学方法，实现育人与实践的结合。积极推进“润物细无声”的育人思想，注重学生情感培养，不断提升课堂教学的吸引力和感染力，引导学生学好专业技能的同时，强调价值观与职业道德的培养，注重培养学生的团队协作与沟通能力，树立正确的世界观、价值观和人生观，增强学生的社会责任感。“旅游景区管理”课程教学设计总体框架如图 1 所示。

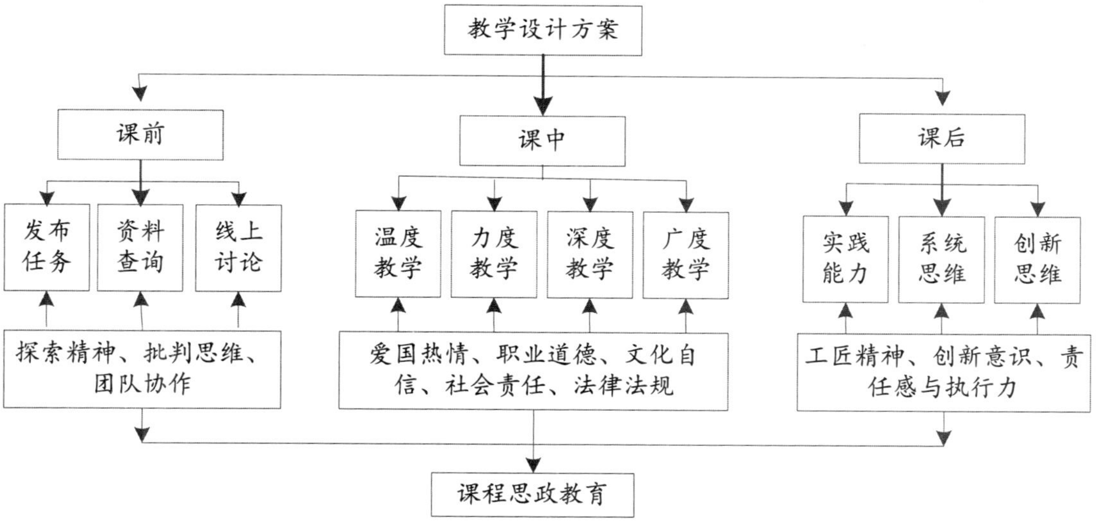

图 1　“旅游景区管理”课程教学设计总体框架

3. “五育并举”视域下的课程思政融合与优化

“五育并举”视域下的课程思政融合与优化旨在将德、智、体、美、劳五个方面的教育有机统一在“旅游景区管理”课程教学中，促进学生全面发展。在“旅游景区管理”课程教学过程中，结合“五育并举”进行思政融合与优化，教学内容主要包含德育渗透、智育培养、体育精神、美育熏陶、劳动教育五个模块，具体如下：

①德育渗透：通过“旅游景区管理”中的伦理道德、职业操守等内容，培养学生的道德意识和责任感，引导学生关注旅游景区的环境保护、文化遗产保护、生物多样性保护等议题，培养学生的社会责任感和参与意识；②智育培养：在“旅游景区管理”教学过程中，智育培养主要体现在对旅游市场分析、景区规划、资源管理等方面的知识和技能传授，通过案例分析、问题解决等方式，培养学生分析问题和解决问题的能力；③体育精神：体育精神强调健康与活力、团队合作与协作、公平竞争与规则意识等，体育精神与旅游景区管理的理念高度契合，体育精神可以融入户外运动、健康旅游等方面的教学内容，在教学过程中，引导学生关注游客的身心健康需求，培养他们在体育旅游领域的专业素养和服务意识；④美育熏陶：通过旅游景区的审美教育，引导学生发现和欣赏自然与人文景观的美感，培养学生的审美情趣和艺术修养，结合景区旅游资源，组织学生进行实地考察和体验，提升学生文化自信和审美能力；⑤劳动教育：在“旅游景区管理”中，劳动教育可以体现在实践操作、职业素养等方面，通过组织学生参与景区服务和管理工作，培养学生的劳动意识和职业素养，提高学生的实践能力。

4. 基于 OBE 理论的“旅游景区管理”教学活动

（1）教学改革整体思路

深挖“旅游景区管理”课程的思政元素，将思想政治教育目标融入教学设计之中，培养学生的爱国情怀，提升学生的求知欲望。基于 OBE 理论的反向设计原则，“旅游景区管理”课程教学模式以“学习产出”为核心，构建“线上”“线下”全闭环的教学空间，通过师生双向互动提高学习成效，最终实现“学以致用”的目的。首先，基于 OBE 理论，以学生为中心，按照“学习产出—能力目标—项目驱动—知识点”的逆向路径重新组织教学内容，关注学生的学习成果和能力培养，提高学生的学习积极性和参与度；其次，结合线上和线下教学的优势，采用混合式的教学方式，先让学生在线上预习和自学相关内容，再通过线下课堂进行深入讨论和实践操作，这种教学方式能够更好地满足学生的学习需求，提高学习效果；最后，辅以科学的评价考核机制，形成“教—学—评”良性循环的教学体系。通过科学的教学设计，有效解决传统课堂教学中存在的教学学时不够、师生沟通不畅、学生实践能力不足等突出问题。另外，在“旅游景区管理”教学过程中，主讲教师要积极挖掘课程的思政元素，达到“润物细无声”的育人效果。“旅游景区管理”课程教学改革总体构建框架如图 2 所示。

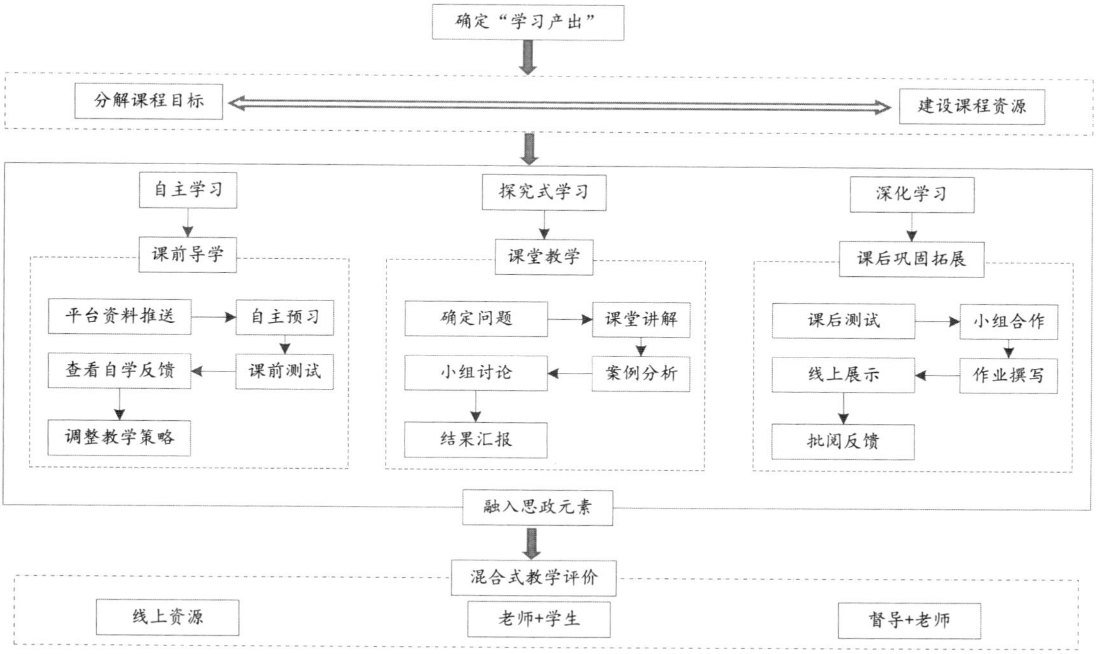

图 2　基于 OBE 理论的“旅游景区管理”课程混合式教学模式构建框架

（2）基于 OBE 理论的混合式教学活动

①“学教并重”的教学模式

教师是“旅游景区管理”课程实施的引导者、教学方向的把控者。在实际教学中，教师围绕“旅游景区管理”课程知识与学生需求对课程进行细化分解，在线上学习平台发布课前导学通知、教学视频、测试以及讨论话题；课中根据学生在平台学习中存在的问题进行知识点串接、案例演示，并组织课堂讨论与反思；课后通过线上学习平台统计数据观察学生能力提高效果，总结课堂中存在的问题，并批改学生作业。学生是课程教学的主体对象，是课程教学的中心，在实际教学过程中，学生课前通过线上导学及教学资源进行自主学习、测试，对于学习过程中产生的疑问以及发布的讨论话题，学生既能够在课中与教师、同学进行面对面的讨论、实践操作验证，也可以在课下通过交互软件随时与教师交流，进一步地强化知识，提升个人能力。在“旅游景区管理”课程整个教学过程中，学生在教师的引导与配合下完成“旅游景区管理”课程学习任务。教学模式具体设计如图 3 所示。

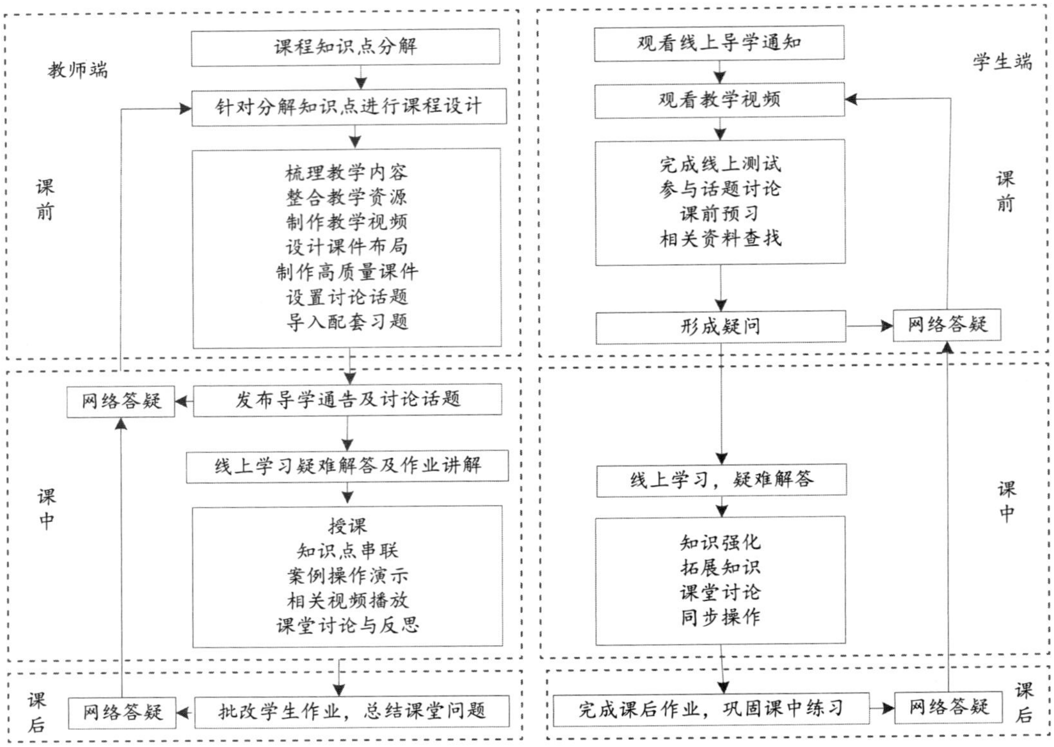

图 3 “旅游景区管理”课程教学模式设计

② 双体教学设计

以“学教并重”教学模式为基础，进一步系统化进行教学设计。双体教学设计是一种将学习与教学相结合，以“学教并重”教学模式为基础的系统化教学设计方法。教师进行双体教学设计的核心要素和步骤如下：第一，明确学生的学习目标，确保与课程大纲和总体教育目标相一致，设定具体、可衡量的学习目标，以便于评估学生的学习成果；第二，对教学内容进行深入分析，明确知识点及其相互关系，确定哪些内容适合自主学习，哪些内容需要教师的指导；第三，了解学生的学习基础、学习风格、兴趣和需求，分析学生的认知特点和个性差异，为个性化教学提供依据；第四，根据教学目标和学生特性，选择合适的教学策略，确定如何平衡自主学习和教师指导，以实现“学教并重”；第五，设计多样化的学习活动，如小组讨论、案例分析、角色扮演等，确保活动具有实际意义和趣味性，以激发学生的学习兴趣。

③ 以行动导向组织课程教学活动

OBE 理论是一个聚焦学习产出以驱动全部课程活动和学生学习产出评价的结构与系统。行动导向教学法强调学生实际操作能力的培养，而 OBE 理论则是一种以学习结果为导向的教育模式。在 OBE 理论中，所有的课程活动都围绕着学生的学习产出进行设计和组织，有助于确保学生获得所需的知识和技能。通过对学生学习产出进行评价，主讲教师能了解学生的学习状况，并及时调整教学策略和教学方法，以提高教学效果。具体来说就是根据教学目的创设生动的教学情境对实际进行模拟，让学生沉浸式地参与到“设计—实施—反思”的活动中，这种“体验 + 反思”的教学活动能有效提升学生参与学习活动的积极性，为以后的职业选择奠定良好基础。

5. 三位一体的课程评价

根据“旅游景区管理”课程教学与考试大纲的要求，围绕学生在知识、能力、素质方面需要达到的指标，对由过程成绩和期末成绩两部分加权组成的传统课程总评考核方案进行了改革，制定了“过程性评价 + 终结性评价 + 第三方评价”的综合考核方案。其中，过程性评价包括理论学习能力考核和实践操作能力考核两部分，结合理论学习能力和实践操作能力的考核，过程性评价能够提供更全面的学习效果视图，帮助学生和教师了解学生的学习状况，并指导如何改进和优化“旅游景区管理”课程教学方法和学习策略。理论学习能力考核由课程视频学习、课程讨论、课程作业以及课堂教学情况四部分组成，以确保全面评估学生的理论学习成果，通过这四个组成部分的综合评估，教师能全面了解学生在理论学习方面的掌握程度和应用能力，并为学生提供针对性的指导和反馈，帮助学生进一步提高理论学习的效果；实践操作能力考核由现场服务流程测试、应对突发状况考核、团队协作能力考核三部分组成，整个考核过程注重体现学生的实际操作能力和问题解决能力。具体评价方案如表 1 所示。

表 1 “旅游景区管理”课程评价方案

评价类型	评价项目	评价内容	方式
过程性评价	课前预习	线上资源学习情况及学习效果	平台记录
	课堂学习	课堂互动及课堂表现	教师记录
	课程作业	实践操作完成情况	平台记录 + 教师记录
	课后总结	课堂任务完成效果	平台记录 + 教师记录
终结性评价	实践操作考核	实际操作能力和问题解决能力	教师记录
	期末考试	综合能力与综合素养	教师评分
第三方评价	同行评价	教学质量	平台评分
	学生评价	教学质量	平台评分
	社会评价	教学质量	问卷调查

三、课程教学改革成效

湖南工程学院“旅游景区管理”课程教学历经理论讲授为主的第一阶段、理论结合实践为特征的第二阶段，2023 年 6 月立项为湖南省普通高等学校精品在线开放课程，已全面进入了以学生能力养成为目标、线上线下教学为主线的第三阶段。

1. 学生的学习动能得到充分释放

通过对“旅游景区管理”课程的试点改革和实施，形成了立体化且系统连贯的课程内容体系，学生的学习目标更加具体和明确，试点改革为学生提供了一个充满挑战和机遇的学习环境，促使学生超越自我，挖掘和发挥自己的潜能，学生的学习热情和动力得到增强，真正实现了“要我学”到“我要学”的转向，这样的学习态度不仅有助于提高学生的学习效果，也有助于培养他们的自主学习能力和责任感。据对本课程学生上课情况的统计，近三年学生课堂出勤率达到 99.8%，作业完成率达 99% 以上，线上、线下考核平均分保持在 80 分上下浮动，优秀率接近 30%。

2. 学生的素质和能力显著提升

基于 OBE 理论的混合式教学，不再拘泥于对一般性知识的讲解，而是形成一种更富立体性、延展性的学习模式，学生的实践应用能力与综合素养得到全面提升。学生的“旅游景区管理”课程实践报告显示，经过试点改革和实施，学生对知识的理解、内化和应用能力均有了明显的提升，充分表明了“旅游景区管理”课程教学改革在促进学生的学习成长方面取得了显著成效。数据显示，近五年来本专业学生每年先后有三十余人次在旅游专业技能竞赛和酒店创意比赛中获奖，同时，用人单位对我校毕业生的认可度和满意度均显著提升，从整体数据来看，课程教学改革促进了学生自主学习能力的提升，教学满意度较高，教学效果较好。

3. 建设了丰富的课程资源

为了提升教学质量，一是教师利用国内优质在线资源建设具有自身特色的“MOOC+SPOC”的教学资源平台，据初步统计，本专业 85% 以上的专业课已在“超星学习通”“雨课堂”等教学平台建立了丰富的课程资源，这些课程资源能够与“旅游景区管理”课程资源进行充分共享；二是课程资源的获取途径更加多元，除了传统的 PPT、试题等课程资源之外，老师利用 B 站、抖音、快手和小红书等新媒体拓宽了“旅游景区管理”课程资源的建设渠道，通过产教融合项目强化，学校与企业加大了“旅游景区管理”课程建设的力度，课程资源的建设和整合极大地提升了“旅游景区管理”课程教学的实施效果。

4. 多元评价体系得到全面推行

多元化的教学评价体系能够有效地激发教师和学生的潜能，提高工作和学习的热情。教师通过对学生全过程学习的精准把控，能够及时发现“旅游景区管理”课程教学中存在的问题，并调整自己的教学节奏。对学生来说，“浑水摸鱼”“搭便车”等行为不再流行，他们需要更加积极、高效地参与到“旅游景区管理”课程学习的各个环节。

四、结束语

基于 OBE 理论的混合式“旅游景区管理”课程教学模式改革和实践是一个完整的教学设计过程，包括教学内容整合、教学内容组织实施和教学评价三个关键环节。学生通过有效参与混合式教学模式，形成了课前自学、课中探究、课后巩固拓展的良性循环，实现了由“要我学”向“我要学”的转变；通过学习内容的优化和学习方式的创新，实现了将“所学”与“所用”有机连接，有效培养了学生高阶思维和能力。当然，基于 OBE 理论的“旅游景区管理”课程混合式教学改革实践还存在一些值得重视和改进的问题：一是“旅游景区管理”课程教学改革是一个长期性的工程，要提升和保障本课程教学改革的效果，需要高质量的在线课程资源予以支撑，这就需要教师具有持续完善课程资源建设的毅力和热情；二是针对线上学习热情不高、主动性不强的学生，教师要密切关注，做到随时监控、适时提醒和鼓励、及时对学生提交的作业给予评价和反馈等，针对学生线上学习中的难点与困惑，提供个性化的辅导与支持，帮助学生解决具体问题，弥补知识漏洞，激发他们的学习热情与主动性，提升学生的专业能力。

参考文献：

[1] 岳敏 . 新文科视角下应用型本科院校专业人才培养质量评价研究 [J]. 科技资讯 ,2023,21(23):1−3.

[2] 朱宝莉 . 基于 OBE 理念的“旅游景区管理”混合式教学探索与实践 [J]. 萍乡学院学报 ,2023,40(1):104−107+112.

[3] 付琦 . 应用型院校《旅游景区管理》课程教学改革探索——以平顶山学院为例 [J]. 吉林省教育学院学报 ,2017,33(8):80−83.

[4] 暴向平 . 应用型院校旅游景区管理课程实习教学体系设计研究——以呼伦贝尔学院旅游管理专业为例 [J]. 科技经济市场 ,2013(4):100−102.

[5] 沈宏洁 . 一流本科专业建设背景下地方高校《旅游景区管理》课程建设探析 [J]. 宜春学院学报 ,2024,46(7):121−125.

[6] 高凡 . 应用性院校旅游景区管理课程教学改革探讨——以郑州工业应用技术学院为例 [J]. 教育现代化 ,2018,5(40):108−109+123.

基于项目驱动的“旅游策划学”课程教学应用

应用型本科院校强调应用性与实践性，教育理念是培养高等技术应用型专业人才。为了实现应用型本科院校人才培养目标，其教学过程强调实践能力的培养，使教学紧密结合生产实践，以实现其人才培养目标。

“项目驱动”教学法起源于20世纪80年代德国职业教育大力推行的一种“行为引导式的教学形式”。在教学过程中，借助于项目或课题实施，进行教学内容的学习与巩固，“项目驱动”教学法打破了传统的课堂教学模式，是一种多样化、生动、灵活的教学方法，对教学内容进行多层次、全方位的探索。其基本思路是在教学过程中，以一个完整的项目贯穿整个过程；教学步骤依据项目的构建过程；教学过程由项目任务进行驱动，整个教学过程以学生为主体，学生在教学过程中是积极的参与者而不是被动的接受者，整个学习就是参与一个完整项目的分析、设计、实现的全过程，这样就使得整个课堂教学有机地结合了理论教学和实践教学环节。“项目驱动”教学法有利于克服传统教学法的弊端，是一种开放性、创新性的教育思想和方法，学生可从整体上掌握课程的精髓，能够有效地提高学生分析问题、解决问题的能力。

从教师的角度看，在教学过程中，引入“项目驱动”教学法，可以按照教学任务，重点培养学生的综合能力。从学生的角度看，“项目驱动”教学法特别适用于各种有着较强操作性知识和技能的学习。“旅游策划学”作为一门实践性非常强的课程，注重实践能力的培养。在授课过程中，为了全面提高学生的学习能力、创新能力、实践能力与团队协作精神，对传统的教学方法进行了改革，大胆运用“项目驱动”教学法。实践证明，新的教学方法有效地培养了学生的自主学习能力，增强了学生的实践创新能力。

一、“项目驱动”教学法在旅游策划课程教学中的作用

1. 增强学生学习的动力

“旅游策划学”是一门应用性与实践性相当强的课程，如果采用传统的教学方法，难以达到预期的教学效果。为了提高学生学习的自觉性，激发学生的学习兴趣，在“项目驱动”教学过程中，以真实的旅游策划项目为主线来驱动整个教学过程，与企业签订合同，承接一些与教学内容相关的项目，给学生一定的学习压力，限期提交旅游策划书，学生在整个教学过程中自始至终围绕着相应的策划项目进行学习。项目完成后，学生分组进行汇报，为了使评价的结果更具客观性，由任课教师聘请教师、专家与企业技术人员参与组成评价小组，对学生的学习效果进行检验评价，让每组学生各出一名代表进行现场汇报，评

价小组对作品进行现场点评、考核和总结，当面指出策划书的不足，并充分肯定其成绩。最后，将经过整改的旅游项目策划文本提交给企业。这样以真实的企业旅游策划项目作驱动，可以提高学生的信心，增加学习的成就感。

2. 有助于学生成为准职业人

应用型本科院校与职业技术学院的教学理念有一定的相似性，都侧重于学生实践动手能力的培养，人才培养指导方针是“重基础、宽口径、强实践、长应用”。但是，与职业技术学院一味强调实践能力还是存在着一定的区别，应用型本科院校在强调丰富的专业理论知识教育的同时，着力强调学生专业实践操作能力的培养。在教学过程中，运用“项目驱动”教学方法，以培养“强实践、长应用”的准职业人为主要目标，使“大学生”成为“准职业人”，办学模式上，从传统的“以学校为本的职业教育”向“以用人单位为本的职业人的塑造”转变。在“旅游策划学”教学过程中，实施“项目驱动”教学法，借助承担的策划项目，使学生置身于旅游项目策划实际工作环境，在实施项目的过程中，学习新的知识、新的技术与技能，不断发现问题、解决问题，在真实的项目过程中得到充分锻炼，有利于学生毕业后的角色转变，使大学生的职业技能和职业素养不断提升，有效地将学生培养成为“准职业人”。

3. 增强学生的就业能力

应用型本科院校的旅游专业教育，相对于学术型的本科院校，应更加注重学生的实践能力。当前，国内的旅游业蓬勃发展，对旅游人才的需求日益增长，但相关资料显示，旅游专业本科生毕业后，有 50% 没有从事旅游业相关工作，同时，即使毕业后选择了旅游管理相关工作，但两年后还存在大量的流失，约有 60% 的流失率，即最后只剩下大约 20% 的旅游专业人才从事旅游行业相关工作。大量旅游管理专业人才的流失，究其原因，就是旅游管理本科人才培养模式与现实人才需求严重脱节，培养的人才难以适应旅游产业发展的需要。当前，存在旅游行业“人才缺乏”与大学生“就业难”的畸形现象。同时，在调研过程中发现，旅游规划、策划、产品开发等工作岗位更是缺乏新鲜的血液，企业负责人抱怨难以找到合适的人才，而与此同时，本科生毕业后从事相应的旅游规划、策划、产品开发等相关工作岗位的人数相当稀少，主要原因是学生在学校学习过程中，相应工作岗位的工作经验很少，在就业面试中，因为欠缺工作经验而难以打动企业负责人。为了有效地弥补学生实践经验的不足，在“旅游策划学”教学过程中，承担真实的企业策划项目，使学生与企业零距离接触，从而加强其对未来所从事的职业、岗位的认同，让学生在校期间早作打算，查漏补缺，进行相应知识与能力的学习，帮助学生在毕业之前解决就业问题。

二、项目驱动教学前期准备

1. 项目设置要求

“旅游策划学”是一门实践性很强的课程，为了提高学生求职能力，必须培养学生的策划能力，而传统的课堂教学方法，忽视了对学生实践能力的培养，违背了应用型本科院校的办学宗旨。

为了培养学生的实践能力，项目设置应满足以下几个要点：①项目要具有一定的代表性和实用性，设置一系列易于调研与实践的项目，以充分激发学生的学习热情；②任课教师对项目进行整体把握，根据项目的重难点，有针对性地实施教学，从细节上调整和控制项目的规模；③设置的项目要求在涵盖主要知识点的前提下，注意难度适中，但同时要具有一定的挑战性；④通过项目驱动，能够有效地培养学生的团队意识与创新能力。

2. 明确策划原则

对于旅游策划的基本原则，首先要树立系统观念、加强生态监控与研究，树立保护意识。从系统工程角度构建开发与保护体系，组建多个项目策划小组，各人员各司其责，密切合作，分工实施；加强基础科学调查研究，对策划项目的区域环境、自然景观、生态系统、旅游活动进行外业调查、实地走访、调研。学生在实施旅游策划项目时，要明白旅游策划归根到底是“三句话，九个字”，也就是“定位准、产品绝、操作顺”。“定位准”可理解为主题定位、功能定位、市场定位、目标定位和形象定位准确；“产品绝”就是要在打造旅游产品上下大功夫，不但要做成精品，做出极品，还应该立足于创造“绝品”，没有一批可以称得上“绝招”的旅游产品，难以打造出一个足以吸引游客的景点；“操作顺”就是有了准确的定位和精彩的产品策划设计，还必须保证能够顺利地实施，即回答好两个问题：一是可不可行；二是如何实行才能确保“操作顺”。

在“旅游策划学”教学过程中，应设置具有一定实用性的旅游策划项目，这些项目可以来自企业，也可以来自教师的科研项目，在进行“项目驱动”教学时，使学生明白，课程所设置的项目不是教师为了课程教学而随意设置的相关教学案例，而是真实的企业项目，需要按时提交相应的旅游策划成果，从而使学生具有一定紧迫感与压力感。由于在教学过程中，学生需要完成真实的项目策划，因此，要确保项目从政策、环保、技术、投资和市场等多方面具有可行性，对项目策划的可行性进行严格的论证，保证顺利操作，圆满地完成预期的规划目标。

3. 构建合作学习模式

旅游项目策划受社会、经济、生态等因素的制约，进行旅游项目策划时，为了设计出高质量的旅游策划书，需要参与的策划人员之间精诚合作。教学过程中，为了培养学生的团队协作精神与合作能力，将学生分成若干小组，以小组为单位完成项目策划。在分组前，与学生进行交谈，同时，保持与辅导员、任课教师以及班主任的交流，以充分了解学生的特点。为了保证学生兴趣的一致，在学生自由分组的基础上，教师再根据学生的特长、能力，并兼顾优，进行小组成员的微调。为了能够按时提交项目策划书，把策划项目任务进行细分，各个任务具体到每个项目小组，并选择有较强沟通能力、学习能力和实践能力的学生担任项目负责人，由小组负责人协调各项工作的开展。

三、项目驱动教学过程实施

1. 聘请有策划经验的人员进行前期辅导

旅游策划内容包括十部分：资源分析、市场研究、定位分析、功能布局、游憩方式设计、景观概念策划、商业模式设计、旅游房地产概念性策划、运营实施策划、策划图件。课程涉及的内容多，在开始课堂教学前，为了使学生全面投入“旅游策划学”课程学习，让学生从工程的角度了解旅游项目策划流程，聘请了有实际策划经验、专门从事旅游策划工作的技术人员以讲座的形式讲解项目策划的相关知识及注意事项，这样能够让学生真正了解旅游策划项目的各个环节，激发学生的学习热情。

2. 合理分解项目

旅游策划就是依据旅游地的资源优势、旅游市场的现实需求与潜在需求，对具体的旅游目的地或旅游景点进行定向、定位的过程，即对旅游产品进行研制、发展、优化，因此其涉及的内容众多。旅游主题策划是成功策划的灵魂，只有将旅游产品概念进一步提炼、升华成为形象化、情节化，甚至戏剧化的主题，才能对旅游消费者产生足够的吸引力和感染力。为此，要求学生从主题开始，再产生一系列构思，进而发展成旅游产品概念和具体构思，在学生构思期间，不参与干涉，充分发挥学生团体的自主性与参与性，让学生充分发挥其天马行空的想象能力。同时要求学生了解一个成功的旅游项目策划必须具备六大要素：策划主题、功能定位、功能设置、项目设计、意境营造、景观设计。在策划过程中，使学生在了解整个项目的功能和定位以后，鼓励学生将项目进行模块分解，使各功能模块能够与课程相关知识点进行衔接，并对项目设置的合理性进行检验。通过项目模块化的分解与合理性的检验，可以对课程的知识点进行检测，如果发现主要的知识点出现了遗漏，可以适当增加功能模块，从源头上保证知识的完整性。由于项目各模块涉及的知识不一定都是顺序的，此时，教师在组织教学时须进行调整与合理安排，使得课程中涉及的主要知识点能够有效地融入功能模块中，学生在完成项目模块操作的同时亦掌握了相关知识点，随着项目的顺利开展，可以调动学生的主观能动性与积极性，从而树立完成任务的信心。

另外，在教学过程发现，如果仅仅依据某个功能模块，由于功能模块难以涉及课程所覆盖的所有知识点，为了使学生能够尽可能掌握旅游项目策划的知识和技能，将重要知识点设计成多个配套小项目，在配套小项目的完成过程中，鼓励学生相互学习，共同探讨，让学生通过大量的实践真正掌握该知识点。

3. 引导学生选择项目

在课堂教学时，为了充分调动学生的积极性和主观能动性，在授课的过程中进行了调整，引导学生寻找项目，借鉴优秀的旅游项目策划案例，组织学生进行项目讨论，在讨论分析过程中确定各功能模块（教师应尽量引导学生往设定好的功能模块上靠拢）；确定了各功能模块，教师再由浅入深、循序渐进地对整个项目作适当的引导和分析，学生则以小组为单位，通过网络或学校图书馆等搜集资料、实地走访调研，对各功能模块的合理性和科学性进行分析，教师从旁引导，并提出有建设性的意见和建议。另外，学生通过查找大量的相关资料，以及小组成员思想的碰撞，会产生出一些有创意的点子，教师应该对学生的新理念、新思想给予及时肯定和表扬，然后综合分析，对项目进行适当调整，将新创意添加到项目中，使学生的学习热情得到普遍提高。

4. 改革传统课堂教学模式

在传统的教学模式下，教师依据教学大纲与教学计划，按部就班地组织教学，整个教学过程以教师的课堂讲授为主，学生只是知识被动的接受者，参与的机会很少，导致学习兴趣不高。在“旅游策划学”教学过程中，采用“项目驱动”教学法，借助企业真实策划项目，按照实际开发流程设置实施步骤，让学生置身于真实项目开发流程。课程的授课过程就是一个旅游项目的策划过程，为了引导学生逐渐深入到策划项目，引入“启发式”教学法，对整个策划项目进行深入分析，尤其对项目策划过程中涉及的相关知识进行分析引导，使得学生在学习理论知识的同时，提升实践动手能力。由于旅游策划项目讲究“新”“奇”“特”，在项目的完成过程中应积极鼓励学生进行创新。同时，为了使学生更深入地理解、掌握课程中的重点与难点内容，可以将这些知识点由教师事先设置成一些小项目，然后由学生进行小组讨论、分析和比较，完成这些小项目。这样，学生就能够很好地进行理论与实践的结合。

5. 探索多位一体的教学模式

“旅游策划学”是一门实践性很强的课程，在教学过程中，按照传统的教学法，强调理论讲授，轻视理论与实践的结合，不利于学生对知识的理解、消化和吸收，同时，学生的学习积极性受到打击。多位一体的教学模式，本着“学生为主体，教师为主导”的原则，教师在对重点的内容进行引导性的讲解后，再由学生进行相应实践来验证，通过实践加深学生对知识点的理解和掌握。因此，在“旅游策划学”授课过程中，改变了传统的授课模式，变“教室”为中心的授课方式为以“实验室”为中心，在教师的“教”与学生的“学”的过程中，积极探索“教、学、练”多位一体的教学模式，充分利用现代教育技术和实验室先进的设备条件，使得教师对相应的知识点进行引导式讲解和演示后，学生可以在模拟实践项目开发过程中，快速掌握、消化和吸收相应知识点，达到学生知识、技能、能力三者融会贯通的目的，有效地提高学习效率。

5. 小组作品交流和评价

为了能够及时了解学生的学习效果，在旅游项目策划的每个阶段，各开发小组完成相应的功能模块后，组织学生进行讨论，各小组进行作品的交流。同时，为了形成一种赶学赶超的学习氛围，要求任务小组进行作品展示。为了使评价的结果更具客观性与公正性，邀请相关专业人员、有相关经验的教师进行积极点评，肯定成绩，找出不足，使得学生能够在积极融洽的环境中取长补短，相互学习，不断完善自己的作品。针对一些主题突出、新颖的策划创意，教师则应及时给予表扬和鼓励，不断加强学生的信心，使学生能够长时期保持一种饱满的学习热情。例如，在小组作业交流时，选择了一组学生的策划作品“木鱼湖湿地公园旅游策划”进行仔细点评，因为木鱼湖就是学校内的一个新开发的旅游景点，学生对这个项目十分熟悉，在现场点评时，发动所有学生对该旅游项目的定位进行思考、讨论，由于木鱼湖湿地公园位于文化氛围比较浓厚的高校内，因此，在主题定位时应重点强调其文化、浪漫特性，其产品服务对象应该是年轻的游客，结合周边的湘江、湖湘公园与附近的宝塔山，可以将产品做成一个有着爱情主题的旅游产品，在该旅游产品的策划时，可以借助市政府近年对木鱼湖的建设、宝塔山周边违章建筑的整顿以及湘江污染的治理，将木鱼湖湿地公园做成一个旅游精品。在进行讨论分析时，每个同学都发表了自己的意见、构思，使得学生最终提交的“木鱼湖湿地公园旅游策划”的项目策划书观点新颖，具备一定的专业性与可行性，受到了相关专业人员的好评。

7. 改革传统考核方式

旅游策划强调对学生分析问题、解决问题能力的培养，承接企业的旅游策划项目，涉及的技术层面多且深，为了使学生真正能够进行具体的旅游项目策划，就必须将理论与实践进行紧密的结合。“旅游策划学”基于“项目驱动”教学法，传统的考核方式存在一定的弊端，传统的纸质考核方式，主要是对学生理论知识的理解、掌握程度进行检验，而理论知识与实践能力之间还存在较大的差距，针对这一缺陷，对传统的考核方式进行了改革，本课程的考核方式采用纸质考核为辅，实践考核为主的考核模式。学生最终成绩由三部分组成：①平时成绩，占25%，主要来源于学生对重要知识点所设置的小项目完成情况（10%）和日常分阶段检查学生各项目模块完成情况（15%），平时成绩的考核能够使教师及时了解学生知识掌握情况；②最终项目的完成质量，占40%，在课程结束时，相关专业人员、有相关经验的教师全面考核学生完整项目的完成质量；③纸质考核，占35%，主要是考查学生对基本知识点的掌握情况。新的考核模式更加科学合理，在很大程度上避免了一些学生平时不认真学习，试图希望通过期末的“临时抱佛脚”的方式过关的现象，对学生的学习能力、理解能力、实践能力、创新能力进行了综合的考核，能够有效地避免出现“高分低能”的现象。同时，采用这种新型的考核方式，有效地提高了学生的到课率，基本杜绝了学生平常的迟到、早退现象，在课程学习期间，学生的学习氛围相当浓厚，教学效果良好。

四、结束语

“旅游策划学”作为一门应用性较强的课程，在教学过程中采用“项目驱动”教学法，使学生成为学习的主体和项目实践的中心，调动了学生的学习主动性与积极性，强化了学生的主体能力，弱化了教师角色，使理论与实践进行了紧密的结合，加强了学生的实践综合能力的培养。“旅游策划学”教学实践表明，基于“项目驱动”教学法，学生能够系统掌握旅游策划的过程、方法，大幅度提高了学生的学习能力、实践能力、创新能力和团队合作精神，从而具备旅游策划能力，为学生将来的工作发展打下坚实的基础。

参考文献：

[1] 刘海涛，唐枋，林智，等．模拟集成电路设计课程实验项目驱动式教学改革[J]．实验室研究与探索，2024,43(4):117−120.

[2] 邱云美．“案例引导＋项目驱动”教学法在旅游规划课程中的实践[J]．丽水学院学报，2010,32(5):114−117.

[3] 吴宏业．项目驱动式教学模式在旅游策划学课程中的应用[J]．石家庄学院学报，2020,22(6):147−152.

[4] 肖启艳，李国太，郭阳明．基于SPOC的项目驱动式教学模式研究——以高职“建筑BIM技术与应用”课程为例[J]．职业技术教育，2020,41(32):52−57.

[5] 马晓红，张新平．CBE模式在旅游管理本科人才培养中的应用——以湖北民族学院旅游管理本科“产业计划”项目为例[J]．教育与教学研究，2014,28(3):69−72+77.

[6] 赵耀，王祖良．基于项目驱动式的民族地区旅游管理人才校企协同育人机制研究[J]．教育教学论坛，2020(22):82−84.

[7] 周子英．基于项目驱动的“旅游策划学”课程教学应用研究[J]．旅游纵览（下半月），2016(10):245−247+249.

“生态旅游”课程思政资源挖掘与教学策略

在当今社会，随着经济的快速发展和人们生活水平的提高，外出旅游逐渐成为人们休闲娱乐的重要方式。然而，传统的旅游方式往往会对环境造成破坏，这与我们追求的可持续发展理念相违背。习近平总书记在党的十九大报告中指出，生态文明建设功在当代、利在千秋，我们要牢固树立社会主义生态文明观，推动形成人与自然和谐发展现代化建设新格局。随着人们对生态环境的日益关注，生态旅游已成为旅游业的重要发展方向，生态旅游作为一种新型的旅游方式，越来越受到人们的关注和追捧。“生态旅游”课程作为旅游管理专业不可或缺的专业课程，其深化建设与内涵拓展显得尤为关键，将思想政治教育元素巧妙融入生态旅游教育之中，不仅是对传统教学模式的创新与升华，更是培养学生综合素养、塑造未来生态文明守护者的重要途径。

一、“生态旅游”课程思政教学目标

1.“生态旅游”课程特点

“生态旅游”是运用生态学的基本原理和方法，研究人类旅游活动过程及其与环境之间相互作用、相互影响的科学，是一门新兴的跨学科的交叉课程，涉及生态学、环境科学、地理科学、社会学、经济学等多个学科领域。“生态旅游”作为生态学和旅游学相互交叉的一门专业课程，内容广泛，注重知识的交叉融合，要求学生具备较为全面的知识储备。目前，“生态旅游”课程已成为许多高校旅游管理专业的主干课程，其主要教学目标是通过课程学习，让学生掌握生态旅游的基础理论、主要内容、基本研究方法，熟悉和了解生态旅游发展的历史，旅游活动与旅游地自然、经济、社会文化环境之间的相互影响，生态旅游资源开发与评价以及生态旅游业可持续发展等专业基础理论知识。通过教学，重点培养学生对生态旅游的认知以及对生态旅游资源开发、评价、生态旅游地规划的基本技能，提升学生的专业素养，为旅游业的可持续发展注入新的活力。

2.“生态旅游”课程思政教学目标

“生态旅游”课程涉及多个学科领域，强调创新性思维的培养，其思政教育目标应始终围绕“立德树人”的根本任务，在专业知识传授和专业技能培养的基础上，以社会主义核心价值观为指导，增加与生态旅游紧密关联的思想政治教育元素，实现知识传授、专业技能培养与思想引领的有机统一，将社会主义核心价值观融入“生态旅游”课程中，引导学生了解国家生态文明建设的方针政策，教育学生在旅游实践中遵守社会公德、尊重当地文化、保护生态环境、增强国家意识和集体荣誉感、践行社会主义核心价值观。“生态旅游”课程着重培养学生创新思维和实践能力，提高学生的综合素质和跨学科学习能力。根据“生态旅游”课程思政教学目标要求，在原有专业知识和技能培养目标的基础上，增加生态文明意识、爱国主义、社会责任感与使命感、创新创业、自然环境保护等思政元素。具体内容如表 1 所示。

表 1 “生态旅游”课程思政的教学目标

主要教学内容	课程思政教学内容	
	专业知识与能力目标	课程思政元素
第一章 生态旅游的产生与发展	1. 生态旅游的产生 2. 生态旅游的内涵 3. 生态旅游的特点、功能及分类	1. 树立生态文明和生态旅游意识 2. 坚定中国文化自信 3. 增强文明旅游意识
第二章 生态旅游的理论基础	1. 人与自然关系理论与生态旅游 2. 生态美理论与生态旅游 3. 可持续发展理论与生态旅游 4. 系统理论与生态旅游系统	1. 人与自然生命共同体 2. 树立保护中国传统文化意识 3. 可持续发展是破解当前全球性问题的“金钥匙” 4. 坚持以系统观念治理生态环境
第三章 生态旅游者概述	1. 生态旅游者概述 2. 生态旅游者权益与责任 3. 生态旅游者分类	1. 争做“两山”理念的积极传播者和模范践行者 2. 加强生态环境保护，推进美丽中国建设
第四章 生态旅游者的形成	1. 生态旅游者形成的客观条件 2. 生态旅游者形成的主观条件 3. 生态旅游者的培养	1. 树立生态旅游意识 2. 增强文明旅游意识 3. 树立生态文明意识
第五章 生态旅游者行为	1. 生态旅游者保护性旅游行为 2. 生态旅游者审美行为 3. 生态旅游流	1. 保护生态环境就是保护生产力，改善生态环境就是发展生产力 2. 培养“绿水青山就是金山银山”的思想观念
第六章 生态旅游资源概况	1. 生态旅游资源概念 2. 生态旅游资源的特征	1. 山水林田湖草沙是一个生命共同体 2. 人与自然和谐共生
第七章 生态旅游资源形成及类型	1. 生态旅游资源的形成 2. 生态旅游资源的分类	1. 环境就是民生，青山就是美丽，蓝天也是幸福 2. 生态保护和生态旅游发展相得益彰
第八章 生态旅游资源的保护性行为	1. 生态旅游资源保护性开发新思路 2. 生态旅游资源保护性开发设计实施细则 3. 生态旅游资源保护性开发案例	1. 培养“山水林田湖草沙”生命共同体意识 2. 树立“国家主体功能区”发展建设的观念与意识 3. 培养尊重自然、敬畏自然、保护自然生态环境的意识

续表

主要教学内容	课程思政教学内容	
	专业知识与能力目标	课程思政元素
第九章 生态旅游业概述	1. 生态旅游业概念 2. 旅行社 3. 旅游饭店 4. 旅游交通 5. 生态旅游商品与生态旅游康乐	1. 树立保护中国传统文化意识 2. 树立弘扬和传承红色精神意识 3. 树立加强文化多样性保护的理念 4. 培养旅游审美能力
第十章 生态旅游业管理	1. 生态旅游行业管理 2. 生态旅游社区管理 3. 生态旅游区环境管理	1. 树立“保护生态环境资源就是保护生产力”的观念 2. 树立生命共同体以及人与自然和谐发展意识
第十一章 生态旅游业的发展	1. 国外生态旅游业发展现状 2. 我国旅游业发展概况 3. 生态旅游业发展展望	1. 培养学生的国际视野 2. 树立社会主义核心价值观 3. 树立生命共同体及人与自然和谐发展意识
第十二章 生态旅游环境概述	1. 生态旅游环境的概念 2. 生态旅游环境的构成 3. 生态旅游环境的特点	1. 传承文明，记住乡愁 2. 树立保护中国传统文化意识 3. 开发生态旅游资源，变绿水青山为金山银山
第十三章 生态旅游环境容量	1. 生态旅游环境容量的含义 2. 生态旅游环境容量的确定与量测 3. 生态旅游环境容量的调控	1. 爱护生态旅游资源，做文明生态旅游者 2. 尊重自然，敬畏自然，保护土壤、大气、水等自然环境意识的重要性与必要性
第十四章 生态旅游环境保护	1. 生态旅游对环境的良性影响 2. 生态旅游对环境的不良影响 3. 生态旅游环境保护	1. 培养尊重自然、敬畏自然、保护自然生态环境的意识 2. 树立生态安全、环境安全和生物安全的概念与意识 3. 培养低碳消费意识

二、课程思政教育元素与载体的挖掘

课程团队教师根据“生态旅游”的教学大纲，通过文献查阅，共同选取了生态旅游者概述、生态旅游者行为、生态旅游资源形成及类型、生态旅游资源的保护性行为以及生态旅游业管理等五大核心章节开展课程思政教学，以确保“生态旅游”课程思政教学内容的科学性和专业性。在确定课程思政教育目标的基础上，团队教师根据每次课的课程内容和特点，对思政教学总目标进行细化，整合相关内容，梳理挖掘与课程相关的思政教育元素，将“生态旅游”课程教学过程中涉及的生态文明意识、爱国主义、社会责任感与使命感、创新创业、自然环境保护等思政元素进行整合，归纳为爱国主义教育、生态意识教育、可持续发展观教育和跨文化交流意识教育，选取合适的思政教育载体（如典型案例、新闻报道等），直观地将思政教育元素表达出来，并巧妙地、有机地融入“生态旅游”课程教学中，以实现专业知识传授与育人之间的“无缝对接”，使思政教育目标和思政教育元素相辅相成、相互促进。

1. 爱国主义教育

在“生态旅游”授课过程中，将爱国主义元素与课程内容有机融合，让学生在掌握专业知识的同时，潜移默化地接受爱国主义教育，引导学生了解国家的发展历程和未来发展方向，培养学生的国家意识和民族自豪感。在授课过程中，注重从以下几个方面深入挖掘爱国主义元素：

①生态旅游与国家发展，生态旅游是当前旅游业的重要发展方向，也是国家生态文明建设的重要组成部分，教师引导学生了解国家在生态旅游方面的发展战略和政策，让学生认识到生态旅游对于国家发展的重要意义，培养学生的国家意识和责任感；②生态旅游与国际合作，生态旅游产业需要各国之间的合作和交流，教师通过案例介绍国际生态旅游的发展趋势和合作项目，结合课程内容，引导学生关注国家在国际合作中的地位和作用，厚植学生的国家自豪感和爱国情怀；③生态旅游与世界遗产保护，世界遗产作为人类罕见的、无法替代的财富，具有突出的意义和普遍价值，中国目前共有 59 项世界遗产，位居世界第二，数量众多的世界遗产是生态旅游主要目的地，生态旅游强调保护性和可持续性，注重在旅游活动中保护生态环境和世界遗产，在学习过程中，将中国的世界遗产申报与发展情况与课程内容结合起来，引导学生了解国家的文化遗产和自然景观，关注世界遗产的保护和传承，认识到世界遗产保护的重要性，激发学生为保护和传承人类文明贡献力量的热情，培养学生的民族自豪感和文化自信心；④生态旅游与社区发展，生态旅游的发展往往需要与当地社区进行合作，教师结合课程内容，引导学生了解国家在社区发展方面的工作和成就，关注旅游地社区的生态旅游发展，为当地经济发展和文化传承作出贡献，培养学生的社会责任感。

2. 生态意识教育

生态意识教育旨在引导学生关注和重视生态环境问题，培养学生的环保意识和生态责任感，为实现可持续发展目标作出贡献。在授课过程中，深入挖掘生态意识元素，强调生态保护、可持续发展、环境伦理等原则，分析生态旅游中的实际案例，利用多媒体资源，如图片、视频、纪录片等，展示目前世界正面临的生态环境问题的严重性和保护的必要性，让学生了解生态旅游发展中的环境问题，认识到生态旅游与生态保护的紧密关系，引导学生思考如何在实践中贯彻生态意识。

3. 可持续发展观教育

可持续发展是指既满足当代人的需求，又不损害后代人满足其需要的能力的发展，强调经济、社会、资源和环境保护的协调发展，可持续发展观是科学发展观的核心内容。在"生态旅游"授课过程中，深入挖掘可持续发展观元素，例如可持续发展的定义、原则和实践等，将这些元素作为"生态旅游"课程思政的切入点，引导学生认识到可持续发展的重要性，以及生态旅游在推动可持续发展中的作用。例如，在介绍生态旅游资源时，强调资源的可持续利用和保护的必要性；在讨论旅游开发时，引导学生全面准确地理解和认识习近平生态文明思想，强调可持续发展的原则和实践，树立和践行"绿水青山就是金山银山"的发展理念，坚持节约资源和保护环境的基本国策。

4. 跨文化交流意识教育

跨文化交流意识教育旨在培养学生的跨文化交流意识和能力，促进不同文化间的理解和合作。在"生态旅游"课程中，强调文化多样性的重要性，组织学生参加跨文化交流活动，如少数民族的传统文化节、民俗体验等，通过展示不同文化的特色和魅力，让学生了解不同文化背景下的生态旅游活动，播放关于跨文化交流的纪录片或宣传片，让学生直观地了解不同文化间的交流与碰撞，感受不同文化的魅力，明白每种文化都有其独特的价值和魅力，应欣赏和尊重不同文化的独特性和差异性，培养学生的跨文化交流敏感性和包容性。

三、"生态旅游"课程思政教学改革措施

1. 教学目标改革

"生态旅游"课程思政教学改革需要将思政元素与生态旅游知识传授相融合，实现知识传授与价值引领的有机结合，强调社会主义核心价值观、培养环保意识、推进可持续发展、提升跨文化交流能力，提高学生的综合素质和社会责任感，为生态文明建设和可持续发展作出贡献。

2. 教学模式改革

"以学生为主体、以能力为本位、以信息技术为手段、以问题解决－项目驱动为核心"的教学特点，利用"三库五平台"构建了以"学生为中心、应用能力培养为导向"的师生学习共同体，重组教学元素，整合"教"与"学"的层次性，突出了生态旅游知识的前沿性和中国本土文化特色，来达成师生共同成长的目标，基于 SPOC+PBL 的"生态旅游"教学改革模式见图 1 所示。

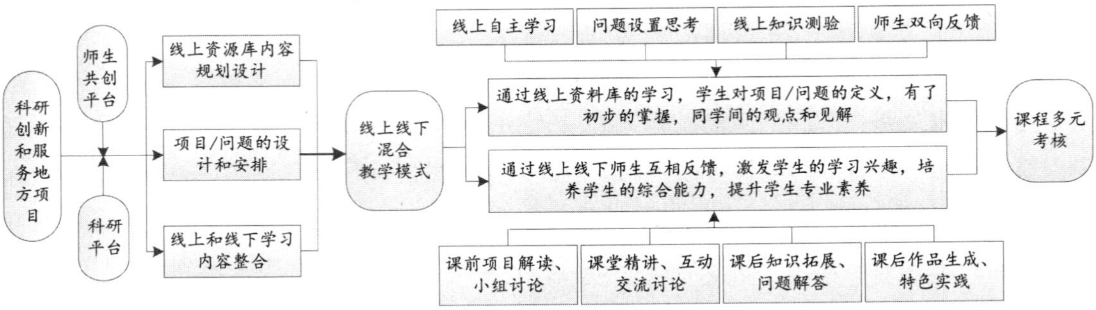

图 1　基于 SPOC+PBL 的“生态旅游”教学改革模式

（1）教学内容组织阶段

基于课程组的科研创新和服务地方项目，通过“教材内容—思政元素—育人方向—育人目标”的生态文明素养思政课程建设路径，培养学生的生态文明观与和谐世界价值观，体现“旅游 + 思政”的教育思想。利用师生共创平台和科研平台分别对线上资源库内容规划设计、项目 / 问题的设计和安排以及线上和线下学习内容整合进行梳理，形成能够灵活组课的真实案例以及问题资料库。

（2）课前教学预习阶段

创新 SPOC+PBL 混合教学模式，实施“双向互馈三阶段”教学步骤，建设形成一套突出“科研 – 教学 – 实践”三者灵活拼插组合的教学创新体系，教师利用学习通 SPOC 教学平台发布资源，推送学习任务、课前测试和 PBL 任务，查看反馈，获取学情。学生自主学习自主检测、整理成果记录疑惑，初步完成 PBL 任务。利用学习通 SPOC 教学平台充分发挥师生之间的激励、反馈和回馈的互动机制，打造“双向互馈三阶段”教学方式，真正让“教”“学”“用”三者有机地结合起来，解决有限教学时间内师生互动不足、学生自主学习差、教师对学生情况掌握不充分等问题，有效培养学生解决复杂问题的综合能力和高阶思维。

（3）课堂学习阶段

课堂学习阶段分为导入主题、展开阐述、深入研讨、巩固加深和总结提高五个小阶段，旨在有效培养学生的综合解决复杂问题能力和高阶思维。师生交流答疑解惑、测试凝练巩固知识、展示质疑深度交流、检测学情评价反思等任务。教学中注重将 PBL 方式运用到生态旅游真实案例教学、翻转课堂教学、分组竞技、角色扮演、虚拟情景体验等多种教学方法中，赋予学生更多的个性化和沉浸式体验，激发学生主动参与到“生态旅游”课堂（线下）面对面互动教学中，并在解决问题的实践中获得必要的知识和技能。

（4）课后拓展阶段

在学生的学习过程中，课后拓展阶段扮演着至关重要的角色，它不仅是课堂知识的延伸与巩固，更是学生能力全面提升的关键环节，通过知识拓展、四新特色实践和在线答疑等多种方式追踪学生学习效果。作为课后拓展的核心部分，我们创新性地推出了一系列融合“四新”理念的特色实践活动，鼓励学生积极参与科研探索，服务地方社会，投身创新创业，以及参与旅游管理专业的各类竞赛。通过“四新”理念的特色实践活动，学生学会了如何运用所学知识解决实际问题，不仅有效提升了学生的综合素质，更为他们的未来发展奠定了坚实的基础。

（5）成效评价阶段

早期的“生态旅游”课程考核主要以期末考试为主，内容主要是课堂上讲授的专业知识。近年来则改为过程性考核（40%）和期末笔试考核（60%）相结合的方式，过程性考核包括课堂出勤、教学活动的参与情况、课堂小测的完成情况等。开展课程思政教学后，仍保留过程性考核和期末笔试考核相结合的形式，但在过程性考核中，可通过课堂小组讨论或野外调研汇报来展现学生的思政知识学习情况，并结合自评、他评、互评等方式进行评价。在期末笔试中，除了考核课本专业知识外，还增加“生态旅游”教学过程中所涉及的相关课程思政知识点内容，通过这些措施，全面考查本课程的思政教学效果。

3. 教学方法改革

在现有课程团队的基础上，加强团队成员在课程思政的备课以及上课等环节的探讨。如在备课环节，先选取生态旅游者概述、生态旅游者行为、生态旅游资源形成及类型、生态旅游资源的保护性行为以及生态旅游业管理五大核心章节进行详细的课程思政教学设计，包括课程思政教学大纲与教案撰写、PPT 课件制作等，然后逐步推广到课程的全部教学内容，做到“全覆盖”。在上课环节，则主要在原来的课堂讲授、案例分析和现场教学的基础上，尝试采用研讨式、任务驱动式、翻转课程、开放课堂教学等，辅以野外调研、小组讨论等方法，让学生主动参与，并通过实例让学生得到亲身体验。在课后环节，辅以课程网站以及相关的教学资源库，供学生学习参考，保障课程思政教学取得良好的实施效果。

4. 教学实践改革

加强学校与企业、政府等相关部门之间的合作，建设生态旅游校外实践基地。近年来，湖南工程学院旅游管理专业先后与深圳阳光酒店、长沙洲际酒店、株洲万豪酒店、中青旅、宝中旅行社等多家旅游企事业单位建立了校外实习基地。从这些实习基地可见，现有的实习基地多为餐饮与酒店企业，不太适合“生态旅游”课程实践教学场所。尽管学校所在地有一些地方适宜开展“生态旅游”户外教学，比如昭山旅游风景区适合开展“生态旅游”课程实践教学，但离市区较远，不方便日常教学。结合“生态旅游”课程特点，将实践教学选择在湘潭市周边已开发的生态公园和生态农业区，如菊花塘公园、木渔湖湿地公园、滴水湖公园、湖湘公园、万楼景区、窑湾历史文化旅游景区等，教师组织学生到公园参观、调研及现场教学。此外，方便学生合理安排课余时间进景区调研，通过实践教学来帮助学生了解公园从业人员及游客的生态环境意识、资源开发利用情况等，为后面的生态旅游规划、开发、环境教育等知识的学习奠定基础。为了更好地开展“生态旅游”实践教学，学校要加大实践教学的支持力度，如简化校外实践用车审批手续、允许教师灵活安排上课时间和地点等。

四、结束语

“生态旅游”课程承担着来自于国家战略层面、服务地方经济以及课程本身的重大责任，也是培养生态旅游方向高素质技能型专门人才的重要途径。在新商科建设背景下，课程知识体系和内容更加注重学科交叉融合和高阶性表现，课程组立足于应用型本科院校办学实际情况，通过深入挖掘课程思政教育元素与载体，不断地对“生态旅游”课程进行改革和创新。生态旅游充分迎合了当前人们对康旅的相关需求，将成为我国旅游行业未来发展的中流砥柱，高校作为此类行业人才培养的重要场所，相关专业教师应充分分析“生态旅游”课程教学现状，结合“生态旅游”课程教学目标及内容，建立专业教学资源库，优化教学方式与教学手段，让学生走出课堂，通过实地考察、企业实习、社会实践等方式，将课程理论应用于具体实践，在进行课程考核时，重点考查学生将理论知识应用于实践的能力，通过对学生完成的任务进行评价和反馈，帮助学生发现自己的不足之处，进一步提高学生的专业素养与综合能力。

参考文献：

[1] 张旺．现代农业发展视域下农业生态旅游经济可持续发展问题研究 [J]. 中国集体经济 ,2024(3):18-21.

[2] 王友文，王峻蓉．昭苏全域旅游示范区生态文明建设与可持续发展方略研究 [J]. 中共伊犁州委党校学报 ,2018(3):46-51.

[3] 秦璐，杨建军，萨丽哈·木那特．乡村振兴背景下“生态旅游”课程教学思路改革探索 [J]. 教育教学论坛 ,2024(3):89-92.

[4] 杨桂华，钟林生，明庆忠．生态旅游 [M]. 北京：高等教育出版社 ,2017.

[5] 叶延琼，章家恩，陈丽丽，等．《旅游生态学》课程的教学设计与改革探索 [J]. 四川文理学院学报 ,2014,24(2):118-121.

[6] 林开森，郭进辉，元晓春．新文科背景下“生态旅游”应用型课程的改革与实践 [J]. 武夷学院学报，2023,42(7):96−100.

[7] 方燕．生态文明教育融入大学生就业创业观的指导实践探讨 [J]. 太原城市职业技术学院学报，2022(11):108−111.

第二节　课程改革方法探讨

“旅游目的地管理”实施课程思政的路径与方法

随着全球化进程的加速和商业环境的日益复杂，传统的商业模式和管理理念正在经历深刻的变革，新商科背景下的教育改革已成为高等教育领域关注的焦点。新商科教育注重培养学生的创新思维、跨学科知识和实践能力，以适应快速变化的商业环境，同时，课程思政作为高等教育的重要指导思想，旨在将思想政治教育融入专业课程，实现知识传授与价值引领的有机统一。

随着旅游业的快速发展，旅游目的地管理在现代商业中的作用越来越突出。为了培养适应数字经济时代的旅游管理人才，对“旅游目的地管理”课程进行教学改革显得尤为必要。“旅游目的地管理”专业课程中蕴含了丰富的思政教育元素，发展“专业课程教育”与“思政教育”结合的人才培养模式，是旅游管理专业人才培养目标的主要实现途径，既是顺应课程教学改革的要求，也是提升高校思政教育工作质量的积极探索。通过对“旅游目的地管理”专业课程的学习，学生能够从人民美好生活需求出发，结合国家政策和企业需要，利用专业知识，创新旅游目的地管理。同时，兼顾价值观引领的教育，引导学生树立正确的三观，坚定理想信念，养成良好的行为习惯，学会为自己的人生而奋斗，立志成为优秀的中国新青年。本研究旨在系统地探讨新商科背景下“旅游目的地管理”实施课程思政的路径与方法，以期为相关课程教学提供有益的参考和借鉴。

一、新商科背景下“旅游目的地管理”实施课程思政的意义

新商科教育强调跨学科知识融合与实践能力培养，注重培养学生的创新思维和解决实际问题的能力。课程思政则是一种教育理念，要求将思想政治教育融入专业课程，实现知识传授与价值引领的有机统一。在新商科背景下，实施课程思政具有以下意义：

①培养具备社会主义核心价值观的旅游管理人才。通过将思政教育融入专业课程，有助于培养学生在旅游目的地管理中践行社会主义核心价值观，成为具有良好道德品质和责任感的旅游管理专业人才，助推旅游业健康发展，提升中国旅游业的国际竞争力。

②提升学生综合素质和社会责任感。课程思政注重培养学生的综合素质和社会责任感，通过旅游目的地管理实践，引导学生关注社会问题，积极参与社会建设，为旅游业的发展

贡献力量，增强学生的社会适应能力和就业竞争力。

③促进教师教学理念与方法的创新。实施课程思政要求教师具备跨学科知识和思政教育能力，推动教师在教学内容、方法等方面进行创新，提高教学质量和效果，有助于提升教师的教学水平和专业素养。

二、"旅游目的地管理"实施课程思政的优势

实施"课程思政"教学的最终目标就是实现育人和育才的双赢，核心要义便是"培养什么人，怎样培养人，为谁培养人"的问题，肩负着立德树人的重要任务，是国家素质教育的关键。

1. 从行业角度分析

旅游业作为国家经济的重要组成部分，承担着推动经济发展、传承文化、促进国际交流等重要使命。随着经济水平的提高，人们对旅游的需求增加，旅游目的地的"口碑"非常重要，游客在选择目的地时，不仅会考虑价格、景点等传统因素，还会更加注重目的地的服务质量、游客体验等方面的口碑。口碑的好坏直接影响到游客对目的地的信任度和期望值，一个拥有良好口碑的旅游目的地，能够吸引更多游客前来参观和体验，从而增加目的地的知名度和美誉度。同时，讲好中国故事是时代使命，旅游目的地是对外宣传的重要窗口，旅游目的地是展示中国优秀传统文化和现代文明的重要平台，游客在参观旅游目的地的过程中，不仅会欣赏到美丽的自然风光和人文景观，还会深入体验中国的历史、文化和民俗等，这些中国元素的文化可以借助国际游客的传播力量，将中国的发展成就、核心价值观、传统智慧等传播到世界各地，增强中国的国际影响力和话语权，传播中国声音、展示优秀传统文化。

2. 从学科属性分析

"旅游目的地管理"作为一门深入探究旅游目的地运营、规划、发展及管理的综合性课程，涵盖了管理学、地理科学、社会学、心理学、伦理学等多个学科领域，具有综合性强、强调实践应用、跨文化交流、关注可持续发展以及创新能力培养等多方面的优势，可以多角度、多层面地培养学生的综合素质，帮助学生形成全面的知识体系和正确的价值观念，为课程思政的实施提供了广阔的空间。例如，在地理科学层面，通过让学生描绘出家乡记忆最深刻的事物，培养其爱自己、爱家乡、爱专业的情怀，提升其对家乡的自豪感，同时可以引导学生关注旅游目的地的生态环境保护，培养绿色发展理念；在社会学层面，引导学生了解旅游目的地的社会文化背景，底蕴丰厚的文化背景有益于提升学生的文化自信和文化交流能力，增强学生的国家荣誉感和自豪感；在心理学层面，可以引导学生关注游客的体验需求，培养学生的服务意识。

3. 从发展进程分析

在旅游目的地管理的发展进程中，存在大量具有思政教育意义的典型案例。将这些案例与课程内容联系起来，能够提升教学效率。搜集、整理相关材料，形成思政建设案例库，与课程中每个章节相关的知识点的教学内容有机结合，以核心价值观为引领，将思政教育渗透到“旅游目的地管理”专业知识教育中，让专业课涵养出人文素养，加以适当的社会实践，设置有关社会主义核心价值观的主体，真正做到理论与实践的紧密结合。学生在掌握专业技能的同时，能够深刻理解和践行社会主义核心价值观，有助于提升学生的综合素质和专业能力，为旅游业的健康发展和社会和谐稳定作出积极贡献。

二、“旅游目的地管理”课程思政实现路径

1. 课程性质

“旅游目的地管理”是教育部指定的面向旅游管理大类本科专业的一门专业必修课程，理论性极强，本课程主要引导学生了解旅游目的地管理基础知识、学习旅游目的地管理理论与方法、掌握旅游目的地运营与管理，希望学生能在学习的过程中树立科学的管理思维。

2. 思政育人的教学目标

高校专业课程设置的初衷就是为了让学生掌握专业知识和技能，使学生具备从理论过渡到实践的必要知识和经验积累。因此，要求学校重视教学质量，体现知识的传授价值，落实一系列教学改革措施，以教学内容为主体，融合价值观导向教育，丰富专业课程的价值观内容，加深专业课程的育人功能，随着课程的开展，实现育人和育才的目标，使学生学会正视生活中的问题，扎根生活，敢于实践，吸取生活教训，学会成长，培育学生经世济民、诚信服务、德法兼修的职业素养，实现知识传授、能力培养与价值引领的有机统一。“旅游目的地管理”思政育人的教学目标具体见表 1 所示。

表 1 “旅游目的地管理”思政育人的教学目标

主要教学内容	专业知识与能力目标	情感目标
旅游目的地管理概述	1. 了解旅游目的地的概念、内涵、特征和分类 2. 掌握旅游目的地的构成要素 3. 辨析旅游目的地和旅游景区的区别 4. 对全域旅游和旅游目的地建设之间的关系的认识	1. 辩证唯物主义和历史唯物主义世界观 2. 践行知行合一、学以致用，服务乡村振兴战略 3. 培养学生的爱国主义情感

续表

主要教学内容	专业知识与能力目标	情感目标
地方理论	1. 了解地方理论提出的背景 2. 掌握地方、地方性、地方感、地方依恋的内涵 3. 熟悉地方理论的研究内容 4. 就具体旅游目的地设计地方营造策略	1. 培养旅游审美能力 2. 树立“两山理论”的生态文明意识 3. 坚定中国文化自信，培养爱自己、爱家乡、爱专业的情怀
旅游目的地生命周期	1. 掌握旅游目的地发展规律 2. 分析区位、社会经济条件等多种内外部因素对旅游目的地发展的影响	1. 培养能透过现象抓住事物本质的哲学思维 2. 传递可持续发展理念 3. 了解伟大的理想、专注力、学习力和创新力对人生成长的重要性
旅游目的地竞争力	1. 掌握旅游目的地竞争力的基本概念、理论与模型 2. 分析影响旅游目的地竞争力的宏观、微观因素 3. 掌握提升旅游目的地竞争力的方法与渠道	1. 培养善于寻找和解决主要问题的意识 2. 引导学生关注旅游业的社会责任，培养其环保意识、文明旅游意识和可持续发展观念
旅游目的地社区参与	1. 了解旅游目的地社区居民、游客、旅游企业间的关系及其相互影响 2. 掌握社区居民和旅游目的地依恋、权利与责任等 3. 促进旅游目的地社区居民参与旅游目的地的建设与发展	1. “以人民为中心”是可持续发展的内在动力 2. 树立保护和弘扬中国传统文化意识 3. 融入民主、和谐、平等的社会主义核心价值观 4. 善于寻找和解决主要问题的意识
旅游目的地供应链管理	1. 掌握旅游目的地利益相关者及其构成 2. 掌握旅游目的地供应链管理的基本内涵 3. 了解旅游目的地供应链竞争与协调 4. 分析旅游目的地管理政府行为与决策策略 5. 掌握旅游目的地供应链管理技术、手段和方法	1. 融入儒家“仁义礼智信”元素，合作、诚信的社会主义核心价值观 2. 供给侧结构性改革以大力发展实体经济推动产业转型升级、科学推进乡村振兴与城乡区域协调发展
旅游目的地营销	1. 了解目的地营销组织及其利益相关者关系 2. 掌握目的地营销的一般原理 3. 掌握目的地定位、品牌与形象建设的基本原理、手段和方法 4. 分析旅游目的地品牌建设策略和营销策略	1. 诚信的社会主义核心价值观 2. 融入对中华优秀传统文化的介绍 3. 兼顾消费者利益和社会效益，将个人的专业志向与社会需求以及国家发展战略结合起来，实现个人梦想和中国梦的统一

续表

主要教学内容	专业知识与能力目标	情感目标
旅游目的地节事活动管理	1. 掌握旅游目的地节事活动的定义及内涵 2. 熟悉旅游目的地节事活动的功能 3. 了解旅游目的地节事活动的分类	1. 以科学发展观推进乡村振兴 2. 领悟中华优秀传统文化中蕴含的丰厚底蕴和治国理政智慧，树立文化自信
旅游目的地安全管理	1. 掌握旅游目的地安全的概念及特点 2. 了解旅游目的地的安全预防 3. 掌握旅游目的地的安全应对 4. 分析旅游目的地安全问题的影响因素	1. 树立辩证唯物主义世界观 2. 树立服务大局、勇担责任、团结合作的精神 3. 树立危机管理意识，恪守职业道德和匠心精神
旅游目的地信息化管理与智慧旅游	1. 掌握旅游目的地信息化的概念和内涵 2. 掌握智慧旅游的概念和功能 3. 掌握旅游目的地信息化与智慧旅游的区别和联系 4. 智慧旅游在旅游目的地管理中的应用	1. 技术支撑，创新驱动，为智慧旅游创造条件 2. 瞄准世界科技前沿，引领科技发展方面，肩负起历史赋予的重任，敢闯新路、敢创新业

3. 课程思政教学设计

“旅游目的地管理”课程内容丰富，蕴含着丰富的思政教育元素。例如，在讲授地方理论时，融入生态文明理念，强调人与自然和谐共生；在旅游目的地营销方面，可以强调诚信、公正等价值观；讲授旅游目的地节事活动管理时，强调乡村旅游和节事活动在推动乡村振兴中的重要作用，通过案例或数据展示乡村振兴与旅游目的地节事活动管理的内在联系，激发学生的学习兴趣。通过分析旅游业中的道德伦理问题，引导学生思考如何在实践中践行社会主义核心价值观。同时，教师还可以引导学生关注旅游业发展的社会背景和人文关怀，培养旅游管理专业学生的社会责任感和人文素养。教学设计需要结合“旅游目的地管理”课程内容与知识结构，梳理、分解其中的构造，在恰当的时机和节点融入思政元素，同时要用恰当的形式和手段展现，避免知识与思政的冲突和分立，做到融合教学才能发挥课程思政的真正作用。“旅游目的地管理”课程中蕴含的思政教育元素与融入点具体见表 2 所示。

从表 2 可知，教师为课程每一章节都进行了相应的教学设计，并根据教学目标确定学生需要做出的行为表现，借助教材、PPT 课件以及课程视频等教学工具开展教学，教学完成后，教师还找到恰当的时间检验学习效果，设置考试或者任务，完成教学效果的检验和知识能力的锻炼。以旅游目的地社区参与为例，其中，小组讨论的问题有：为什么旅游地社区居民与当地政府、企业的冲突越来越多，影响越来越大？旅游目的地社区居民在旅游发展过程的权利与责任有哪些？张家界核心景区的老百姓是否一定要全部拆迁？以乌石镇乌石峰村社区、昭山七星村社区参与旅游的方式为案例，深入挖掘乡村文化内涵，将传统农耕文化、乡土建筑、民俗活动等元素融入旅游产品中，使游客在欣赏乡村美景的同时，也能感受到浓厚的乡土气息，这不仅有利于传承和弘扬乡村文化，也增强了游客的文化自信，实现课程思政育人中的能力目标和情感目标的导向。课后作业通过分析凤凰古城百姓围堵大门事件的原因与影响以及可能的解决方案，增强学生学习过程的思辨能力，在讲评过程中融合思想政治教育元素。

表 2 “旅游目的地管理”课程中蕴含的思政教育元素与融入点

主要教学内容	思政教育元素与融入点
旅游目的地管理概述	①举例中国旅游目的地民俗文化及非物质文化遗产，让学生坚定中国文化自信； ②设置旅游目的地活动话题，让学生分享丰富多彩的旅游经历，激发学生的专业学习兴趣和热情； ③通过案例辨析旅游目的地和旅游景区的区别，培养学生严谨求实的科学态度； ④分享对全域旅游和旅游目的地建设之间关系的认识，培养学生践行知行合一、学以致用，服务乡村振兴战略的人生目标。
地方理论	①设置“家乡给你印象最深刻的事物”话题讨论，通过分享家乡具有地方性的事物，培养旅游审美能力，培养学生爱自己、爱家乡、爱专业的情怀，讲好中国故事，坚定中国文化自信； ②通过对浙江安吉县的地方性分析，树立“两山理论”的生态文明意识，坚定文化自信。
旅游目的地生命周期	①通过对凤凰奇梁洞、张家界等不同类型旅游目的地生命周期的案例分析，探寻旅游目的地不断变化的规律，培养学生透过现象看事物本质的哲学思维； ②通过宋城·宁乡炭河古城的案例教学，梳理宋城集团的发展脉络，揭示黄巧灵个人传奇经历，突出全球主题公园集团十强企业的意义，在宣传可持续发展理念的同时，阐明伟大的理想、专注力、学习力和创新力对人生成长的重要性。
旅游目的地竞争力	①阐述“两山理论”在湖南十八洞村的生动实践，解读生态文明思想内涵，树立生态文明思想意识； ②分析黄果树瀑布申遗之殇，树立生态文明思想意识，加强旅游环境保护意识。
旅游目的地社区参与	①通过高椅古村、昭山七星村的案例分析，了解“以民为主”是旅游可持续发展的内在动力，树立保护和弘扬中国传统文化意识，培养学生民主、和谐的社会主义核心价值观； ②通过“旅游目的地居民旅游发展过程的权利与责任”等话题的讨论，树立学生平等的社会主义核心价值观，培养学生服务人民、奉献社会的人生观； ③剖析凤凰古城的门票风波事件，培养学生善于寻找和解决主要问题的意识，培养学生服务人民、奉献社会的世界观、人生观、价值观。
旅游目的地供应链管理	①旅游目的地供应链合作谋略在于“诚实守信”，融入儒家“仁义礼智信”元素，培养合作、诚信的社会主义核心价值观； ②分析乡村旅游目的地供应链分销网络合作，凸显供给侧结构性改革；鼓励发展实体经济、发展新兴产业、在科学技术的引领下走向区域协调发展。

续表

主要教学内容	思政教育元素与融入点
旅游目的地营销	①通过开封万岁山武侠城"王婆说媒"等文化营销案例分析，培养学生旅游审美意识和能力，培养学生创新创业创造的思维，树立中国文化自信； ②分析最近的热点事件——"提灯定损"事件，培养学生诚信的社会主义核心价值观，树立"诚实守信是一切职业道德的立足点"的观念。
旅游目的地节事活动管理	①通过2024年广西三月三"上巳节"全区放假2天，周末连休，重点介绍节事活动在促进乡村振兴及国家文化传播方面的作用，提高文化素养，增强文化自信； ②鼓励学生深入旅游目的地，了解旅游地目的地风俗习惯、环境保护和农业产业，组织节事活动设计比赛，激发学生对当前社会热点的思考，培养学生分析和解决问题的能力以及团队合作精神。
旅游目的地安全管理	①结合新冠疫情危机分析其对旅游目的地的影响，强调其中的"危险"和"契机"，树立危机意识，坚守职业道德和匠心精神； ②通过旅游目的地安全事件分析，树立大国意识，勇担责任的精神。
旅游目的地信息化管理与智慧旅游	通过播放小视频"一部手机游云南""云游故宫""数字敦煌"等，使学生意识到技术支撑、创新驱动为智慧旅游创造了条件，让学生意识到科技生产力的经济力量，敢于创新，产生兴趣，热爱科学，敢创新业。

4. 教学环节及过程组织

"旅游目的地管理"课程紧密结合教学目标创新教学理念，综合考虑学情，整合教学内容，融合BOPPPS模式，集"教、学、做"于一体，在"课前+课中+课后"的教学中积极引导学生参与课堂教学，以便于任课教师能根据实际学情灵活调整教学内容与进度。

（1）课前

借助线上教学平台发布一些教学案例或视频，帮助学生自学相关知识点，同时要求学生根据自学内容绘制思维导图，整理出自己的疑问点，小组长汇总整理每位学生的疑问点，梳理出本小组的疑问点合集，并在课前发给任课教师。任课教师汇总整理每个小组的疑问点合集，帮助学生进行疑问分类。

（2）课中

任课教师利用视频或实事案例导入，并将基于OBE理论的教学目标告知学生，让学生了解每次课程的学习目标。使用超星学习通平台发布一些测试题，预测学生对自学内容的掌握水平和运用能力，以便任课教师适时调整内容和进度。同时以提出的问题为导向，鼓励学生参与课堂互动并选派小组代表汇报学习成果。利用超星学习通平台发布课堂小测试，以了解学生本次课堂的知识掌握情况。任课教师作为观察者，评价学生团队协作能力、个体活跃度、责任担当能力、逻辑思维能力，补充遗漏的知识点，总结重点难点，进一步巩固学习目标。

（3）课后

任课教师布置整理课堂笔记，将思维导图继续补充扩展，梳理知识点，内化学习内容。为了提升学生的专业认同感，任课教师应积极鼓励学生参与课后实践活动，在实践中学以致用、不断提升自己。同时为了检验学生学习效果，提高学生的创新精神和实践能力，鼓励与指导学生积极参与“大学生创新创业大赛”“挑战杯”“互联网＋”“湖南省旅游专业技能大赛”等赛事活动，为行业和社会培养出合格的实践创新型旅游管理专业人才。

三、创新“旅游目的地管理”课程思政教学方法

以“旅游目的地管理”主要教学内容为课程思政载体，结合思政的核心要求，紧紧围绕坚定学生理想信念，以爱党、爱国、爱社会主义、爱人民、爱集体为主线，围绕政治认同、家国情怀、文化素养、道德修养，挖掘出现阶段“旅游目的地管理”课程所蕴含的思政教育元素和融入点。教学方法是实现教学目标的重要手段，创新“旅游目的地管理”课程思政教学方法，在授课的过程中采用案例分析、任务教学法、翻转课堂等多种教学方法，并对相应的教学方法进行创新。

1. 案例教学

根据思政教学内容设计相对应的教学案例，将理论知识点和思政教育元素融入其中，教学的双方都融入课堂当中，在案例内容的引导下，师生相互交流，让学生认识到实践与理论的联系，提高思维能力、动手能力和解决问题的能力，同时促使学生的价值认同往积极的方向进行转变。例如，在学习旅游目的地生命周期理论知识点后，结合能透过现象抓住事物本质的哲学思维、可持续发展理念、创新学习等思政教育元素，设计宋城·宁乡炭河古城案例教学内容。首先讲解基础理论知识，让学生了解一个旅游目的地的生命周期，获得初步认识；其次，以失败的主题公园为例，讲解生命周期变化的原因；然后，引入全球主题公园集团十强企业——宋城集团，通过课前学生阅读案例，并查阅相关资料，课中分析其空间演变过程、集群成长战略，分析其可持续发展的重要影响因素；最后引导学生分析得出宋城集团的成功不仅仅取决于其高水平的商业运作模式，更与其掌门人的个人精神特质有关。经过本案例的学习体验，帮助学生在学习理论的同时，了解实践经过，增加实践经验，增强学生可持续发展的意识，使学生理解人是企业运作成功的第一大要素，了解伟大的理想、专注力、学习力和创新力对人生成长的重要性，激发学生刻苦学习的热情，养成持之以恒、勇于创新、知行合一的优良品质。

2. 任务教学

学生自主学习是课程思政教育的重要拓展，任务教学法的重点在于任务的布置和实现过程。通过任务驱动，让学生在某个内容范围内完成一个任务，激发学生主动参与学习，帮助学生在自主构建专业知识与技能的同时，体悟情感价值观。例如，在学习旅游目的地营销相关知识点后，设计“韶山红色旅游目的地的品牌与形象”的教学内容。首先让学生根据需求和兴趣成立不同的任务小组；其次由老师说明任务要求，根据韶山红色旅游目的地自身具体情况设计具有地方性的品牌与形象，并制作一份产品说明 PPT 进行汇报答辩；最后由各个小组之间进行互评。

3. 翻转课堂

将思想政治教育与翻转课堂教学相结合，提高学生的思想政治觉悟和旅游目的地管理能力，增强学生的自主学习能力和参与度。首先，教师在课前将思想政治教育的内容与“旅游目的地管理”课程的知识点相结合，选取具有思政价值的案例、故事或实践任务，融入课前准备材料中，制作包含思政元素的短视频；然后，选取具有思政意义的旅游目的地管理案例，教师在课堂上担任引导者的角色，让学生分析并讨论其中的思政元素和管理策略，引导学生深入思考和实践，确保思政教育与专业知识学习的有机结合，加深对课程思政内容的理解；最后，根据课程内容，布置与课程思政内容相关的作业，如撰写一篇“关于旅游目的地管理中如何体现社会主义核心价值观”的论文或报告，以巩固和拓展学生的思政知识与专业知识。

四、结束语

课程思政的实质就是要找到思政融入专业课程的思政资源，进行开发融合，实现融合教育。结合思政的核心要求，分析“旅游目的地管理”的课程思政实现路径，挖掘出现阶段“旅游目的地管理”中蕴含的思政教育元素和融入点，有计划、有重点、有步骤地开展教学活动，全员全方位全过程、循序渐进地实现“旅游目的地管理”课程的思政教学目标。开展课程思政教学改革主要执行主体就是教师，作为专业教师必须提升自身的思想政治教育责任意识，切实提高自己开展思想政治教育的素质和能力，带头践行社会主义核心价值观，增强课程的理论厚度、思想深度和情感温度，自觉将思政教育融入“旅游目的地管理”课程教学中，找到新的思政融合的育人手段，使教学过程更具和谐、深度以及温度，让学生在潜移默化中受到思政的熏陶。

参考文献：

[1] 魏红．新商科人才培养模式研究 [J]. 科教导刊 ,2022(34):69-72.

[2] 徐祖莺，杨卉．基于“OBE+BOPPPS”理念的《旅游目的地管理》课程教学改革与实践 [J]. 产业与科技论坛 ,2023,22(19):174−175.

[3] 徐海东，倪鹏飞．城市在旅游与休闲中提升竞争力 [J]. 旅游学刊 ,2023,38(7):1−4.

[4] 李晓云，李晓晓．旅游目的地管理课程中混合式 BOPPPS 教学模式应用研究 [J]. 武汉职业技术学院学报 ,2023,22(2):63−69.

[5] 仲建兰．“旅游目的地管理”实施课程思政的路径与方法研究 [J]. 福建开放大学学报 ,2022(4):19−23.

[6] 黄华芝，刘建军，丁莉．新业态背景下“旅游目的地管理”课程教学改革探索 [J]. 兴义民族师范学院学报 ,2022(1):79−82.

[7] 和青芳．应用型本科酒店管理专业“产教融合、校企合作”人才培养模式的创新研究 [J]. 就业与保障 ,2022(6):31−33.

[8] 王兆杰，谭燕瑜．课程思政融入“旅游目的地管理”教学的探索与实践 [J]. 大学 ,2020(45):133−136.

新商科背景下“旅游接待业管理”课程教学模式改革

2019年，教育部、科技部等部门启动实施“六卓越一拔尖”计划2.0，对提高文、理、工、农、医、教等领域人才培养质量做出了具体安排和要求，以推动高等教育内涵式发展，加快形成内涵丰富、特色鲜明的高等教育体系。数字经济时代，急需一场教育范式的革命，“新商科”概念应运而生。教育部副部长吴岩指出，高等教育创新发展势在必行，要全面推进“新工科、新医科、新农科、新文科”建设。“新商科”是在“新文科”理念下开展经济管理类教育的新概念，“新商科”的内涵包括融合现代新技术，培养跨学科复合型人才，以适应科技、社会和经济带来的新挑战，“新商科”突出中国理论与方法的商学教育，着力构建中国特色的话语体系，用中国理论解释中国现象、解决中国问题、指导中国的经济发展实践。

在互联网技术高度发展的今天，旅游业发展的理念、模式、管理内容和经营技术等均发生了重大的变革，旅游接待业作为一个综合性产业，涉及的业务范围广泛，包括景区、酒店、旅行社、邮轮等多个方面，在新的商业环境下，需要对各项业务进行精细化管理，关注业务风险的防范和控制，提高业务效率和盈利能力，确保业务的稳定性和可持续发展。在这样的背景下，传统“旅游接待业管理”的教学内容和方法均难以适应新时代旅游接待业管理人才的培养要求，以新商科专业和课程建设为基础进行“旅游接待业管理”教学模式改革具有极为重要的意义。

一、“旅游接待业管理”教学改革原因

新商科要求以行业为导向培养跨学科复合型人才。“旅游接待业管理”以旅游行业对人才的需求为导向，研究旅游企业的经营管理和市场营销行为，契合新商科以行业为导向的理念。随着互联网与信息技术的发展，旅游行业发展日新月异，现有的“旅游接待业管理”教材内容和教学体系已不能适应新时代的要求，主要体现如下：

1. 课程设置滞后

在新商业环境下，技术进步对旅游接待环境产生了显著影响，无人机、人工智能和大数据分析等技术的应用提高了旅游接待业的效率和服务质量，而“旅游接待业管理”教材内容陈旧，缺乏创新，一些“旅游接待业管理”课程的内容仍然停留在过去，未能及时反映行业变化与最新动态。

2. 教学方法落后

在“旅游接待业管理”教学过程中，教师不愿尝试新的教学手段和工具，主要采用讲授式的教学方式，单方面地向学生灌输理论知识，而学生则被动地接受，缺乏实际操作和实践的机会，导致教学效果不佳，学生的学习兴趣和积极性不高。

3. 实践教学不足

实践教学是“旅游接待业管理”教学改革的重要一环。通过实践教学，学生可以更好地将理论知识与实际工作相结合，提升解决实际问题的能力。然而，现实是实践教学资源有限，缺乏实践基地和设施，实践教学内容过于陈旧，未能及时跟上行业的发展趋势和市场需求的变化。

二、新商科背景下“旅游接待业管理”教学改革要求

1. 注重中国特色，融入思政元素

自 1978 年中国开始实行改革开放政策，旅游接待业的发展经历了起步阶段（1978—1985 年）、快速发展阶段（1986—1995 年）、国际化阶段（1996—2005 年）、转型升级阶段（2006 年至今）共四个阶段，每个阶段都有其独特的特点和背景。总的来说，中国旅游接待业的发展是一个不断探索和实践的过程。“旅游接待业管理”课程与众多的经济管理类课程一样，随着中国旅游经济的发展也在不断更新和完善，以适应旅游市场的变化和需求。1980 年，浙江大学创办了旅游管理本科专业，旅游管理专业教学更多的是引进西方旅游相关理论和案例，忽略了中国传统文化以及现代中国特色的旅游业实践的研究。“新商科”背景下的“旅游接待业管理”教学应引导学生在了解西方旅游理论和经典案例的同时，着力研究中国旅游企业的管理模式和经营特点，发展和完善中国特色的旅游理论，构建中国特色的话语体系，并用中国理论解释中国现象、解决中国问题、指导中国旅游接待业发展实践。因此，需要在教学过程中穿插中国传统文化元素，同时，除西方经典案例外，更多地采用中国案例，特别是学生熟悉的中国旅游接待案例，使学生有身临其境的感觉。

旅游接待业的发展对于一个国家或地区的经济、社会和文化发展具有重要影响，与民众的生活水平和质量息息相关。旅游接待业更多的是服务于各地游客，旅游活动应以健康、安全、文明、环保为前提，提高旅游者的幸福感与获得感，促进区域经济的发展，服务社会，以绿色营销、节能环保为理念，注重服务质量和游客安全，在服务过程中，要确保游客的人身安全和财产安全，提供符合标准的服务和产品，不断改进服务质量，提升游客的满意度和忠诚度。在“旅游接待业管理”教学过程中，以方便游客、服务社会为理念，加强社会主义核心价值观教育，引导学生树立大局观，进行有中国特色的旅游企业社会使命、组织文化及价值观建设的研究和探讨，深入研究旅游消费者的需求特点，聚焦便利和体验，

注重营销伦理和道德，贯彻绿色营销理念。

2. 改进教学方式，培养双创思维

当前，互联网、大数据、人工智能等技术正在改变人们的生活方式和商业模式，学生应积极主动学习和掌握相关技术，以适应商界的转型升级。传统商科教育以职能为导向培养专门人才。新商科教育回应技术创新和社会变革，以行业导向培养跨学科复合型人才，如财富管理、金融科技、云营销等，“旅游接待业管理”契合了新商科以行业为导向的思想。然而，在旅游接待业发展的过程中，形成了满足各类不同需求的业态模式以及相应的经营管理方式，旅游接待业态创新的影响力巨大。为了使学生在有限的课程教学中，不仅能系统掌握旅游接待业管理的基本知识，把握旅游领域最新思想和行业发展动态，而且能熟练掌握各类旅游业态的经营特点和管理方式，基于旅游业态为导向对学生进行分组，通过案例研究和模拟实践训练，掌握旅游接待行业各业态的实践技能，触类旁通，引导和帮助学生掌握旅游接待基本理论和相关技术，培养双创思维。

3. 完善教学资源，培养跨文化交流能力

随着全球化的加速和旅游业的国际化发展，跨文化交流能力在旅游接待业管理中变得越来越重要，具备跨文化交流能力的旅游接待人员能够更好地理解游客的需求和期望，能为游客提供更加个性化和贴心的服务。在新商科背景下，培养跨文化交流能力对于旅游接待业管理至关重要，具备跨文化交流能力的人才拥有国际化视野，能更好地促进文化交流与传播，适应全球化发展趋势，为游客提供个性化与多元化旅游需求，因此“旅游接待业管理”教学改革应注重培养学生的跨文化交流能力。优化“旅游接待业管理”教材内容，针对不同地区游客文化背景、宗教信仰、风俗习惯，增加跨文化沟通技巧、国际礼仪与习俗等方面的内容教学，提高学生的跨文化沟通能力，运用案例分析、角色扮演、模拟实践等方式，让学生在实际操作中掌握跨文化交流的技巧和方法，培养学生的团队协作能力。同时，与国际旅游企业合作，为学生提供实地考察和实习的机会，让学生能亲身感受不同文化背景下的旅游接待服务。

4. 强化实践教学，提高管理沟通能力

在“旅游接待业管理”课程中，实践教学是非常重要的环节。一是学生有机会与不同背景的游客交流，了解他们的生活方式和价值观，有助于学生了解不同游客间的差异，培养学生对不同文化的尊重与包容心态；二是社会实践可以让学生参与到当地社区的活动中，通过参与社区的实践活动，学生能更好地理解当地人民的价值观念和生活方式，从而实现对学生的管理与沟通能力的培养。

三、新商科背景下“旅游接待业管理”教学内容改革

教学内容的改革是各学科课程建设的关键，“旅游接待业管理”课程是旅游管理专业的一门基础核心课程，主要包括旅游接待业基本概念，旅游接待业的管理理念，传统、新型及跨界旅游接待业务管理，顾客关系管理，服务质量管理，管理信息系统，品牌战略管理以及服务管理创新等几个方面内容。通过本课程的学习使学生能运用业务管理、顾客关系管理、服务质量管理、品牌战略管理等相关基础理论与知识，解决酒店管理、旅行社管理等工作中遇到的问题，培养学生分析和解决问题的能力，从而更好地适应现代旅游接待业发展的要求。但由于我国现代旅游业起步于改革开放之后，早期的旅游教育主要是借鉴西方的教育模式和教学方法，引入国际化的教材和教学资源，加强与国际旅游教育界的交流与合作，在一定程度上促进了我国旅游接待业的发展，但是，我国旅游教育也需要结合我国的实际情况和文化特色，注重培养学生的本土文化素养和跨文化交流能力。“旅游接待业管理”课程应反映新商科背景下鲜活的旅游接待业创新带来的知识更新与技术变革，但如前文所述，长期以来，“旅游接待业管理”教学更多的是引进西方相关理论和案例，其与中国特色的接待文化和现代先进的旅游行业技术革新产生了较大的脱节，体现在知识结构上无论是纵向开掘还是横向延伸拓展，都未跳出旧的框架。一些高校局限于培养方案的课时要求，开设“旅游接待业管理”课程时，侧重于对国外特色的接待文化的学习与研究，忽略了对中国特色的接待文化引导与学习。

基于以上问题，结合旅游行业的特点、现有的旅游接待业与旅游接待业管理方面教材的内容以及相关实例，新商科背景下“旅游接待业管理”教学内容改革可以从以下几个方面入手：

1. 结合时代特点的“旅游接待业管理”课程教学体系安排

“旅游接待业管理”课程整体内容可分为旅游接待业概述、旅游接待业务管理以及旅游接待业发展趋势与策略三大模块，其中概述部分除介绍旅游接待业的基本知识、概念和发展历程以外，应增加跨文化交流的重要性、不同文化背景下的旅游接待业的主要产品和服务等相关基本知识的介绍；旅游接待业务管理部分除介绍旅游接待业务的前台管理、客房服务管理、餐饮服务管理、导游服务管理等内容外，应引导学生面对新商科背景下的旅游接待业，需要更加注重消费者的个性化需求，介绍应该如何深入了解消费者的需求和偏好，建立完善的客户信息数据库，为游客提供更加个性化、定制化的服务，以满足消费者的需求；旅游接待业发展趋势与策略部分除探讨旅游接待业未来的发展趋势、应对策略、技术变革、市场竞争、可持续发展等议题外，还应介绍旅游接待企业如何制定和实施发展战略，提升企业核心竞争力等方面的知识。通过以上安排，将反映新的时代特色的旅游接待业管理相关思想和内容穿插到课程各章节教学中，同时自然融入中国文化与思政元素。

2. 案例赋能各部分知识体系的横向延展

无论是传统的旅游接待业理论还是新商科背景下的旅游接待业管理相关内容，其知识体系均较为丰富，单纯依赖于传统的理论讲授方式，不仅会占用大量宝贵的课堂时间，更可能因缺乏互动与实践而削弱学生的学习兴趣与积极性，因此在本课程教学过程中，老师对每个章节的内容以问题为导向对学生进行学习引导，学生通过自主的案例研究进行本章节旅游接待业管理知识体系的横向延展。例如老师在介绍主要产品和服务时，新商科背景下旅游接待业管理发展趋势与策略就可以由学生从信息技术、数字经济等发展趋势中归纳出来。

3. 综合实训赋能旅游接待业管理知识体系的纵向开掘

读万卷书不如行万里路，实践出真知，纯理论教学会让学生兴致缺乏，案例研究也无法使学生产生切身的体会，而引导学生进行相应的模拟实训能够使学生对旅游企业的经营过程产生更为直观的感知。例如通过角色扮演的方式，模拟旅游接待服务中的各种场景，如前台接待、客房服务、导游服务等，让学生亲身体验并了解服务流程、服务标准和客户需求等，深入各种旅游企业进行现场调研与服务标准制定、服务流程策划，模拟实训，纵向开掘学生的旅游接待业管理知识体系，激发学生主动运用旅游课程的知识点，积极主动查找相关资料，提高学生双创的热情。

四、新商科背景下“旅游接待业管理”教学方式改革

1. 理论教学方式改革

课堂讲授是理论教学的主要教学方式，在授课的过程中，让学生参与到课程教学中来，一方面，创新教学方式，多采用启发式教学法，避免单纯灌输理论知识的方式，多采用提问和分析的方式，循序渐进地诱导、启发、鼓励学生对问题和现象进行思考、讨论，再由教师总结、答疑，做到深入浅出、留有余地，给学生深入思考和进一步学习的空间，同时提高学生的学习主动性与积极性；另一方面，设立一定的主题，采用翻转课堂，将讲授的主体换成学生，翻转课堂使学生变被动听课为主动参与，既有利于提高学生学习的积极性、主动性，培养学生表达能力，也有利于培养与训练学生分析问题、解决问题的能力。

2. 案例教学方式改革

案例教学是本课程的特色，可以调动学生的学习积极性，使学生有一种身临其境的感觉。“旅游接待业管理”课程的案例教学首先应重视案例的选择，根据学习过程分阶段选择合适的案例：初期使用优秀案例分享进行基础知识构建，让学生熟练把握一些中外经典案例的经营特点与成功经验；中期引入国际国内实时热点事件，利用管理诊断方法进行思

维训练，将一些新业态、新模式和经营方式等融入课堂；后期则选择一些综合性实例提升学生知识架构，在管理诊断的基础上培养学生服务质量提升策划的能力，这些案例可以来源于线上线下。各类出版物中现成的案例，由于时效性、地域性等限制，在“旅游接待业管理”课堂教学中真正能够采用的并不多，因此，从学生实际出发，结合社会发展，自行编撰案例库，同时，为了增加学生的学习兴趣，积极鼓励学生从各种渠道进行自主的案例收集整理，学生自主编撰案例更能提高其学习的积极性，加深其对新商科背景下“旅游接待业管理”专业知识的理解。

3. 实践教学方式改革

实践教学是“旅游接待业管理”教学的一个重点内容，主要包括阶段性实训和课程综合实训，让学生更好地掌握旅游接待实际操作技能，提高解决实际问题的能力。加强实践教学环节，增加实践教学的比重，引导学生积极参与实践活动，提高实际操作能力，在教学过程中采用以下几种方式：①建立旅游接待业实训室，为学生提供模拟实训环境，在模拟实践中掌握实际操作技能；②与旅游企业合作，建立校外实习基地，为学生提供实地实习的机会，在实际工作环境中锻炼自己的能力；③布置与实际相结合的课程设计任务，引导学生运用所学知识解决实际问题，提高实际操作能力和创新能力；④与企业合作开展项目，将企业资源引入课堂，让学生参与到实际项目中，了解企业需求和行业发展趋势。

4. 评价体系改革

传统的评价体系往往只注重学生的考试成绩，而忽略了对学生综合素质的评价。在新商科背景下，“旅游接待业管理”教学改革应构建多元化的评价体系，运用“过程评价＋结果评价＋自我评价＋小组互评”的方式，构建多元化的评价体系，全面评价学生的知识、技能、态度等方面的综合素质，为学生未来的职业发展提供有力的支持，多元化的评价体系有助于提高学生的学习积极性和主动性，促进学生的全面发展。

参考文献：

[1] 沈玖玖，许守英．新文科建设背景下高校文科生数据素养服务需求分析[J]. 现代情报，2022,42(5):110−120+159.

[2] 袁党梅．新商科视角下《零售学》课程教学改革探讨[J]. 产业与科技论坛，2023,22(12):171−172.

[3] 石培华，翟燕霞．改革开放以来的中国旅游业：演进历程、伟大成就及经验模式——基于WSR系统方法论视角[J]. 西南民族大学学报（人文社会科学版），2022,43(1):23−35.

[4] 苏飏．智能财务时代下新商科人才数商能力培养分析[J]. 教育教学论坛，2023(41):169−172.

[5] 侯志强 . 旅游城市经营的理论与实证研究 [D]. 天津：天津大学 ,2008.

[6] 孙九霞 , 王思雅 . 旅游哲学视角下的乡村振兴与城乡融合 [J]. 旅游导刊 ,2023,7(6):22−36.

[7] 杨宁 . 大数据背景下协同培养新商科人才模式探索 [J]. 现代交际 ,2021(3):115−117.

[8] 谭启鸿 . 应用型本科高校“旅游接待业”课程教学模式改革 [J]. 黑龙江教育 (理论与实践),2024(1):70−73.

[9] 付春燕 , 孙新 , 邹品佳等 .“OBE+ 新文科”背景下“旅游接待业”知识体系重构方法探析 [J]. 西部旅游 ,2022(18):78−80.

[10] 刘祥恒 , 李德明 , 王娟等 .SPOC 混合式教学模式在“旅游接待业”课程中的应用研究 [J]. 池州学院学报 ,2021,35(6):123−127.

“旅游消费者行为学”教学改革与创新

随着信息技术的不断发展，尤其是互联网、移动设备和人工智能的普及，旅游业正迅速向数字化和智能化转型，在线预订、虚拟现实（VR）体验、智能导游和个性化推荐等创新应用不断涌现，为游客提供了更加便捷和个性化的服务。旅游业是一个高度动态和变化的行业，新的旅游目的地、旅游产品和服务不断涌现。面对旅游新业态，对于旅游管理专业学生而言，双创能力的培养尤为重要，一方面，传统的旅游模式在不断被打破和重塑，双创能力有助于旅游管理专业学生更好地适应旅游业快速发展的趋势，具备双创能力的学生能够敏锐地捕捉到这些变化，并快速适应新的市场环境和需求；另一方面，双创能力是旅游管理专业学生提升个人竞争力和实现职业发展的重要保障，在竞争激烈的就业市场中，具备双创能力的学生更容易脱颖而出，受到企业的青睐，他们不仅能够胜任传统的旅游管理工作，还能够通过创新和创业，实现个人价值的最大化。同时，双创能力还能够培养学生的团队协作、沟通能力等综合素质，提升他们在职业发展中的竞争力。双创能力的培养能够促进旅游管理专业学生的全面发展，在双创教育的过程中，学生需要综合运用所学的知识和技能，解决实际问题和应对创新挑战，提升实践能力和创新思维，培养自己的领导力、团队协作精神和社会责任感等，实现全面而均衡的发展。

一、“旅游消费者行为学”教学内容分析

1. 课程定位

“旅游消费者行为学”是以旅游消费者为研究对象，深入剖析旅游消费者在旅游活动中的需求、动机、感知、态度、决策和行为等方面的规律与特点，属于旅游管理专业中的一门核心课程，它专注于研究旅游消费者的决策过程、行为模式和心理机制，帮助学生深入了解旅游消费者的需求、动机和决策过程，培养学生分析和预测旅游消费者行为的能力，以便更好地服务于旅游业的发展。通过本课程学习，培养学生研究旅游消费者行为的兴趣和热情，着重培养学生的独立思考和双创能力，让学生认识到学习和研究旅游消费者行为对于旅游业发展的重要性，树立正确的职业观和价值观。

2. 教学内容

“旅游消费者行为学”是一门针对旅游领域消费者行为研究的专业理论课，综合运用了心理学、社会学、经济学、营销学等多学科的理论和方法，主要教学内容包括十三章，课程深入剖析旅游消费者行为的各个方面，包括需求动机、决策过程、信息搜寻、购买行

为以及消费后的评价等相关内容，通过生动的案例、详细的数据和深入的分析，引导学生发现旅游消费者行为的奥秘和魅力，从而激发学生对旅游消费行为的研究兴趣，旨在培养学生的理论素养、市场洞察能力、分析与解决问题能力、实践操作能力以及创新与创业精神等多方面的能力和素质，为学生未来的职业发展奠定坚实的基础。具体教学内容如表 1 所示。

表 1 “旅游消费者行为学”教学内容

主要教学内容	专业知识	知识与能力目标
第一章 旅游消费者行为概论	1. 旅游消费者行为的概念 2. 旅游消费者行为的特点 3. 旅游消费者行为研究的历史 4. 旅游消费者行为的基础理论 5. 旅游消费者行为的研究方法 6. 研究旅游消费者行为学的意义	1. 理解旅游消费者行为的基本概念与特点 2. 了解旅游消费者行为研究的历史 3. 理解旅游消费者行为的基础理论 4. 熟悉旅游消费者行为的研究方法
第二章 旅游消费者感知	1. 旅游消费者感觉 2. 旅游消费者知觉 3. 旅游消费者感知的影响因素 4. 旅游消费者目的地感知 5. 基于旅游消费者感知的营销策略	1. 掌握旅游消费者感知的基本概念、原理和理论 2. 理解旅游消费者感知过程的心理机制 3. 识别并分析影响旅游消费者感知的各种因素 4. 学会运用旅游消费者感知理论来指导旅游产品的设计、开发、营销和服务改进
第三章 旅游消费者动机	1. 旅游消费者需要 2. 旅游消费者动机产生、特点及经典理论 3. 旅游消费者动机的影响因素 4. 旅游消费者动机的激发	1. 掌握旅游消费者动机的基本概念、分类及其在旅游决策过程中的作用 2. 了解不同旅游消费者动机的心理学基础和社会文化影响因素 3. 认识旅游消费者动机与旅游产品类型、旅游目的地选择之间的关系
第四章 旅游消费者情绪情感	1. 情绪情感概述 2. 旅游消费者的情绪情感 3. 基于旅游消费者情绪情感的营销与服务策略	1. 理解情绪和情感的概念 2. 熟悉情绪和情感的类型 3. 学生能够分析影响旅游消费者情绪情感的外部因素和内部因素 4. 理解情绪和情感对旅游行为的影响
第五章 旅游消费者态度	1. 旅游消费者态度概述 2. 旅游消费者态度形成与改变的基础理论 3. 旅游消费者态度的影响因素 4. 改变旅游消费者态度的策略	1. 理解旅游消费者态度的概念 2. 掌握旅游消费者态度的构成要素 3. 熟悉旅游消费者态度的形成与改变过程

续表

主要教学内容	专业知识	知识与能力目标
第六章 社会环境因素与旅游消费者行为	1. 参照群体与旅游消费者行为 2. 社会阶层与旅游消费者行为 3. 社会交往与旅游消费者行为 4. 家庭与旅游消费者行为 5. 基于社会环境因素的旅游营销	1. 理解社会环境因素的概念 2. 熟悉不同类型的参照群体（如主要群体、次要群体、渴望群体等）对旅游消费者行为的影响 3. 熟悉社会阶层对旅游消费者行为的影响 4. 掌握社会交往、家庭如何影响旅游消费者的决策过程、旅游体验和消费行为 5. 掌握基于社会环境因素的旅游市场细分、目标市场选择和定位策略
第七章 文化和经济因素与旅游消费者行为	1. 文化与旅游消费者行为 2. 亚文化与旅游消费者行为 3. 经济状况与旅游消费者行为 4. 基于文化与经济因素的旅游营销	1. 掌握文化价值观、宗教信仰、风俗习惯等如何影响旅游消费者的决策和选择 2. 掌握经济因素如何与旅游消费者行为相互作用，影响旅游市场的需求和供给
第八章 旅游消费者购买决策	1. 旅游消费者购买决策概述 2. 旅游消费者对旅游目的地的选择 3. 基于旅游消费者购买决策的营销	1. 掌握影响旅游消费者购买决策的主要因素，如个人因素、心理因素、社会因素等 2. 熟悉旅游消费者对不同类型的旅游目的地的偏好和选择标准 3. 理解旅游营销与旅游消费者购买决策的关系
第九章 旅游消费者体验	1. 旅游消费者体验概述 2. 旅游体验对旅游者的影响 3. 旅游体验营销	1. 理解旅游消费者体验的概念 2. 理解旅游体验对旅游者满意度和忠诚度的影响 3. 熟悉旅游体验营销的策略和方法
第十章 旅游消费者满意度	1. 旅游消费者满意度概述 2. 旅游者满意度的影响因素 3. 旅游者满意度测量与旅游服务管理	1. 熟悉旅游消费者满意度与旅游消费者行为的关系 2. 熟悉旅游者满意度的主要影响因素 3. 掌握通过满意度测量提升旅游服务质量和竞争力的策略
第十一章 旅游消费者忠诚度	1. 旅游消费者忠诚度概述 2. 旅游消费者忠诚度测量 3. 旅游消费者忠诚度的影响因素 4. 基于旅游消费者忠诚度的旅游营销	1. 掌握旅游消费者忠诚度的类型和表现形式 2. 了解测量旅游消费者忠诚度的方法和工具 3. 熟悉影响旅游消费者忠诚度的主要因素 4. 掌握如何通过忠诚度营销提高旅游消费者的留存率和复购率

续表

主要教学内容	专业知识	知识与能力目标
第十二章 旅游消费者行为跨文化比较	1. 跨文化比较概述 2. 旅游消费者行为的跨文化比较 3. 跨文化旅游营销	1. 掌握跨文化比较在旅游、营销等领域的应用 2. 理解旅游消费者行为在不同文化背景下的差异 3. 能够分析不同文化背景下旅游消费者的需求和偏好
第十三章 全球消费趋势与中国特色旅游消费行为	1. 全球消费趋势 2. 中国特色的消费行为 3. 中国特色的旅游消费行为 4. 基于全球消费趋势的中国出境旅游营销	1. 掌握全球消费趋势的主要特点，如数字化、个性化、环保化等 2. 理解中国特色消费行为的形成背景和文化因素 3. 掌握中国特色旅游消费行为的主要影响因素 4. 理解全球消费趋势如何影响中国出境旅游市场

3. 教学方法

在传统的课程教学中，教师与学生通常处于单边传授与被动接受的“不平等”状态，两者在平等交流和沟通过程中存在着不同程度的欠缺。在“旅游消费者行为学”教学过程中，通常采用案例分析法、角色扮演法、调查研究法、小组讨论法、讲座与演示法等方法进行教学，这些教学方法各有优缺点，比如案例分析法优点是以真实案例为基础，能增强学生的学习兴趣和参与度，帮助学生理解抽象概念，提高理论知识的应用能力，培养学生的批判性思维和问题解决能力；缺点是案例的选择可能受到教师主观因素的影响，分析结果有可能存在误差，同时，分析过程可能耗时较长，从而影响教学进度。

二、双创能力导向的“旅游消费者行为学”教学改革

1. 教学内容的优化与更新

为了培养旅游管理专业学生的双创能力，在新商科背景下，对“旅游消费者行为学”的教学内容进行相应的优化与更新。①引入前沿理论与技术，介绍最新的消费者行为理论，如数字化时代的消费者行为、社交媒体对旅游消费者行为的影响等，在授课的过程中，介绍如何运用数据分析技术，研究旅游消费者行为，教授学生使用数据分析工具，如 Python 语言、R 语言等进行数据挖掘，运用挖掘到的旅游消费者行为数据，分析旅游消费者的行为，洞察旅游消费者行为模式；②通过引入创新创业案例、强化实践与项目导向、鼓励批判性思维与创新思考、关注新兴技术与旅游消费者行为的结合、培养跨学科视野以及建立

与业界的紧密联系等措施，激发学生的创新思维和创业精神，为学生的未来发展奠定坚实的基础；③融合创新创业元素，进行创新思维训练与创业实战，鼓励学生分组进行头脑风暴，针对旅游消费者行为的某个方面提出创新点子，每个团队展示自己的创意，并进行互评，讨论其潜在的市场价值和可行性，布置与旅游消费者行为相关的创意实践项目，鼓励学生进行创业项目实战。

2. 教学方法的创新与实践

在“旅游消费者行为学”课程中实施成果导向式教学方法，注重教学方法的创新与实践，具体实施步骤如下：

（1）创新教学模式

根据“旅游消费者行为学”教材知识点，精心设计各种相关问题，想办法如何将枯燥乏味的理论知识变得更加通俗易懂，让学生对这些理论知识的学习感兴趣，引导学生积极思考和解答，参与课堂教学，活跃课堂氛围，调动学生学习的积极性和主动性。在教学实践中，探索出“三二四”教学模式，即“学生分享（约 30 分钟）+ 讨论交流（约 20 分钟）+ 教师讲解（约 40 分钟）”，这种“三二四”教学模式营造了一个互动、参与和启发式的学习环境，有助于提升学生的学习效果。

（2）创新教学方法

积极尝试采用微课、慕课、网络在线学习、对分课堂、翻转课堂等新的教学方法与手段，提高课程教学信息化水平，引导激发学生课堂学习兴趣。主要利用“超星平台 + 学习通 + 微信群 + 雨课堂”等方式进行在线教学和交流互动，归纳起来主要采用以下几种方法：①线上录播 + 线上辅导。充分利用信息技术开展教学模式改革，全面提升课程创新性、高阶性和挑战度（两性一度），以课堂教学改革促进学习革命，利用慕课视频和 EV 录屏软件边讲述教学内容边播放 PPT，将讲课过程录制成速课，提交到学校超星网络教学平台供学生线上自学，同时教师进行线上辅导，线上辅导包括在线作业、在线答疑、在线讨论等，增强学生学习的自主性；②任务驱动法。根据课程教学目标，构建若干教学项目，根据每个教学项目设计若干学习任务，学生带着任务在课外查阅资料、思考问题、执行任务，并将结果做成 PPT 在课堂上汇报讲解，实现“做中学、学中做”的教学模式；③案例教学法。教师在线上提供丰富的案例，先让学生观看、思考、讨论，最后归纳总结，透过案例教学，把旅游行业的信息、社会的热点融入课堂，由浅入深、由表及里，注重学生职业情感培养，使教学内容有温度、厚度、深度和热度；④小组讨论法。利用微信群聊自由组合成讨论小组进行分组讨论，结合时下热点讨论课程内容，捕捉旅游行业信息，创设职业情境，体现地方特色，让学生感受“我会学，我能做，我运用，我创新”，激发学生的兴趣和热情。

3. 创新教学手段

教学手段是围绕实现教学目标而开展教学活动的手段，是教学活动得以有效开展的必不可少的重要组成部分。为了培养学生的双创能力，提升教学效果，设计了“旅游消费者行为学”教学模式（图 1）。

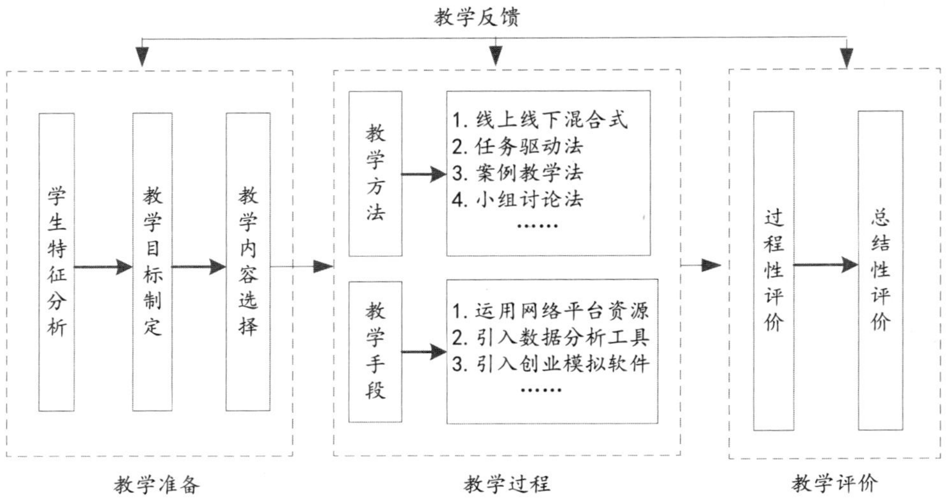

图 1 “旅游消费者行为学”教学模式设计

在“旅游消费者行为学”教学过程中，为了保证教学效果，主要做了以下工作：一是充分搜集和利用各种网络平台上的优质教学资源，从中国大学 MOOC（慕课）、学习通、智慧树和一些专业强势大学的官方网站等网络平台搜集一些优质教学资源，然后推荐给学生学习，解决学生课程自学教学资源缺乏的“难点”，既方便学习成绩好的学生提前预习，也方便成绩落后的同学反复学习；二是引入数据分析工具，如 Python 语言、R 语言等，教授学生如何使用这些编程语言对旅游消费者行为数据进行收集、处理和分析，从而洞察消费者行为模式和趋势，为旅游企业的营销决策提供数据支撑；三是融合科技手段以促进学生双创能力的培养，引入创业模拟软件，让学生在虚拟环境中模拟创办旅游企业的全过程，培养他们的双创能力，建立旅游消费者行为创新实验室，配备相关科技设备，支持学生进行创新实验和研究；四是对教学效果进行评价，综合考虑学生的参与度、课程内容掌握度、实践能力提升度、双创能力培养以及教学效率等多个方面对教学效果进行科学的评价。

4. 实践教学体系的强化

调整理论教学内容，夯实以能力培养为主导的实践教学环节，注重多样化教学方法的合理运用。在“旅游消费者行为学”中实施成果导向式教学，培养学生自主学习能力和综合实践能力。具体来讲，可将实践教学分为体验性实践教学与应用性实践教学两类：

（1）体验性实践教学

在“旅游消费者行为学”课程中实施成果导向式教学，需要在以教师为主、以案例为工具的已有实践教学方式的基础上，增设真正具有体验性的实践教学方式。一是案例体验，根据现实旅游企业在实践中已发生的或提前设定的情境或问题所形成的案例，设计旅游消费场景，引导学生积极主动地参与、思考和解决案例中的当事人所面临的问题，考虑到学生的生源地、文化背景等差异，案例一般选择当地或本区域范围内，提高学生在案例体验中的情境认同感；二是角色体验，按照事先设计的旅游消费行为“剧本”，分别安排学生扮演旅游消费场景中的销售员、消费者、管理者等角色，模拟旅游消费环节、旅游消费决策过程、旅游消费购后评价等场景，由学生和教师对参与扮演的学生在旅游消费场景中所体验角色的任务完成情况进行评议、给予建议；三是观察体验，指处于第三者的立场上客观地观察旅游消费者的消费行为过程，记录、分析旅游消费行为特点的方法，在“旅游消费者行为学”中运用实际消费体验，事先确定观察体验主题，依据消费者的生理特征、心理特征、社会特征等变量，学生在指导老师带领下，分组到旅行社、饭店、旅游景区等旅游消费行为实际发生地，观察不同类型旅游消费者的消费决策过程，将特定类型旅游消费者行为的特征及其影响因素通过体验报告形式进行总结，以便评估该项观察体验的学习效果；四是实际消费体验，在“旅游消费者行为学”教学过程中运用实际消费体验，将学生划分为若干组，针对不同的旅游消费体验主题为每组分别设定体验内容和体验环节，在学生完成旅游消费体验过程后形成书面体验报告，并口头汇报在旅游消费中的实际体会，由教师结合相关理论并依据相关知识、能力和素质等指标对学生体验结果进行评价。

（2）应用性实践教学

在“旅游消费者行为学”课程中运用应用性实践教学，具体步骤如下：①确定教学目标。根据“旅游消费者行为学”课程目标和教学大纲，明确应用性实践教学的目标和要求，并结合当前旅游消费者行为的最新趋势、当地实际情况以及学生的兴趣和需求，提出一系列具有实际应用价值的选题；②分组与选题。将学生分成若干小组，每组人数适中，确保每个学生都能充分参与，每组学生从给定的选题中选择一个心仪的选题，也可以自行提出与旅游消费者行为相关的选题，经教师审核后确定；③设计研究方案。学生小组根据所选题目，自主设计研究思路、研究步骤和研究方法，教师在此过程中提供必要的指导和建议，确保研究方案的合理性和可行性；④实施调查与分析。学生小组根据研究方案，通过实地调查、问卷调查、访谈等收集数据，并对收集到的数据进行整理、分析和解读，形成初步的研究结果；⑤撰写研究报告。学生小组将研究结果整理成研究报告，报告内容应包括研究背景、研究目的、研究方法、数据分析和结论等部分，撰写的报告要求逻辑清晰、条理分明，能够充分体现研究过程和成果；⑥成果展示与讨论。每组学生选派代表在课堂上进行成果展示，汇报研究过程和结果，其他学生和教师提问和讨论，进一步深入探究相关问题和观点；⑦评价与反馈。教师根据研究报告的质量、学生展示的表现以及课堂讨论的情况，对每一小组选题完成情况进行评价，综合考虑学生的理论知识掌握情况、实践操作能力、团队协作精神和创新能力等方面给出评价结果，并给予学生反馈和建议，帮助学生改进和提高。

三、双创能力导向的“旅游消费者行为学”教学创新策略

在当今快速发展的旅游行业中，培养具备双创能力的旅游专业人才显得尤为必要。为了培养旅游管理专业学生的双创能力，需要从多方入手进行教学创新，培养出真正具备双创能力的旅游管理专业人才，为旅游行业的发展注入新的血液。

1. 强化理论与实践的结合

传统的“旅游消费者行为学”教学往往侧重于理论知识的传授，缺乏实践环节的应用。为了培养学生的双创能力，应当加强理论与实践的结合，具体要做好以下几点：一是对课程内容进行重构与拓展，除了传统的理论知识，还应引入最新的研究成果和实践案例，使学生了解该领域的最新动态和趋势；二是在课程内容中设置专门的实践环节，如实地考察、模拟实践等，让学生有机会将理论知识应用于实际消费情境中；三是与旅游企业建立合作关系，为学生提供实习机会和创业指导，更深入地了解旅游行业的运作和旅游消费者行为，同时积累实践经验，提升学生的实践能力和问题解决能力。

2. 引入创新创业元素

为了培养学生的双创能力，在教学中引入创新创业元素至关重要，具体实施如下：①在课程中增加旅游行业的双创案例，特别是与旅游消费者行为紧密相关的案例，通过分析这些案例，学生可以了解创新思维在旅游消费者行为研究中的应用，以及创业过程中可能面临的挑战与机遇；②教授学生如何通过分析旅游消费者行为趋势来识别创新创业机会，如探讨新兴消费群体、消费习惯的变化以及新技术对旅游消费者行为的影响，从而发现潜在的商机；③设计创业模拟游戏或实践活动，让学生在模拟环境中体验创业过程，学生可以组建团队，制定旅游产品或服务的创业计划，并进行市场调研、产品设计、营销策略制定等实际操作。通过以上措施的实施，可以有效地将创新创业元素融入“旅游消费者行为学”的教学全过程，培养学生的双创能力，不仅有助于提升课程的教学质量和效果，还能为学生的未来发展奠定坚实的基础。

3. 利用科技手段提升教学效果

利用科技手段提升“旅游消费者行为学”的教学效果，帮助学生更深入地理解理论知识，增强实践能力，并激发他们的创新精神和创业能力。在教学过程中，主要采用以下方法：一是利用在线学习平台，教师创建包含视频讲座、互动练习、在线测试等元素的互动课程，

让学生随时随地进行学习，同时增强学习的趣味性和参与度；二是采用虚拟现实（VR）技术，模拟真实的旅游场景，让学生在虚拟环境中体验旅游消费者的决策过程，帮助学生更直观地理解旅游消费者行为；三是有意引导学生运用大数据分析工具，对旅游消费者行为数据进行深入挖掘和分析，通过分析旅游消费数据，学生可以了解旅游消费者的需求、偏好和行为方式，为双创提供有力支持。在教学过程中发现，科技手段不仅可以提高学生的学习兴趣，还能帮助学生更好地理解和掌握旅游消费者行为。

4. 注重学生的个性化发展

每个学生都有自己的特点和优势，应当尊重学生的个性化发展，提供个性化的教学方案。个性化发展不仅能够满足学生的独特需求和兴趣，还能激发他们的学习动力和创新能力。注重学生的个性化发展，主要体现在以下方面：一是了解与尊重学生个体差异，通过制定灵活多样的教学计划，满足学生的不同需求，激发他们的学习兴趣和潜力；二是设计多样化的教学内容，将课程内容划分为不同的模块，允许学生根据自己的兴趣和需求选择学习的模块和进度，结合讲座、案例分析、小组讨论、角色扮演等多种教学方法，以满足不同学生的学习偏好；三是提供个性化的学习支持，为学生分配导师，负责提供个性化的学习指导和建议，帮助学生解决学习过程中的问题，同时，根据学生的需求和兴趣，推荐相关的书籍、文章、在线课程等学习资源，以丰富学生的学习内容；四是激发创新与个性化表达，鼓励学生根据自己的兴趣和创意，开展与“旅游消费者行为学”相关的创新项目，如设计新的旅游产品、提出新的营销策略等，并允许学生以自己喜欢的方式展示学习成果，如制作 PPT、录制视频、编写博客等，以激发学生的创新思维和表达能力。

5. 加强师资队伍建设

教师的素质和能力对于教学创新至关重要，加强师资队伍建设，要做好以下几点：一是提升教师整体素养，加强师德教育，培养教师具备高尚的职业道德和敬业精神，注重教师的思想政治素质和师德师风建设，鼓励教师参加相关学术交流，拓宽视野，更新知识，提高教育教学水平，设立教师发展基金，支持教师参加专业培训、进修和攻读高层次学位，提升教师的专业素养和学历层次；二是优化师资队伍结构，引进和培养高层次人才，特别是学术带头人和领军人才，提升师资队伍的整体水平，加强青年教师的培养，为青年教师提供科研和教学指导，促进他们快速成长，建立合理的师资梯队，形成老中青相结合的师资队伍，确保学科的可持续发展；三是强化团队合作与交流，建立教学团队和科研团队，鼓励教师之间的跨学科合作，共同开展教学和研究工作；四是创新师资培养模式，推行产学研结合的师资培养模式，鼓励教师参与企业实践和社会服务，提高教师的实践能力和社会适应能力，推广在线教学、混合式教学等新型教学模式，提高教师的教学技能和创新能力。

参考文献：

[1] 何小芊，刘宇．数字文旅的形成背景、驱动机制及发展路径 [J]. 市场论坛 ,2022(2):28−33+38.

[2] 张瑞林，金礼杰，王志文．中国滑雪产业与旅游产业融合发展的水平评估与影响因素 [J]. 首都体育学院学报 ,2024,36(1):1−11+42.

[3] 房欲飞．适应基层就业发展趋势的就业质量评价核心指标构建研究——基于问卷调查和访谈的思考与建议 [J]. 中国大学生就业 ,2021(1):34−40+64.

[4] 张利娟，雷佳．旅游类专业大学生就业核心竞争力的培育与提升 [J]. 西部旅游 ,2023(5):88−90.

[5] 荣浩．协同育人理念引领下成果导向式教学在“旅游消费者行为学”课程教学中的应用 [J]. 吉林省教育学院学报 ,2017,33(2):34−37.

[6] 黄睿，殷红卫．职业教育旅游管理专业课程思政建设内涵与融合教学模式探讨 [J]. 江苏高职教育 ,2022,22(5):73−78.

第三节　课程改革设计探讨

“旅游学概论”课程思政教学内容设计与教学方法探讨

百年大计在于教育，教育兴则国兴，教育是民族振兴、社会进步的基石。随着全球化的深入发展和数字经济的崛起，国家与国家之间的竞争已经演变为人才和科技的竞争。为贯彻落实《深化新时代教育评价改革总体方案》和《关于深化新时代教育督导体制机制改革的意见》，推进高校分类评价，改进本科教育教学评估，推动提高本科人才培养质量，2021年1月，教育部发布了新一轮《普通高等学校本科教育教学审核评估实施方案（2021—2025年）》[1]，在此背景下，课程思政建设已全面深度融入专业建设和课程建设的全过程。随着教育理念的更新和课程改革的推进，思政教育逐渐成为高等教育的重要组成部分，将思想政治教育融入专业课和通识课的教育实践活动，是实现立德树人根本任务的方法，属于教育教学理念的范畴。

“旅游学概论”不仅是旅游管理本科学生正式进入专业课程学习的启蒙课程，也是一门专业性与实践性极强的专业必修基础课程，旨在为学生提供关于旅游学科的整体知识和理论框架，在专业人才培养中具有基础性、系统性及理论性的作用。在“旅游学概论”中融入思政教育，既是对传统教学内容的丰富和拓展，也是培养学生综合素质和树立正确道德观念的重要途径。本文将深入探讨如何将思政教育元素有机融入“旅游学概论”的课程教学中，并针对教学内容和教学方法进行设计。

一、“旅游学概论”课程思政教学改革目标

“旅游学概论”课程思政教学改革的目标旨在培养具备综合素质的旅游管理专业人才，为旅游业的发展提供有力的人才保障。通过课程思政，可以达到以下目标：

1. 树立正确的三观

①培养学生形成开放包容的世界观。通过讲解旅游的发展历程和趋势，让学生认识到全球化背景下不同文化的交流与碰撞，引导学生尊重不同文化、宗教和习俗，培养学生跨

[1] 教育部关于印发《普通高等学校本科教育教学审核评估实施方案（2021—2025年）》的通知。

文化交流的能力和国际视野；②树立正确的人生观。在课程内容中融入优秀旅游从业者的案例，让学生认识到职业发展的道路和成功背后的努力与付出，通过与旅游行业专家的交流和实地考察，培养学生追求卓越、积极向上的精神品质；③树立正确的价值观。通过思政教育，强调诚信、责任、公德心等道德规范在旅游行业中的重要性，培养学生良好的职业道德素养和社会责任感，同时，通过弘扬爱国主义精神，培养学生的家国意识和民族自豪感。

2. 实现课程内容与思政教育有机融合

在教学过程中将专业教学融合到思想政治教育，深入挖掘“旅游学概论”课程内容中的思政教育元素，寻找到正确的结合点。抓住切入点，将“旅游学概论”课程内容与思政教育紧密联系起来，采用案例教学法、小组协作法、翻转课堂等多种教学方法来实现“旅游学概论”课程内容与思政教育的有机融合，真正做到“传道、授业、解惑”，培养出既具有专业技能又具备良好思政素养的优秀旅游管理专业人才。

3. 提升学生的职业素养和综合能力

高校要深化旅游管理专业教育教学改革，结合一流本科专业建设背景，全面搭建立德树人、创新创业的人才培育体系，在“旅游学概论”课程教学中，教师要结合国家社会经济的发展，关注行业前沿动态，及时引入新的教学内容，让学生了解旅游业的最新发展趋势和未来发展方向，拓展学生的视野，进一步树立双创的教学理念，加快课程思政建设，解决好专业教育和思政教育不相对的问题，为未来的旅游行业发展提供高素质的旅游管理专业人才。

二、“旅游学概论”课程思政教学内容设计

1. “旅游学概论”课程思政元素挖掘

“旅游学概论”教材中蕴含着丰富的思政教育元素，首先参考“旅游学概论”现有教材，分为学科基础篇、旅游系统篇和旅游管理篇三大教学模块，其中学科基础篇有两章，旅游系统篇共有四章，旅游管理篇有两章，在教学过程中，确保“旅游学概论”思政教学内容的科学性与专业性。其次以“旅游学概论”主要教学内容为载体，以思政教育教学为目标，梳理整合出“旅游学概论”中所蕴含的思政教育与课程知识契合点，在授课过程中将思政元素和课程知识点融合，润物细无声地引导学生树立正确的三观，具体见表 1 所示。

表 1　“旅游学概论”思政元素融入点

模块	教学内容	思政元素	融入点
学科基础篇	第 1 章 旅游活动的历史发展	1. 树立历史唯物主义世界观 2. 爱国主义教育 3. 文化自信 4. 社会责任与担当	1. 借助“中国旅游日”讲解《徐霞客游记》 2. 借助“一带一路”建设，讲解郑和下西洋、张骞出使西域的故事 3. 讲好周恩来、朱德等人为寻求救国救民真理，纷纷出国考察和求学的事
	第 2 章 认识旅游活动	1. 爱国主义教育 2. 社会责任与担当 3. 文化自信	1. 介绍长城、故宫等著名景点的历史背景和建筑特色，让学生感受到中华文明的伟大和悠久 2. 介绍广西壮族文化、四川的藏族羌族文化、贵州苗族文化等，让学生感受到中华文化的多样性和独特性
旅游系统篇	第 3 章 旅游者	1. 社会主义核心价值观 2. 树立“文明旅游从我做起”意识	1. 进行旅游时事热点事件讨论 2. 旅游是一项发现美、欣赏美的活动，更是一项创造美的活动
	第 4 章 旅游资源	1. 文化自信 2. 爱国主义教育 3. 社会责任与担当	1. 介绍中华优秀传统文化、革命文化和社会主义先进文化等元素 2. 介绍一些企业在旅游资源开发中注重环境保护和社会效益的案例
	第 5 章 旅游业	1. 人文关怀 2. 环保意识	1. 介绍迪士尼乐园的商业模式和服务理念 2. 习近平总书记：“以美丽中国建设全面推进人与自然和谐共生的现代化”
	第 6 章 旅游业中的主要经营部门	1. 诚信经营 2. 树立旅游服务意识 3. 强化旅游职业素养	1. 分析一些旅行社的成功案例，强调诚信经营的重要性，培养学生的职业道德和社会责任感 2. 分析五星级酒店的管理模式和服务理念，强调服务态度的重要性
旅游管理篇	第 7 章 旅游市场	1. 良性竞争与合作 2. 消费者权益保护	1. 企业通过合作，共同开发旅游资源，提高产品质量和服务水平 2. 某旅游企业侵害消费者权益被投诉和处罚
	第 8 章 旅游的影响	1. 旅游对经济的影响 2. 社会文化影响 3. 旅游对社会的影响	1. 旅游经济影响热点地区案例分析 2. 旅游社会文化影响热点案例分析 3. 分析某旅游目的地人民生活条件的变化

2. 思政教育与“旅游学概论”课程的契合点

基于全国导游资格考试的内容，结合思政元素和“旅游学概论”课程核心内容，探索出三个层面的思政教育与“旅游学概论”课程的契合点：一是个人与国家层面，课程思政的元素主要表现在爱国主义精神、科学文化素养和社会主义核心价值观教育等方面，培养学生的道德品质、价值观念和行为准则，也是实现个人与国家协调发展的重要支撑；二是个人与社会层面，以法律法规意识、生态文明意识以及社会责任意识为主，这些元素对于培养学生的道德品质、行为准则和社会责任感具有重要意义，也是实现个人与社会和谐发展的重要支撑；三是个人与自我层面，以团结互助精神、爱岗敬业精神以及正确积极的理想信念为主，培养学生的自我认知、职业素养和人生目标，也是实现个人自我完善和发展的重要支撑。

（1）个人与国家层面

学校的基本要求是培养对国家和社会有用的人才，对学生进行思想道德教育，培养学生树立正确的思想价值观，也是每一个教育者应尽的责任。教育部于2018年颁布了《旅游管理类教学质量国家标准》，“旅游学概论”自此成为旅游管理类别专业的基础核心课程，“旅游学概论”课程中含有丰富的思想政治教育元素，应该在充分挖掘和应用其思政元素的基础上，通过课堂知识传授等方式，培养学生良好的道德品德，促使学生成为更加符合时代发展要求的人才。

例如，在第一章“旅游活动的历史发展”中，通过介绍中国历史上的著名旅行家和探险家的事迹，例如徐霞客、郑和等，引导学生感悟他们热爱祖国、敬业奉献的伟大精神，培养学生的爱国情怀；通过介绍近代爱国人士康有为、严复及后来的共产党人周恩来、朱德等为寻求救国救民真理，纷纷出国考察和求学的事迹，让学生增强民族责任感与使命感，树立为党、为国、为人民作贡献的理想与信念。

（2）个人与社会层面

在社会经济持续快速增长和科技进步的背景下，外出旅游成为人们提高生活质量的重要方式，但旅游行业的快速发展也带来了一些问题，其中之一就是旅游业从业人员的道德素质和职业素养跟不上时代的要求。首先，随着人们生活水平的提高，游客对旅游服务的需求也越来越多样化，然而，一些旅游行业人员缺乏必要的技能和服务意识，无法满足游客的需求，导致游客的旅游体验不佳；其次，旅游业是一个服务行业，优质的服务是旅游业发展的重要保障，部分旅游行业人员在服务态度、专业知识和技能方面存在不足，导致游客的旅游体验受到影响。旅游行业人员的一言一行都对游客的旅行体验有着直接或者间接的影响，旅游行业人员不良的社会行为会造成很多有害的影响，因此在校园中，培养旅游管理专业学生的思想道德素质就显得至关重要。培养学生的思想道德素质，帮助他们树立正确的价值观和道德观念，提高旅游管理专业学生的职业素养，达到立德树人的目标，为促进旅游行业的进一步发展提供人才保障，营造良好的社会氛围。

（3）个人与自我层面

在“旅游学概论”课程中，实操练习是一个非常重要的环节，它能够帮助学生将理论知识应用于实践中，提升学生的技能和能力。在小组合作的过程中，不仅可以让学生们体会到共同完成一个项目的成就感和兴奋感，还可以培养学生的团队协作和互助精神。爱岗敬业精神是一种对工作充满热爱、认真的态度，体现了个人对职业的承诺和责任，这种精神不仅有助于个人在职业生涯中取得成功，也对整个社会的发展和进步起着积极的推动作用。在学习过程中，强调旅游从业者应具备的职业操守和道德标准，让学生明白作为未来的旅游从业者，需要以高度的责任感和诚信对待工作，为游客提供优质的服务。介绍旅游行业中爱岗敬业的典范人物和事迹，让学生从典范人物的经历中感受到对工作的热爱和敬业精神，激发学生对旅游行业的热情和追求。

三、"旅游学概论"课程思政育人体系构建

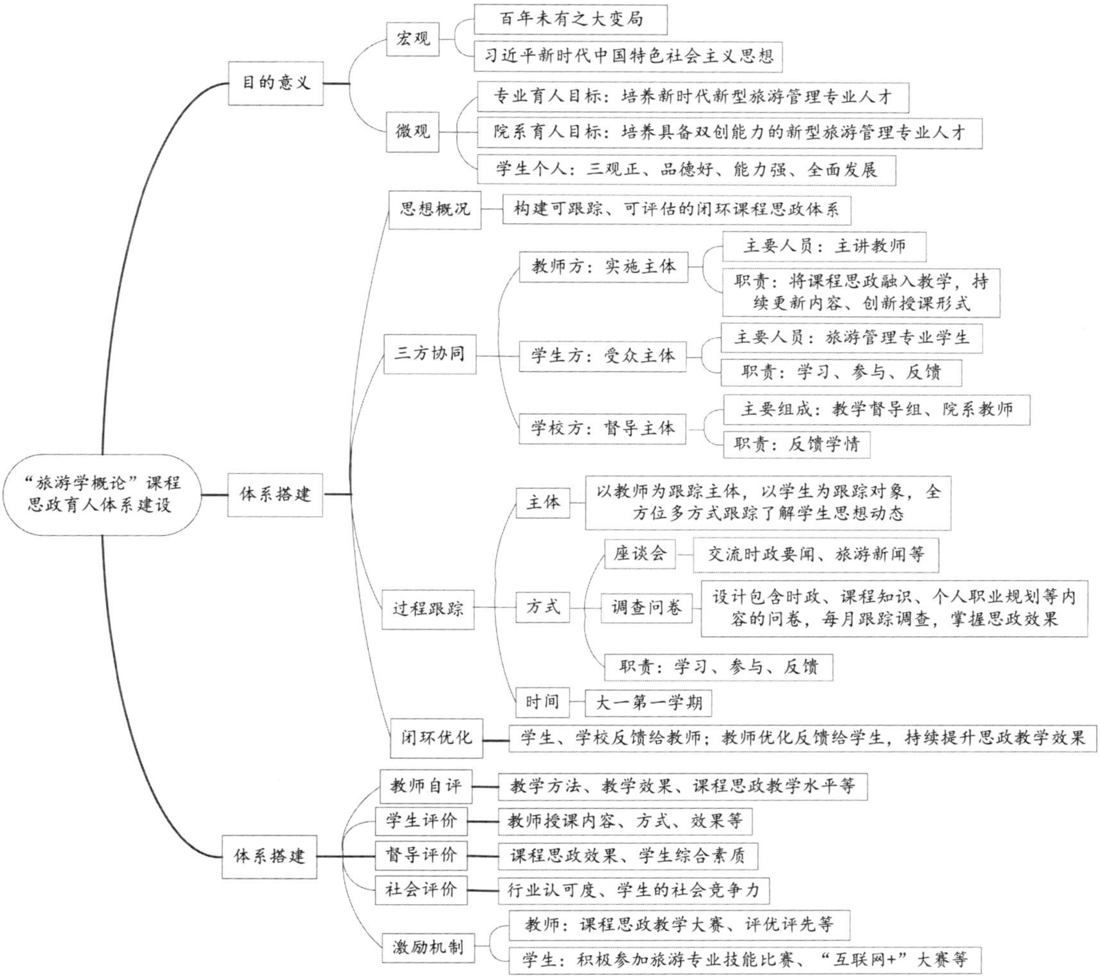

图1　"旅游学概论"课程思政育人体系

将思想政治教育融入"旅游学概论"课程教学中，实现知识传授与价值引领的有机统

一。“旅游学概论”课程思政育人体系的构建需要从多个方面入手，注重教学目标明确、内容整合、方法创新、实践强化、评价完善等方面的工作，通过这一体系的实施，有效地将思想政治教育融入“旅游学概论”课程教学中，培养出具有社会主义核心价值观、良好职业道德素养的旅游管理专业人才，具体见图 1 所示。

1. 目的意义

世界正处于“百年未有之大变局”是习近平总书记在多个场合中多次提及的一个全新命题，大变局带来的新变数和新问题亟需高校思想政治教育来“传道授业解惑”。“旅游学概论”三大模块内容有机衔接，蕴含着丰富的课程思政元素，学生在学习的过程中，要学会融会贯通，树立正确的三观，培养自己的思辨能力和社会责任感，教师通过挖掘“旅游学概论”课程中的思政元素，可以让学生在掌握专业知识的同时，提升自身的人文素养和综合素质，实现全面发展。

2. 体系搭建

构建可跟踪、可评估的闭环“旅游学概论”课程思政育人体系，有利于形成教师方、学生方、学校方“三方协同”效应。作为课程思政教育主体的主讲教师，要加强课程建设，创设“旅游学概论”多元课程知识库，包括课程思政教学大纲、课程思政知识库、案例库以及丰富的网络资源链接，将课程思政知识库融入教学，持续更新内容、创新教学方式，并不断提高自身的思想政治素养和教育教学能力。

关注过程管理，整个教学过程从旅游管理专业大一新学入学开始至学期结束，以“旅游学概论”授课教师为跟踪主体，以学生为跟踪对象，全方位多方式了解学生的思想动态，通过定期座谈会、课堂互动等多种方式与学生交流时政要闻和旅游新闻，有效地融入思政教育，提高学生的思想政治素养，了解他们的思想动态、学习状况以及对旅游管理的理解和认识。授课教师通过设计包含时政、课程知识、个人职业规划等内容的调查问卷，收集学生对事件的认识与看法，总结分析之后有针对性地进行课程思政和专业知识的教学改革，每月跟踪调查，在月末进行比较，了解学生一个月之内的思想变化，掌握“旅游学概论”思政教学效果，通过如此连续式、阶梯式跟踪调查与教学调整，比较不同时间点的调查结果，授课教师能够发现学生在思想上的进步和变化，也可以发现课程思政教学的不足之处，进而进行针对性的改进。此外，为保证达到课程思政育人目标，“旅游学概论”课程的实践教学环节可以通过多种方式融入课程思政教育，如通过依托红色教育基地、观摩旅游企业等，组织课程思政主题活动和社会实践活动，有效地提高学生的思想政治素养和综合能力，为培养德智体美劳全面发展的社会主义建设者和接班人奠定坚实基础。

“旅游学概论”课程思政育人体系可以通过学校督导组的督导与反馈、学生座谈或问卷的反馈、主讲教师的连续跟踪与改进等方式实现闭环优化，这种闭环优化的方式有助于确保思政教育的质量和效果，并及时发现和解决存在的问题，最终实现课程思政育人效果的持续提升。

3. 效果评估

“旅游学概论”课程思政教学效果评估系统包括教师自评、学生评价、督导评价和社会评价四大环节：①教师自评主要包括教学内容与组织、教学方法与手段、学生反馈与互动、教学效果与目标达成等内容，回顾自己在“旅游学概论”课程思政育人体系中的教学内容是否充实、合理，是否有效地将思政元素与旅游专业知识相结合，评估自己的教学组织能力，发现不足，分析原因，为今后的教学工作提供借鉴和指导；②学生评价主要是学生针对主讲教师的“教书育人”效果进行评价，包括对教师的专业水平、思政教育的融入、教师的育人方式等进行评价；③督导评价是督导从课程思政实施效果、学生的综合素质，对主讲教师的教学水平和教学效果等进行评价；④社会评价从行业认可度、毕业生的社会竞争力方面，评价课程思政育人体系的认可程度。

四、“旅游学概论”课程思政教学方法

1. 课堂讲授法

通过主讲教师的讲解和阐述，将思政元素融入旅游学知识中，引导学生理解和掌握课程内容。教师可以根据不同的主题和内容，选择不同的思政元素进行结合，如爱国主义、民族自豪感、职业道德等。在课堂讲授法的具体应用中，主讲教师需要注意以下几点：

①深入挖掘思政元素。教师需要深入挖掘旅游学知识中的思政元素，如爱国主义、民族自豪感、职业道德等，并结合实际案例进行讲解和阐述；②注重启发式教学。教师应该注重启发式教学，引导学生思考和理解旅游学中的思政问题，可以采用提问、案例分析、小组讨论等方式，激发学生的思维和兴趣，提高教学效果；③突出重点和难点。教师在讲解过程中突出重点和难点，帮助学生理解和掌握旅游学中的关键知识点，同时，教师需要注重讲解的条理性和逻辑性，使学生能够更好地把握课程内容的结构和脉络；④注重师生互动。教师需要注重师生互动，及时回答学生的问题和疑惑，了解学生的反馈意见。

2. 项目驱动法

项目驱动法在“旅游学概论”课程思政中具有重要的应用价值，主讲教师可以引导学生参加旅游专业技能大赛、“互联网+”大赛等，这些大赛涉及旅游市场调查、旅游产品设计、旅游规划等多个方面，旨在培养学生的实践能力、创新能力和团队合作精神，同时结合思政元素，提高学生的思想觉悟和政治素养。

3. 案例教学法

教师团队对接课程目标，构建时事新闻、记录片、人物传志等类型多样的课程思政案例，在“旅游学概论”课程思政中具有重要的应用价值。通过引入具体的旅游案例，引导学生分析和讨论其中涉及的思政问题，培养学生独立思考的能力，帮助学生更好地理解旅游实践中所面临的伦理、文化和社会问题，培养学生的综合能力、职业道德和社会责任感。在教学过程中，主讲教师需要注重案例的选择和分析、课堂氛围的营造以及与其他教学方法的结合，提供必要的指导和支持，确保教学效果的有效实现。同时，主讲教师还需要不断更新和优化案例库，注重案例的多样性和创新性，提高学生的学习兴趣和参与度。教师团队通过不断探索新的教学方法和手段，结合实际案例，创新教学方式，提高教学效果和质量，为培养具有综合素质和职业素养的旅游人才作出积极贡献。

4. 小组讨论法

在“旅游学概论”授课过程中，小组讨论法是一种非常有效的教学方法。通过小组讨论，学生可以在一个安全、积极的环境中分享观点、交流想法，从而提高学生的批判性思维和问题解决能力。小组讨论法的优势主要体现在以下方面：①小组讨论为学生提供了一个互动的平台，让学生可以自由地表达自己的观点，同时倾听他人的意见，促进学生之间的交流与合作，帮助他们更好地理解彼此的观点；②在讨论过程中，学生需要学会分析、评价和反思不同的观点，有助于培养学生的批判性思维能力，使学生能够更好地应对复杂的问题和挑战；③通过小组讨论，学生可以共同探讨旅游学中的复杂问题，寻找解决方案；④通过讨论，学生能更深入地探讨课程内容，从而更好地理解旅游学的核心概念和理论，帮助学生将理论知识与实际案例相结合，增强他们的实践能力；⑤在小组讨论中，学生要学会与他人合作，共同完成任务，有利于团队协作精神的培养。

5. 实践教学法

在授课过程中，根据课程内容，组织学生前往韶山毛主席故居、乌石彭德怀故居、醴陵左权故居等红色旅游景区，中青旅、宝中旅行社、万豪、洲际酒店等与学校有密切合作关系的企业进行实地考察，让学生亲身体验旅游景区和旅游企业的实际情况，加深对课程内容的理解，同时也可以培养学生的实践能力和职业素养。在考察过程中，学生可以了解旅游景区的管理、运营、服务和营销等方面的知识，以及了解旅游企业的企业文化、服务标准和管理模式等，这些知识在课堂上难以全面覆盖，但在实地考察中可以让学生亲身感受和实践，这种“知行合一”的教学方式，对于增强学生的实践能力、创新思维和社会责任感具有重要意义。

参考文献：

[1] 张秋霞，杨小微．比较视野下中国教育高质量发展的战略定位 [J]. 中国教育科学（中英文）,2021,4(6):15-31.

[2] 何琪，敦帅．人才环境要素如何驱动城市创新人才集聚？——基于组态视角的定性比较分析 [J]. 科学管理研究 ,2024,42(1):155-163.

[3] 李蕉．在理念、理解、理论之间："大思政课"建设的知识学审视 [J]. 思想理论教育 ,2024(3):24-30.

[4] 史巍．论以"课程思政"实现协同育人的关键点位及有效落实 [J]. 学术论坛 ,2018,41(4):168-173.

[5] 闵冬梅．旅游管理专业课程思政建设路径研究 [J]. 佳木斯大学社会科学学报 ,2022,40(1):243-245.

[6] 张金鸥，王淑娟，邢志勤．"旅游学概论"课程思政育人体系构建 [J]. 现代商贸工业 ,2023,44(6):231-232.

基于 VR 技术的“旅游规划与开发”教学设计改革

数字化人才是推动文旅产业数字化进程的重要支撑要素，对文旅产业转型升级与高质量发展具有重要意义。国家文化和旅游部提出了推动文旅与数字经济的深度融合，促进文旅产业的智能化与网络化。2020 年中国通信标准化协会（CCSA）发布了《5G 网络下的云化虚拟现实平台技术白皮书》，虚拟现实技术的支持给文旅产业数字化发展奠定更为坚实的基础，推动文旅产业纵向深入发展。根据艾瑞咨询统计，2021 年中国已经成为全球最大的 VR 市场，整个行业的蓬勃发展为文旅数字化发展提供了强大的技术支持[1]。

VR 技术在过去一段时间内得到了快速的发展，VR 技术的应用为“旅游规划与开发”提供了全新的教学手段。教师可以使用 VR 技术为学生展示旅游目的地的真实场景，使学生能够更直观地感受旅游景点的特点，增强教学效果。VR 技术为教学提供大量的教学资源，例如旅游景点的三维模型、虚拟导游、历史场景再现等。这些教学资源通过 VR 技术的呈现，使得学习变得更加生动、有趣和直观，有助于激发学生的学习兴趣和积极性，提高教学效果。随着人们对旅游体验的要求不断提高，“旅游规划与开发”的教学也需要不断创新。VR 技术为学生提供更加真实、立体的旅游体验，满足学生对旅游景点的好奇心和探索欲望，同时也能帮助教师更好地了解学生的需求，从而不断完善教学内容和方法。VR 技术具有真实感、沉浸式和交互性等特点，促进 VR 技术在旅游规划与开发领域的应用，可以为旅游规划与开发提供更加丰富、生动、立体的体验。VR 技术为“旅游规划与开发”课程带来全新的教学体验和教学方式，促进教学创新和教学改革，提升教学理念，完善专业教育理论体系。

一、建构数字文旅人才的胜任力模型

“旅游规划与开发”课程目标是培养具有旅游规划、景区开发、旅游项目策划等知识，具有较强的旅游景区经营和管理能力的人才，以胜任力为核心，旨在培养高认知能力、高数字能力、高专业能力的数字文旅专业人才，课程依托省教改重点项目建构了数字文旅人才的胜任力模型（图 1）。其中，认知能力具体可概括为学生能够明确旅游规划与开发的定义、目的和重要性，理解旅游规划与开发的基本流程和原则，掌握旅游规划与开发的基本理论和方法；数字能力体现在能够通过大数据、云计算等技术手段，获取海量的旅游资源、环境、市场等数据，并能对这些数据进行深度挖掘和分析，帮助旅游规划人员更准确地把握市场动态和游客需求，开发更具个性化和市场吸引力的旅游产品，并通过社交媒体、

[1] 于净．基于情感化设计理论的数字文创产品设计研究 [D]. 辽宁：鲁迅美术学院 ,2023.

在线平台等数字渠道，有针对性地将新开发的旅游产品推送给潜在的旅游者；专业能力要求旅游规划从业人员具备丰富的专业知识、敏锐的市场洞察能力、科学的项目策划和实施能力，对旅游资源进行规划与开发，为游客提供更加优质的旅游产品，给游客提供多样化的旅游体验。

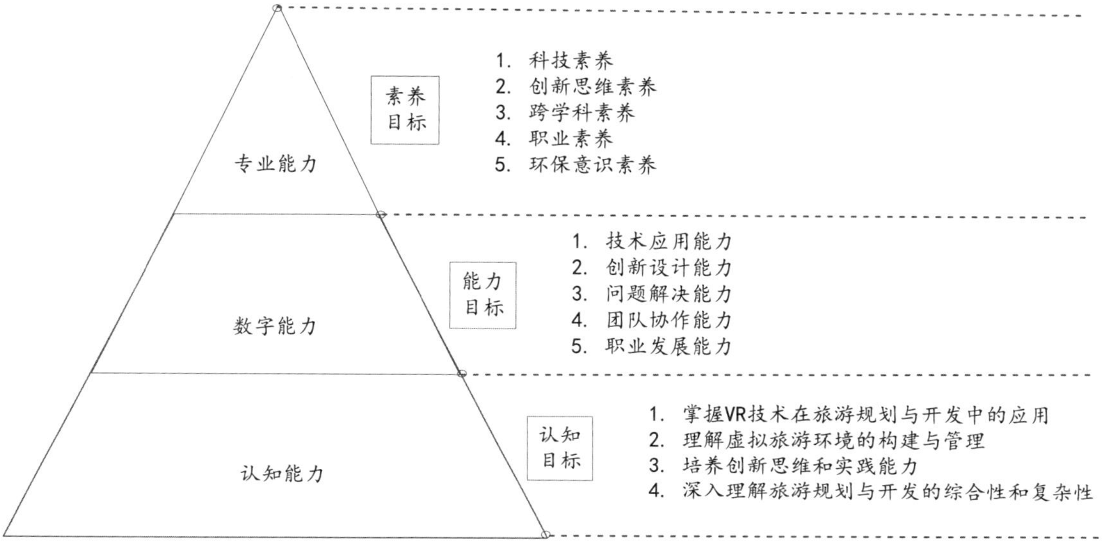

图 1　数字文旅人才胜任力模型

二、“旅游规划与开发”教学现状调查分析

1.“旅游规划与开发”教学现状

（1）课程安排

湖南工程学院是教育部“服务国家特殊需求人才培养项目”硕士专业学位研究生教育试点高校、“卓越工程师教育培养计划”“新工科研究与实践项目”实施高校，是湖南省硕士学位授予立项建设单位、湖南省首批“2011 计划”入选高校、湖南省“双一流”建设高水平应用特色学院，旅游管理专业隶属于管理学院，采用“3+1”的人才培养模式，“旅游规划与开发”课程 2.5 个学分，在第三学年第二学期开设本课程，计 40 个学时（32 个理论学时，8 个实践学时）。

（2）教学内容与教学安排

教学内容由浅入深，按模块从旅游规划与开发的概念体系、理论基础、旅游资源分类评价、市场分析、主题定位与功能分区、创意设计、开发图件及模型制作逐步进行。教学内容与学时安排详见表 1 所示。

表 1　教学内容与学时安排

模块名称	教学内容	学时安排	
		理论	实践
旅游规划与开发的概念体系	全域旅游、旅游系统、旅游规划与开发概述、旅游开发概述	2	
旅游规划与开发的理论基础与技术方法	旅游规划与开发的理论体系、旅游规划与开发的基础理论、旅游规划与开发的技术方法	2	
中外旅游规划与开发回顾与展望	中外旅游规划与开发的历史回顾、旅游规划与开发的发展趋势展望、旅游规划与开发的研究热点解读	2	
旅游资源的分类与评价	旅游资源概述、旅游资源的类型	2	
	旅游资源的调查、旅游资源的评价		2
旅游规划与开发的市场分析与营销策划	旅游规划与开发市场分析的内容、旅游市场调研的程序和方法、旅游规划与开发的营销策划	5	
旅游规划与开发的主题定位和功能分区	旅游规划与开发的主题定位、旅游规划与开发的主题形象定位、旅游规划与开发的功能分区	5	
旅游规划与开发的项目创意设计	旅游规划与开发的项目创意设计概述、旅游规划与开发的项目创意设计原则	2	
	旅游规划与开发项目创意设计内容与程序		2
旅游规划与开发的可行性分析	旅游规划与开发的可行性分析概述、旅游规划与开发的财务可行性分析、旅游规划与开发的效益评估、旅游规划与开发的不确定性分析	4	
旅游开发的保障体系规划	政策保障体系规划、市场保障体系规划、生态环境保障体系规划、危机管理保障体系规划	2	
旅游规划与开发图件及其制作	旅游规划图件概述、旅游规划图件技术要求	2	
	旅游规划图件制作方法		2
旅游景区模型的设计与制作	旅游景区模型概述、旅游景区模型的设计	4	
	旅游景区模型的制作		2

（3）教学目标

①知识目标：通过本课程的学习，使学生掌握旅游规划与开发的基本概念、原理和方法，了解旅游资源调查与评价、旅游市场分析、主题定位、旅游产品规划等方面的知识。

②能力目标：培养学生具备旅游规划与开发的能力，包括旅游规划中的技术手段、旅游市场营销和策划的能力、保障体系构建的能力、数字能力等。

③素质目标：培养学生的综合素质，包括学生对“旅游规划与开发”课程的正确认识，培养学生编写旅游规划与开发报告的能力，增强学生的团队协作和沟通能力等。

（4）教学设计

依据模块化对课程进行组织与重构，确定课前导学、课中研学、课后拓学的教学策略。实施“同向同行、协同创新”的教学改革，通过课前推送旅游规划与开发案例、课中培育旅游规划与开发意识、课后提升旅游规划与开发素养，全程贯穿安全教育、美学教育、劳动教育等，将理想信念、社会主义核心价值观、职业道德、工匠精神、文化传承、环境保护等思政元素，有机融入“旅游规划与开发”课程教学，形成“思政元素”融入专业课程的“课中课”，优化教学方法和手段，全面落实“三全育人”，实现学生“学练拓”，教师“导引领”的教学新形态，教学设计如图 2 所示。

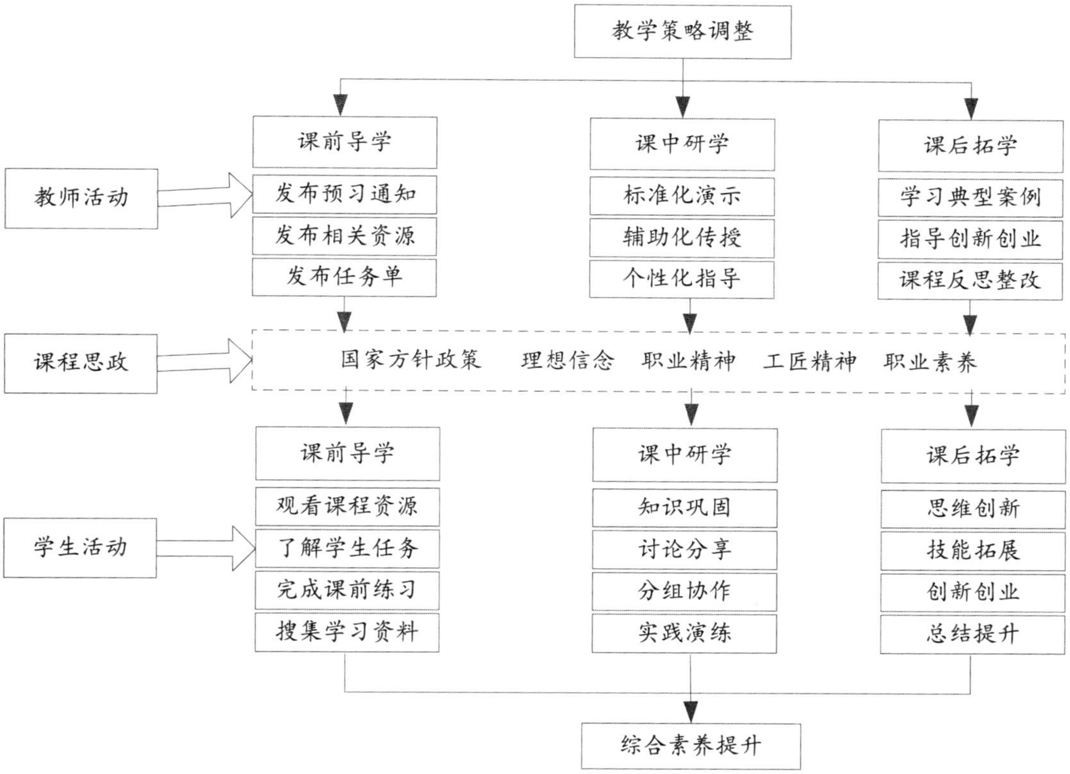

图 2　“旅游规划与开发”教学设计

2. 问卷设计

为了深入探究学生在“旅游规划与开发”课程中的学习情况，明确“旅游规划与开发”教学存在的问题，为构建“旅游规划与开发”课程 VR 教学改革设计提供有价值的参考依据，针对“旅游规划与开发”课程内容，设计了调查问卷，问卷内容涉及基本信息、教学内容、教学方法、学习情况、实践环节等，具体如表 2 所示。

表 2　问题项及其设计依据

问题类型	设计依据	问题项	题号
基本信息	学生的基本信息	性别	x1
		所在年级	x2
		所学专业	x3
教学内容	学生对课程内容的看法	你喜欢“旅游规划与开发”课程内容吗	x4
		你认为“旅游规划与开发”课程教学内容是否符合实际需求	x5
		“旅游规划与开发”课程核心内容是什么	x6
		你希望课程增加哪些方面的内容	x7
教学方法	学生对上课方式的看法	你喜欢哪种形式的上课方式	x8
		你希望增加哪些新的教学方法	x9
学习情况	学生理论内容学习情况	你对当前的教学方法满意吗	x10
		你在课程学习中遇到的困难是什么	x11
实践环节	学生对实践教学的态度	你是否满意当前课程实践环节与内容的安排	x12
		你希望实践环节如何改进	x13

3. 教学现状调查

（1）问卷调查

本次对本校学生进行问卷调查，共计发放问卷 331 份，回收问卷 325 份，有效问卷 300 份，问卷有效率为 92.31%。通过 SPSS26.0 对收集到的问卷进行信度与效度检验，检测其克隆巴赫系数（Cronbach’s Alpha）得分为 0.908，表明问卷信度较高，效度检验的 KMO 值为 0.906，在 100% 程度上显著，说明该问卷设计合理有效。

（2）学习情况调查

在问题“你喜欢‘旅游规划与开发’课程内容吗？”中，选择喜欢的学生仅占 52.08%，不喜欢的学生占比高达 29.17%，无所谓的学生为 18.75%，由此可见，学生对于“旅游规划与开发”课程普遍兴趣不高。在回答问题“你喜欢哪种形式的上课方式”，89.53% 学生希望能够深入景区，进行实地调研，尤其在旅游资源的分类与评价、旅游规划与开发的市场分析与营销策划、旅游规划与开发的主题定位和功能分区、旅游规划与开发的项目创意设计这四个模块教学中，通过与学生的深度访谈，发现学生希望能够到景区进行现场教学，在现场教学的基础上进行实践，认为教师单方面向学生传递知识，而学生则被动地接受知识的传统课堂教学，缺乏互动性和参与性，难以激起学习的兴趣。由于缺乏景区现场教学，学生难以深入理解旅游规划与开发的实际情况，缺乏实践操作的经验和技能，以及缺乏对旅游行业需求和市场趋势的把握，只能是纸上谈兵，没有针对性，学生的学习兴趣普遍不高。

（3）课程满意度调查

在对教学方法满意度调查中，20.83% 的学生选择非常满意，27.08% 的学生选择满意，一般、不满意与非常不满意高达 52.08%，由此可见，学生对于传统的“旅游规划与开发”教学方法认可程度不高，需要进行深入的改革以提升学生的学习兴趣和学习积极性。问卷显示，学生认为尽管课程实施了“同向同行、协同创新”的教学改革，但是在课前导学、课中研学与课后拓学环节，实施程度还存在一定的不足，同时，教师在教学过程中侧重于理论教学，与实践结合不够紧密，教学方法单一，缺乏互动性和趣味性，实践环节不足，影响了学生的学习效果。

4. 教学现状分析

根据对“旅游规划与开发”教学现状及问卷调查分析可知，“旅游规划与开发”教学仍存在不少问题，具体分析如下：

（1）学习兴趣不足

在教学方法与手段方面，教师过于依赖教材，缺乏创新性和实践性，多采用传统讲授法，辅以案例分析、小组讨论等互动式教学方法。从调查问卷与教学过程可以发现，学生对课堂讨论、案例分析等教学活动缺乏参与积极性，往往表现出被动学习的态度。对于教师布置的作业，部分学生敷衍了事，缺乏深入思考和研究的动力，作业完成度较差，由于学生对学习内容缺乏兴趣，学习效果欠佳。

（2）实践情境不真

传统的时空局限性不能满足“旅游规划与开发”实践教学的需求，“旅游规划与开发”课程开课时间是第六学期，彼时学生已经掌握了旅游管理的基本理论知识架构，“旅游规划与开发”是一门实践性要求较高的课程，对课程的实践情境设置需求高，在进行旅游规划与开发实践操作时，需要学生深入案例地，熟悉当地旅游资源的特点、组合、分布等情况，但传统课堂受限于时空，要实现理论向实践迁移的障碍多、难度大。

（3）知识体系不全

传统课程的知识广度与深度不能满足新时代旅游管理人才发展的需求，数字文旅产业的快速发展，教材跟不上知识更新速度，相关案例还是传统的旅游景区，规划理论与方法陈旧，存在数据分析不足、创新不足、项目管理不足等弊端，要培养学生的数字能力，传统“旅游规划与开发”课堂的知识广度与深度均无法支持学生获得数字文旅专业人才所必须具备的数字技术能力。

三、“旅游规划与开发”教学改革设计

1. 教学改革框架

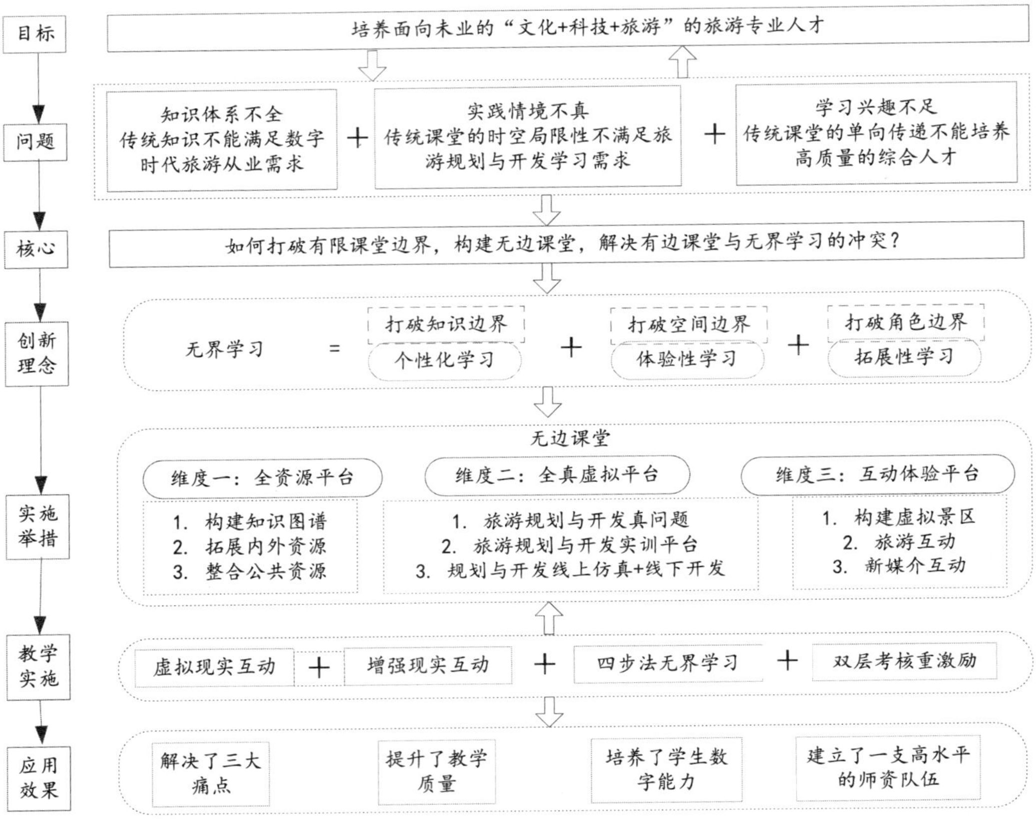

图 3　基于 VR 技术的“旅游规划与开发”创新教学与实践框架

随着旅游业的持续繁荣，对人才的需求也日益增长，为了培养学生的创新思维和解决问题的能力，增强学生的学习兴趣和动力，解决游客对旅游的高需求凸显出的旅游管理高阶人才培养目标与课程教学之间脱节的问题，针对“有界课堂”与“无界学习”这个冲突，依据教学目标，查寻存在的问题，基于创新理念，搭建“无边课堂”，实施教学改革（图 3）。

2. 创新理论教学理念：无边课堂 + 无界学习

传统课堂在内容、方式上存在着种种局限，难以满足数字旅游人才的培养需要，需要创新教学理念，打破课堂的有限性。

（1）无边课堂

运用信息化手段，结合现实课堂和虚拟资源，以数字旅游人才未来胜任力为核心，以打破课堂边界改革为主线，通过“察—思—践—示”四步法，结合 VR 技术，学生能亲身参观和体验各种旅游景点，基于 VR 技术的沉浸式体验方式比传统的图片或视频展示更能激发学生的学习兴趣和好奇心，打破传统的教学模式，为学生提供更丰富、更立体的学习体验。

第一步是“察”，在观察的基础上，通过 VR 技术模拟真实的旅游场景，如风景区、历史文化遗址等，使学生能够身临其境地感受旅游资源的特色，通过 VR 眼镜和手柄，学生可以自由地探索虚拟环境，观察地形、地貌、景观布局等要素，从而对旅游资源的规划与开发有一个直观的认识。

第二步是“思”，学生利用大数据技术提供的数据分析工具，对虚拟环境中的旅游资源进行量化分析，如资源分布、游客流量、交通状况等，分析数据，发现问题，提出假设，并思考如何运用 VR 技术进行景区主题定位与创意设计，进行旅游产品设计。

第三步是“践”，在 VR 环境中进行旅游规划的实践操作，如设计景区布局、规划旅游线路、制定营销策略等，运用 VR 技术提供实时的反馈和修改功能，使学生能够不断调整和优化自己的规划方案。

第四步是“示”，学生将在 VR 环境中设计的规划方案导出为三维模型或视频，并通过在线平台或课堂展示的方式呈现给其他同学和老师，在展示过程中，学生需要清晰地阐述自己的设计思路、实施过程以及规划方案的优势和不足，通过展示和交流，学生相互学习、借鉴经验，进一步提高自己的旅游规划与开发能力。同时，教师组织学习项目评估小组对作品进行评价，选出优秀作品进行表彰，进入示范作品库进行展示，并引导学生产生新的创意，不断优化改进。

（2）无界学习

数字旅游人才的培养需要全面考虑数字化技能、行业认知、创新创业能力、团队合作和领导能力、全球化视野和跨文化交流能力等方面的培养，注重学生内在志趣的激发，但传统课堂在内容、方式上存在着种种局限，“无界学习”理念提供了课程创新思路，其核心在于突破固有的教育框架的束缚，打破边界，学生通过相关资源平台，采用“研—思—悟—行”四步法，通过 VR 技术模拟不同规划方案下的景区效果，提升旅游者的游览体验，帮助学生更直观地体会某一模拟景区规划与开发方案的可行性，努力实现跨越边界、互联互通，自由自主学习。

3. 创新实践教学方式：拓展资源 + 项目驱动

为了培养符合数字文旅发展急需的旅游规划与开发的专业人才，从以下方面创新实践教学方式：①拓展资源。以知识点为核心，建立知识点之间的关联关系，构建知识图谱、开发拓展资源和整合链接全资源，打破知识边界的全资源平台，构建“知识图谱 + 拓展资源 + 整合链接”全资源平台，使知识由分裂、封闭、单一，走向整合、开放、多元，让知识互联互通，促成信息共享；②项目驱动。基于VR技术，打破空间边界，重构学生、教师、企业、社区的空间关系，打造“旅游景区真问题—线上仿真—线下实操”的综合实训平台，重构课堂、景区、社区的空间关系，破解空间边界，解决实训情境不真的痛点。

4. 制定基于VR技术的旅游规划与开发教学效果评价

采用双层考核标准，注重对学生的激励，具体如下：①理论实践的标准化评价。线上开放平台与综合实训平台两大平台全过程记录学生学习数据，认知考核对标知识图谱中的各知识点的达成情况；实训考核对标任务完成情况，重点评价创意、态度等表现；②三等级的激励性评价。实行三级制（不高于学生人数的10%），对“旅游规划与开发”整体教学阶段进行多方面的评判，以教学目标为评价标准，对照学生的任务完成情况，给予相应激励。如平时课堂参与讨论、翻转课堂等，视学生的参与情况与课堂表现，给予不同的小分，期末将小分计入总体成绩，获得机会。

四、教学实施过程

1. 混合式理实交互

课程设计以“理论课（问题导向）+ 实践课（任务导向）”为核心，理实交互。在理论课中，教师设计一系列与“旅游规划与开发”相关的问题，例如，教师提出如何制定旅游发展规划、如何评估旅游资源的价值、如何解决旅游开发中的环境问题等，引导学生探究问题的答案，加深对理论知识的理解。同时，教师需要注意问题的开放性和启发性，激发学生的创新思维和批判性思维。在实践课中，教师根据理论课所学知识，设计出相关的实践任务，引导学生进行实际操作，如以某一确定案例景区为例，创新开发出相应的旅游产品，运用VR技术进行展示与试运营，依据旅游者的游后反应，对VR旅游产品进行修改，再投放市场运营，经过不断的修改，直到所有的产品满足旅游者的要求，再开发出现实的旅游产品。学生通过实际操作，不仅可以加深对理论知识的理解和掌握，而且可以学习如何运用VR技术进行场景模拟、游客体验设计等方面的工作，学生的媒体制作技术与创新能力会得到极大的提升。

2. 四步法无界学习

（1）理论学习：“疑—研—析—策”四步法

借助超星学习通平台，老师课前在线上发布旅游景区问题，学生线下查阅资料，小组讨论，运用 VR 技术对相应的旅游产品进行更新设计，再将设计的产品上传网络，收集游客对 VR 旅游产品的意见，最后根据旅游者反馈的意见，对景区旅游产品进行创新设计。学有余力的学生，可以进行拓阶，在线上线下发现不同的景区旅游规划或开发过程中存在的问题，运用 VR 技术模拟解决景区的问题。

（2）实践学习："践—习—评—展"四步法

在"旅游规划与开发"课程中，实践学习是非常重要的一部分。通过"践—学—评—示"四步法，帮助学生更好地将理论知识与实际操作相结合，提高实践能力和综合素质。

第一步是"践"，即实践操作。学生需要进行实地考察、资源调查、市场分析等方面的实践操作。学生通过实地考察了解旅游资源的分布、特点和发展状况，为旅游规划开发提供基础数据和资料，进行市场分析，了解游客的需求和行为特点，为旅游规划与开发提供依据。

第二步是"习"，即学习理论知识。学生在实践操作的基础上，学习相关的理论知识，包括旅游规划与开发的基本原理、旅游市场分析的方法、旅游资源评价的标准等方面的知识。学生通过阅读教材、听讲、讨论等方式进行学习，加深对理论知识的理解和掌握，将理论知识与实践操作相结合，通过理论指导实践，提高旅游规划与开发的质量和水平。

第三步是"评"，即评估实践成果。学生通过对自己的实践成果进行自我评估和反思，发现自己的不足和问题，并提出改进方案。同时，教师对学生的实践成果进行评估，并给予反馈和建议。通过评估，学生能更好地认识自己的不足，进一步提高自己的实践能力和综合素质。

第四步是"展"，即展示和分享成果。学生通过报告、展览等多种方式，将自己的实践成果进行展示和分享，与同学和教师进行交流和讨论。通过展示和分享，学生可以进一步巩固自己的学习成果，并从他人身上学到更多的知识和经验。

3. 双重考核

运用双重考核方法评价学生对"旅游规划与开发"课程的掌握程度，帮助学生发现自己的不足之处并加以改进。此外，双重考核还可以为教师提供全面的反馈和建议，帮助教师优化教学内容和方法，提高教学质量和效果。课程双层考核表如表 3 所示。

表 3 课程双层考核表

教学环节		评价内容	多元评价方式	评价依据
理论教学过程评价	课前（20%）	线上课程资源学习 VR 技术学习	平台自动考核 教师评价	教学平台讨论题与知识闯关
		教师布置课前任务	学生互评 教师评价	任务完成情况

续表

教学环节		评价内容	多元评价方式	评价依据
理论教学过程评价	课中（20%）	签到、测试	平台自动考核	学习态度及知识掌握情况
		案例讨论、翻转课堂、课内竞赛等	教师评价 组内互评	任务完成情况，考查理论转化能力
	课后（30%）	总结性评价	教师评价	重点考查知识、能力与政治素养和学生创新素养
实训过程评价	实操（30%）	实操任务	平台自动考核 教师现场评价	按照六大任务流程完成情况，考查工作态度、创新、执行力等
	激励性评价	拓展应用	教师评价	前 10%：作品入选学生作品库 前 5%：作品备战省级比赛 前 3%：与从业人员交流职业规划

（1）对标层：理论实践的标准化评价

教师将课程内容细化为具体的知识点，并制定相应的评价标准，线上开放平台与综合实训平台两大平台全过程记录学生学习数据，认知考核对标知识图谱中各知识点的达成情况，实训考核对标任务完成情况，对学生的的创新思维、态度和市场意识等方面进行评估，帮助学生更好地了解市场需求和竞争状况，提高自己的市场分析和营销能力。

（2）激励层：三等级的激励性评价

在“旅游规划与开发”课程中，教师将学生的学习和实践成果分为三个等级：优秀、良好和一般，对于每个等级，教师制定相应的评价标准，并给予相应的奖励和激励。①对于优秀等级的学生，教师给予高度的赞扬和奖励，以激励学生在未来的学习和实践中继续保持优秀表现。同时，教师还可以推荐优秀学生参与更高级别的学习和实践项目，提供更多的机会和平台，让学生更好地发挥自己的潜力和才华；②对于良好等级的学生，教师给予鼓励和肯定，激励学生在未来的学习和实践中继续努力提高，帮助学生发现自己的不足之处，并提供针对性的指导和建议；③对于一般等级的学生，教师将给予更多的关注和指导，了解学生的学习困难和问题所在，并给予及时的帮助和解决。

五、结束语

在当今的信息化时代，技术革新正在不断地推动着教育领域的变革。VR 技术作为一种新兴的技术手段，为教育带来了前所未有的机遇和挑战。特别是在“旅游规划与开发”这一实践性强的课程中，VR 技术的应用为教学设计改革提供了新的思路和方法，能够为学生提供更为生动、直观的学习体验，在“旅游规划与开发”课程中，VR 技术可以模拟真实的旅游场景，让学生身临其境地感受景区规划、资源开发、市场营销等方面的实际情况，从而更好地理解和掌握相关知识。然而，VR技术在教育领域的应用仍处于起步阶段，仍有许多问题需要进一步探讨和研究。例如，如何更好地设计和制作VR内容、如何提高VR教学的互动性和有效性、如何评估VR技术在教育中的应用效果等还有待进一步探讨。

参考文献：

[1] 刘丹，马斌斌，喻敏，等.数字文旅企业时空格局演化及区位选择影响机理——以西安市为例[J].干旱区资源与环境,2024,38(2):190-199.

[2] 陈晓东.目的论视域下的旅游文本译后编辑——以VR虚拟旅游大罗山云雾茶茶园为例[J].福建茶叶,2023,45(2):87-89.

[3] 张彤，任奕璟，闫实，等.人工智能驱动的6G网络：智慧内生[J].电信科学,2020,36(9):14-22.

[4] 陈伟光，裴丹，钟列炀.数字经济助推全国统一大市场建设的理论逻辑、治理难题与应对策略[J].改革,2022(12):44-56.

[5] 郭语.沉浸式教学模式在中外合作办学课程中的应用探索——以景观规划设计课程为例[J].大学,2022(35):84-87.

[6] 侯鑫杰.虚拟现实技术在观光茶园规划设计中的应用研究[D].山东：聊城大学,2022.

[7] 崔英方，张晓玲，丁洁.旅游业高质量发展背景下江苏省旅游人才需求特征研究[J].商展经济,2024(1):35-38.

智慧旅游背景下的“旅游市场营销”课程教学改革

随着全球化进程的加速和人们生活水平的显著提升，旅游业迎来了前所未有的发展机遇，迅速崛起并成为全球经济的重要驱动力之一。与此同时，数字经济作为新兴的经济形态，也已成为全球经济不可或缺的关键组成部分，与旅游业的融合发展进一步推动了旅游行业的转型升级与经济增长，旅游业与数字经济的深度融合，正引领着全球经济向更加多元化、高效化和智能化的方向迈进，智慧旅游已经成为旅游业发展的新趋势。智慧旅游通过运用大数据、云计算、物联网等先进技术，为游客提供更为便捷、个性化的旅游服务体验，为旅游企业发展带来了前所未有的市场机遇和挑战，也对旅游市场营销提出了新的要求。旅游业的崛起与旅游市场营销之间存在着密切的联系，一方面，旅游市场营销有助于提升旅游企业的竞争力，在旅游市场日益激烈的竞争中，旅游企业需要通过市场营销来区分自己与竞争对手的不同之处，强调自己的优势和特色，通过精心策划的营销活动，塑造独特的品牌形象，吸引更多的潜在游客，并在市场竞争中获得先机；另一方面，旅游市场营销能够满足游客的多样化需求，随着游客对旅游体验的要求越来越高，需要深入了解目标群众的需求和偏好，并针对性地提供符合游客需求的旅游产品，有助于拓展旅游市场。通过市场细分和目标定位，旅游企业能更好地满足游客的个性化需求，提升游客的满意度和忠诚度。

为了培养能够适应旅游新业态的高素质旅游管理专业人才，地方本科院校对“旅游市场营销”课程进行教学改革显得尤为必要。传统的“旅游市场营销”课程往往侧重于理论知识的传授，缺乏对实践能力的培养和创新思维的激发，然而，面对旅游市场的快速变化和消费者需求的多样化，迫切需要将理论与实践相结合，通过教学改革探索与实践，提升学生的市场洞察力、营销策划能力和创新思维能力，培养出一批具备实践能力和创新精神的旅游市场营销人才，为我国旅游业的持续健康发展提供有力的人才保障。

一、智慧旅游背景下旅游专业人才的新要求

1. 复合型知识结构

随着智慧旅游的推广和普及，智慧旅游平台能够精准地分析游客的兴趣、偏好和消费行为，为游客提供个性化的旅游产品和服务推荐，使得传统的市场营销模式已经无法适应智慧旅游的服务需求。信息化技术在旅游行业中广泛应用，旅游市场迫切需要一批高素质专业人才，以适应当前旅游行业的智慧化、动态化发展特征。复合型知识结构的旅游市场营销人才是适应智慧旅游背景下市场需求的重要人才类型，他们不仅具备传统旅游市场营

销的专业知识，还融合了现代信息技术、数据分析、创新思维等多方面的能力，为旅游业的持续发展注入了新的活力。具备复合型知识结构的旅游市场营销人才具有以下特征：①具备扎实的旅游市场营销理论知识，熟悉旅游市场的运作规律，了解游客的需求和行为特点，能够制定有效的市场营销策略，推动旅游产品的销售和品牌的建设；②掌握现代信息技术和数据分析技能，能够运用大数据、云计算等技术手段，对旅游市场进行深入的分析和预测，精准把握市场趋势和游客需求变化，同时，还能够利用社交媒体、在线平台等渠道，开展网络营销和互动推广，提升旅游品牌的知名度和影响力；③具备创新思维和跨界整合能力，能够从不同角度和领域思考问题，针对旅游市场出现的新问题，提出创新的解决方案，推动旅游业的转型升级。

2. 信息化营销技能

许多旅游景区在宣传推广的过程中，采用在线服务的方式为游客提供衣、食、住、行的便利，为了保证旅游市场营销质量，市场营销人员需要熟练掌握网络营销的基本技能，结合智慧旅游时代的市场发展需求，不仅要具备线下营销的能力，而且能通过线上营销拓展营销渠道，使人们能够从不同的途径获取旅游资讯。从事智慧旅游服务的工作人员，只有掌握网络营销技巧，才能够借助互联网的便利性，加强与游客之间的交流互动。利用互联网平台对各项旅游数据进行收集和整理，在旅游线路规划的过程中，运用准确的服务信息，开发出多元化的旅游产品，满足游客的旅游需求，只有掌握信息化营销技能，才能从容地适应旅游市场营销环境的改变。

3. 个性化旅游服务

与传统营销模式相比，智慧旅游市场营销的方案更加灵活，能够根据游客的旅游需求定制旅游产品与服务。家庭旅游、个人旅游、团队旅游是当下旅游市场的主要形式，通过对主流群体的旅游需求进行调查，根据游客的需求和消费水平，将旅游市场进行细分，开发出更多个性化和多元化的旅游产品，为游客提供个性化服务，以满足不同层次的游客需求，为游客带来高质量的旅游体验。

二、“旅游市场营销”课程教学存在的问题

1. 课程内容设计不合理

开设“旅游市场营销”这门课程，其目的是让学生了解旅游市场营销的基本理论知识，树立正确的旅游市场营销理念，理解市场需求，培养学生对市场的洞察力，掌握实用的旅游营销手段与方法，具备独立的旅游市场调研与促销、旅游产品的开发与设计、旅游市场的细分与定位、旅游营销策略组合，并以此进行旅游营销策划的能力，为未来的职业生涯打下坚实的基础。因此，课程内容的设计（包括教材的选用、课程内容的选取与安排及重

点和难点的把握）就非常地重要，不合理的内容设计将会导致学生无法获得实用的知识和技能，直接影响到该课程教学目标的实现。

（1）教材选用不符合行业变化

虽然学校要求选用近三年出版的规划或专用教材，但是由于社会发展太快，教材内容不能及时更新以反映旅游行业的最新发展趋势，教材没有涵盖这些新的内容，学生将无法获得实用的知识和技能，难以满足旅游行业的需求。同时教材以理论为主，教材的内容与旅游行业变化脱节，缺乏实践章节，没能做到融知识性、实践性和趣味性于一体，学生的学习兴趣和积极性不高，影响了学习效果。

（2）课程内容的选取与安排不妥当

旅游市场营销不仅涉及市场营销知识，还涉及旅游学、消费者行为学、地理科学、经济学、社会学等多个学科的知识。相关内容在不同的专业课程中均有呈现，但是知识没有整合，显得十分零乱。为此，以该课程改革前的部分学生为调查对象，总共发放问卷 97 份，回收有效问卷 92 份，从问卷回答的情况来看，有 65.22% 的学生认为该课程与其他课程协调不足，内容的取舍没有考虑到专业课程知识之间的衔接，课程内容有大量的交叉和重复；有 82.61% 的学生认为该课程内容的选取与安排没有考虑到旅游行业的变化，而旅游行业是一个动态发展的领域，受到全球经济、社会、文化和科技等多方面的影响，其市场趋势、消费者行为、竞争态势等不断变化，课程内容的选取与安排应当紧密跟随这些变化，以确保学生学到的知识和技能能够适应旅游行业发展的需求；有 76.09% 的学生认为老师在授课时缺乏重点和难点，教学准备与教学方法存在问题，“扬长避短”的现象比较突出，基本上是自己熟悉的东西就多讲、重点讲，而对于不太熟悉或不太擅长的部分则可能避而不教或简单带过，影响了教学质量和学生的学习效果。

2. 教学实施欠妥当

（1）教学理念陈旧

随着市场营销领域的快速变化，特别是数字化和社交媒体营销等新兴领域的崛起，教材以及教师存在的问题导致没能很好地关注旅游市场的新变化。以教师为例，忽视了学生的主体地位和个性化需求，采用传统的“填鸭式”教学方式，侧重于理论知识的讲述，未能充分利用行业资源，缺乏与旅游行业的紧密联系而忽略了实践操作和市场趋势的变化。

（2）教学方法单一

很多教师缺乏创新意识，不愿意或不敢尝试新的教学方法和手段，更倾向于使用传统的教学方法，如讲授法，而不是尝试新的、更具互动性的教学方法，教学中比较多的是采用“理论讲授 + 案例分析”的教学方法，由于图省事或能力限制，一些教师可能在课堂上很少与学生互动，不经常提问或组织小组讨论，学生觉得学习枯燥无味、内容晦涩难懂，不能充分激发学生的学习兴趣。

3. 课程考评体系不科学

（1）考核形式单一

考试形式仍然采用传统理论考核的方式，这种考核的方式侧重于知识的记忆和掌握，缺乏对专业技能和职业素质的考核，试卷的内容主要局限于教材和课堂教学中教师讲授的范围，课外拓展、与时俱进、契合旅游企业实际营销情况的内容较少。同时，由于试卷的篇幅有限，对教材的知识点有一定的取舍，不可能覆盖课本上的所有知识点，而这种理论考试对学生的实践能力、动手能力和创新思维无法进行有效的考核，不利于学生实践能力、创新能力及营销策划能力的培养。

（2）教学质量评价体系不完善

目前，学校对教师教学质量的考核主要由学生评价、同行评价和校内督导评价组成，这种评价方式受评价主体的主观因素影响很大，不能客观、全面地反映教师的教学质量。同时，评价的内容单一，往往缺乏旅游行业的参与和反馈，评价体系只关注学生对理论知识的掌握程度，而忽视了对学生市场分析能力、营销策略能力、团队协作能力等综合能力的培养和评估。

三、智慧旅游背景下的“旅游市场营销”课程教学改革

1. 明确教学目标

本课程的教学目的是培养学生具有良好的职业素养和创新能力，使学生能够适应旅游市场的需求和变化，具备在旅游行业中从事市场营销工作的能力。通过学习，具有旅游市场调研、分析预测、营销策划、销售执行、市场推广、营销管理等能力，旨在培养学生的专业能力、方法能力和社会能力，使学生能够适应智慧旅游需求和变化，成为具备高素质和创新能力的旅游市场营销人才。

2. 优化教学内容

（1）培养学生双创能力

以培养学生双创能力为导向，将教学内容整合为三大模块：基础能力、应用能力和策划能力，每个模块都有具体的支撑内容。基础能力主要包括旅游营销环境分析能力、旅游购买行为分析能力和旅游市场调查与预测能力；应用能力主要包括旅游目标市场分析能力、旅游产品设计能力、旅游产品定价能力、营销渠道拓展分析能力、旅游产品促销能力和旅

游企业营销管理能力；策划能力主要包括旅游营销战略规划能力和旅游企业营销策划能力。通过教学内容的三大能力模块，注重旅游市场营销的实践教学，组织学生积极参与实地考察、项目实践、创新创业大赛等活动，让学生参与智慧旅游项目的策划、开发和运营，从而加深对理论知识的理解和应用，培养学生的团队协作能力和双创能力。

（2）践行“岗位驱动”教学模式

旅游企业销售部各岗位与教学项目精准对接，确保“岗位需求即训练内容”，实现教学内容与岗位实践的无缝衔接。具体对接内容包括：市场调研主管学习宏观环境分析与调研预测；产品设计主管掌握产品策略与设计技巧；市场策划主管研习项目策划战略战术；促销推广主管精通促销策略与技巧；渠道拓展主管探索渠道拓展与创新；品牌运营主管学习广告创意与媒体整合；电子商务主管熟悉旅游营销软件系统；电话销售主管提升电话销售技巧；客户开发主管掌握客户开发与维护方法；售后服务主管则专注于售后服务与投诉处理。在“旅游市场营销”课程教学过程中，践行“岗位驱动”教学模式能够将学生的学习活动与真实的岗位任务相结合，有助于培养学生的实际应用能力和职业素养。

（3）构建“教学资源库”

一是选好教材，主讲教师与旅游行业专家共同开发教材；二是确定教学标准，按照“岗位驱动”教学模式，严格遵循旅游企业销售部门工作流程进行实践教学；三是完善教学网站，将课程目标、电子教案、拓展资料、学生论坛等资源置于网站中，有利于提高教学效果。

3. 创新教学过程

（1）创新教学理念

教学理念是教学行动的先导，教学设计理念以“实践性、职业性和开放性”为主旨。实践性主要通过“校内实训、校外基地实训、项目实践和毕业顶岗实习”践行。职业性主要通过“岗位驱动、工作流程再现和现身说法”落实，“岗位驱动”是以旅游企业管理销售部岗位与训练项目一一挂钩，在教学过程中践行“岗位驱动”教学模式，有助于教师有针对性地设计教学任务和实践活动，确保教学内容与岗位需求紧密对接；“工作流程再现”主要是根据企业销售部门工作实际情况进行项目教学；“现身说法”主要是企业兼职教师、往届优秀毕业生回母校进行讲座。而“开放性”则通过在线训练、学生论坛、营销精英微信、教学创新等方式保障。通过这种新的教学理念，将“旅游市场营销”课程与智慧旅游相结合，为学生提供一个更加全面、实用且前沿的学习体验。

（2）创新教学设计

在“旅游市场营销”课程教学过程中，创新教学设计主要通过以下四方面体现：一是明确一条主线，即“营销环境分析—营销调研与预测—营销‘4P’理论—营销战略与策划”；二是“岗位驱动”导向，注重培养学生的双创能力，与旅游企业合作，建立实践教学基地，让学生参与真实的旅游营销项目，从实践中学习和掌握营销技能；三是项目落实推动，实现教学与实践的紧密结合，提高学生的学习兴趣和积极性，提升学生的实践能力和双创能力；四是大赛引领，鼓励和引导学生参加各种营销赛事，以赛促学，以赛促教，从而提高人才培养质量。

（3）创新教学过程

围绕教学的重点与难点，用“七步走”进行创新设计，即运用“理解—演练—操作—认知—策划—提炼—巩固”进行。教师借鉴行业经验，依据生源情况及“旅游市场营销”课程特点，提出“四点六法”的教学方法。“四点”指的是“说、练、写、辩”，即每堂课学生不仅能说出营销计划，进行现场练习，还要写出营销计划，甚至能与对方展开辩论，展现雄辩口才。“六法”指的是“案例讲解、实地考察、项目实训、采访教学、表演教学及讨论教学”。在教学过程中，灵活运用上述方法，提高教学效果。比如实地考察法，最适宜安排在营销调研与预测模块中进行，尤其值得一提的是采访教学法，教师把采访主题提前告知学生，让学生做好充分准备，教师以采访形式检查各个小组对本门课程的掌握情况，由学生评委和老师对每个小组进行评定，最后由教师对表现优秀的小组或个人颁发“最佳小组创意奖”或“最佳营销员奖”。

（4）创设实践教学环境

实践教学的顺利开展离不开良好的教学环境，针对“旅游市场营销”课程实际情况，需考虑以下两个方面：一是完善校内实训基地，比如商务谈判室、营销软件机房等，商务谈判室的建设可以模拟真实的商务环境，让学生在模拟的商务谈判中锻炼沟通技巧和谈判策略，营销软件机房则可以提供先进的营销软件平台，让学生在操作中熟悉并掌握各种营销工具和技术；二是建立校外实训基地，比如与旅行社、旅游营销策划公司等企业开展校企合作，建立稳定的校外实训基地，在这些基地中，学生可以接触到真实的旅游市场环境和营销案例，参与到企业的实际营销活动中。“旅游市场营销”课程实践教学项目本着“理实一体化”的思路，在选取实践项目时，要抓住重难点，精准到位。

（5）创新教学模式

以赛促教，教学相长。一方面，以赛促教的教学模式有助于激发学生的学习兴趣和积极性，通过参与各类旅游营销大赛，学生能够接触到真实的市场环境和营销案例，从而在实践中检验和巩固所学知识，同时，大赛的竞争性和挑战性也能激发学生的斗志和求知欲，促使学生能更加深入地学习和探索旅游市场营销领域，教师在指导学生参赛的过程中，不仅需要熟悉比赛规则和评分标准，还需要对旅游市场营销领域的最新动态和趋势有深入的了解；另一方面，以赛促教的教学模式能够助力教师完善“旅游市场营销”课程方案，使教学内容更加贴近实际、更具针对性，同时，教师还能通过学生的表现和反馈，不断反思和调整教学方法和策略，提高教学效果。

4. 创新考核方案

依据多元智能理论，要注重课程考核方案多元化和综合性，注重过程性考核与终结性考核相结合、理论知识考核与实训技能考核相结合、学生自我考核与互评考核相结合、学生独立完成任务能力与合作共同完成任务能力相结合，这种新的考核方案能有效避免一张试卷评定学生市场营销能力的标准，全面、客观地评价学生的职业能力，促进学生的全面发展。

参考文献：

[1] 杨勇，林明水，王金伟，等．实践形式、机制路径与可能的研究突破——“技术革新与旅游业高质量发展”专题学者对话录 [J]. 旅游论坛，2023,16(4):1–18.

[2] 刘依锋，陈小龙．大数据背景下乡村智慧旅游发展模式研究 [J]. 山西农经，2023(19):62–64.

[3] 赵华．信息化背景下高校旅游管理专业课程建设的优化研究 [J]. 江西电力职业技术学院学报，2023,36(6):83–85.

[4] 陈雪钧，张玉凤，李莉．旅游产业数字化创新历程与演化规律 [J]. 开发研究，2023(4):72–80.

[5] 赵凌冰．数字经济背景下旅游创新人才培养路径探析 [J]. 中国市场，2024(1):66–69.

[6] 庄雪球．基于智慧旅游“旅游市场营销”应用型课程建设与改革 [J]. 大学，2021(47):119–121.

[7] 赵慧娟．“互联网 +”背景下“旅游市场营销”课程建设与改革研究 [J]. 中国新通信，2024,26(14):74–76.

第四章

双创能力导向的专业实践教学改革

第一节　实践教学体系

“融合·跟进·转变”式旅游管理专业教学改革与实践

我国经济已经由高速增长阶段转向高质量发展阶段，贯彻新发展理念，构建新发展格局，推动经济社会高质量发展是“十四五”时期的工作重点。扎根中国大地办大学，落实立德树人根本任务，在民族复兴、国家强盛、地区繁荣中建功立业，正在成为新时代高等学校的责任与使命。2018 年，新工科正式扩容为新工科、新医科、新农科、新文科（以下简称“四新”）。针对中国高等教育的现状，2019 年教育部会同中央政法委、科技部等 13 个部门共同启动了“六卓越一拔尖”计划 2.0，旨在主动迎接新技术革命和产业变革的机遇与挑战。

在我国经济进入新常态的背景下，迅速兴起“大众创业、万众创新”的热潮。国家统计局发布的《2021 年中国创新指数》显示，2021 年我国创新能力和水平保持持续提升，稳居中等收入经济体之首，是世界上进步最快的国家之一。我国创新能力排名从 2017 年的第 22 位提升至 2021 年的第 12 位，创新能力得到了极大的发展。我国已将进入创新型国家定为 2035 年远景目标之一，“十四五”期间，无疑是我国跻身创新型国家的关键期。创新是新一轮产业变革与科技革命的不竭动力，创业是推进国家发展与社会进步的重要形式，创新创业（以下简称“双创”）关系着国家命运和民族未来。2015 年国务院在《关于深化高等学校创新创业教育改革的实施意见》中指出，要健全高校双创教育课程体系，培养双创型人才。新时代中国高等教育肩负着教育强国的历史使命，双创人才培养是面向经济社会发展的战略需要而衍生出的一种新型教学方式。高校作为培养国家科技创新人力资源的摇篮，势必要以“创新驱动发展战略”为指导推进人才培养体系改革，将双创教育贯穿人才培养全过程，培养大学生的双创能力，构建双创培养体系是推动中国高等教育改革、完善治理能力与质量体系现代化的主要途径。

新工科、新医科、新农科、新文科教育理论与旅游管理专业教学之间具有高度的契合性。随着全球化经济发展的大趋势，满足地方经济发展和旅游行业发展对于复合型旅游管理专业人才的需求极为迫切。旅游管理人才的教育理念就是利用文、理、工、艺等理论与技能培养学生的创新思维与实践能力，坚持推进双创能力导向的“融合·跟进·转变”式旅游管理专业教学改革与实践研究，对于提升旅游管理专业人才培养质量尤为重要。

一、双创能力导向的旅游管理专业教学与实践现状

1. 教学层面：理论与实践脱节的问题

尽管双创教育被越来越多的高校所重视，努力培养旅游管理专业学生的双创能力，让学生具备创新思维、创业精神和实践能力。但在旅游管理专业实际教学中，往往还是理论课程占据主导，实践教学环节相对薄弱，具体表现如下：①课程内容设置不合理。课程内容过于偏向理论，旅游管理专业的双创教育不仅要求学生掌握扎实的理论知识，还需要具备实际操作和双创能力，然而在课程设置时，双创课程设置相对较少，过于注重理论知识的学习，缺乏足够的实践环节，学生难以将所学知识应用于实际工作中，导致理论知识无法有效转化为实践能力；②理论教学存在一定的局限性。旅游管理专业的理论教学往往过于注重知识的传授，缺乏对实际应用和双创能力的培养，尽管课程中包含了创新理论、创业知识等相关内容，但这些往往停留在理论层面，缺乏与真实旅游行业工作环境的对接。

2. 实施层面：教学方法和手段相对单一

首先，大部分教师沿袭传统的讲授式教学方式，侧重于理论知识的灌输，虽然这种讲授式教学有其优点，但缺少互动和实践，很难激发学生的学习兴趣和积极性，学生被动地接受知识，缺乏主动思考和解决问题的能力，导致理论与实践之间的鸿沟难以弥合。其次，教学手段单一，缺乏多样性，在现代教学技术日益发展的今天，许多教师仍然停留在传统的板书和 PPT 展示上，缺乏使用多媒体、在线课程、虚拟仿真等现代化教学手段的意识，限制了学生获取信息的渠道和方式，影响了教学效果的提升。此外，实践教学手段不足，缺乏真实性和有效性，虽然高校开始重视实践教学，但往往停留在实习实训环节的安排上，缺乏与旅游企业深度合作的实践教学项目，学生不能获得真实的创业环境和挑战，难以将理论知识转化为实际能力。

3. 支撑层面：实践教学资源不足

在支撑层面，旅游管理专业在培养双创人才方面存在实践教学资源不足的问题，主要体现在以下几个方面：①实践教学基地和设施短缺，由于资金和场地的限制，许多高校缺乏先进的旅游管理专业实践教学基地，如模拟旅行社、导游实训室、智慧旅游室等，同时，现有的礼仪实训室、餐饮实训室、客房实训室等实习场地设施可能过于陈旧，无法满足现代旅游行业人才培养的需求，导致学生难以在实际操作中学习和掌握最新的旅游管理知识和服务技能；②缺乏与旅游企业的深度合作，实践教学需要与企业紧密结合，但高校与旅游企业的合作并不深入，导致实践教学内容与行业需求脱节，学生难以接触到真实的旅游业务场景，也无法获得企业专家的有效指导，影响了实践教学效果；③实践教学师资力量

薄弱，很多高校缺乏具有丰富实践经验和行业背景的教师，实践教学质量不高。

二、双创能力导向的“融合·跟进·转变”式旅游管理专业教学改革

21 世纪是信息技术和知识经济的时代，建设创新型国家、实施创新驱动战略已逐渐成为世界共识。创新驱动，核心是人才，根基在教育。在教学与实践过程中从双创意识、双创方法、双创能力对旅游管理专业学生进行培养，提升旅游管理专业学生的综合素养。双创能力导向的“融合·跟进·转变”式旅游管理专业教学改革的具体内容如图 1 所示。

1. 融合教学理念，培养双创意识

（1）教学理念四融合

融合“四新”、双创、实践、课程思政教学，为适应服务场景的变化对旅游管理专业人才的要求，培养符合新时代需求的旅游管理专业双创型人才，将复合型人才培养和双创的理念融入旅游管理专业教学全过程。面对旅游行业对双创型人才的需求，强调学生的双创能力的培养。在教学过程中，根据学生的认知规律，设置实践教学项目；日常教学中，将社会主义核心价值观、人文素养、优秀传统文化、红色文化等思政元素引入日常教学过程中，达到“润物无声”的作用；在培养学生专业素养的同时，将社会主导价值的教育贯穿始终，厚植学生爱国主义情怀，形成学生发展的内驱力，使其专业素养与人文素养得到同步提升。

（2）教学目标两对接

对接地方经济发展和行业发展需要，地方本科院校旅游管理专业以培养适应新形势下服务地方经济社会发展需要的复合型专业人才为目标，重视学生的创新思维能力的培养，主动对接地方经济发展，紧跟行业发展。针对旅游行业对旅游管理专业人才的要求，积极开展校企政深度合作建设，以“校企政互动、工学创交替”为主要路径，基于 CBE 理论和 OBE 理论，采用“行业、职业、岗位”一体化的人才培养模式，紧密贴合企业需求，整个教学过程主动对接地方经济发展和行业发展需要，对旅游管理管理人才培养课程体系进行重构。

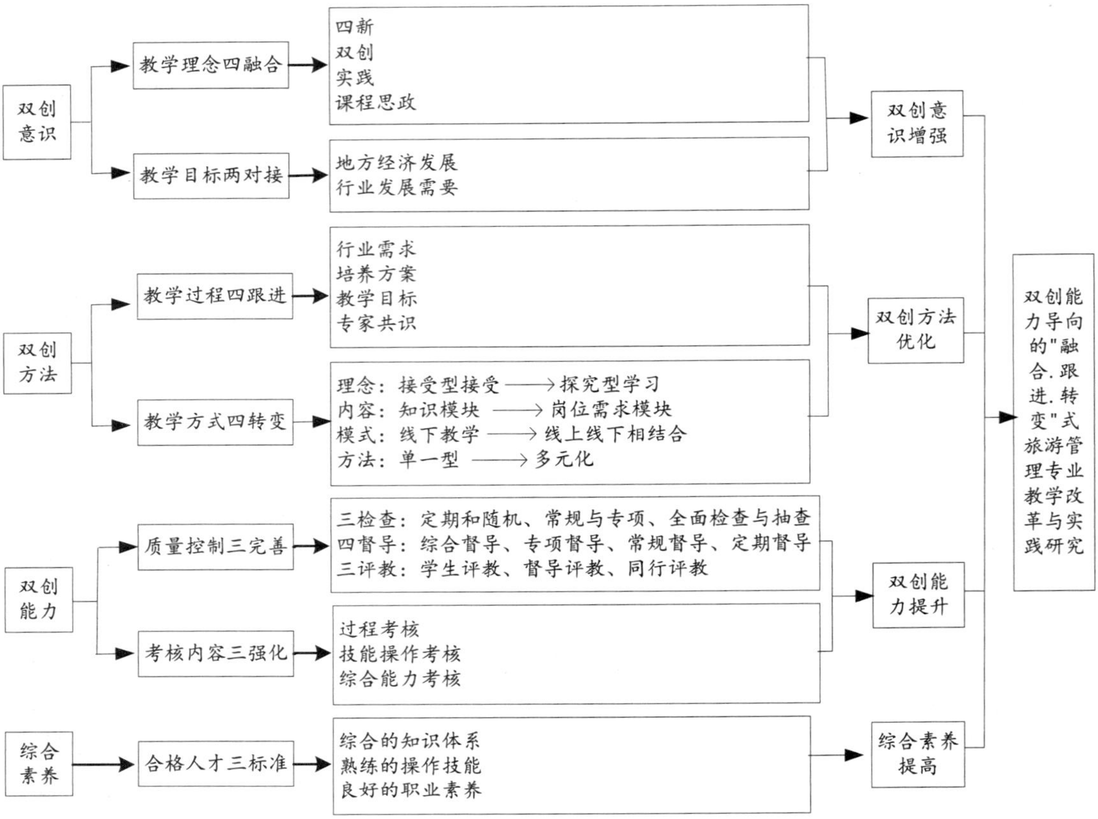

图 1　双创能力导向的“融合 · 跟进 · 转变”式旅游管理专业教学改革内容

2. 优化双创方法，提升教学效果

（1）教学过程四跟进

跟进行业需求、培养方案、教学目标、专家共识，深化教学改革，通过加强双创教育与专业教育的深度融合，探究“专创融合”新途径，全面提高教育教学质量。依据旅游行业发展需求、人才培养方案、教学目标设置，结合专家共识，针对不同需求的学生，进行分类别、分层次的培养，及时对地方、行业和企业有关旅游管理专业人才能力的要求进行充分的调研，主动跟进家长对孩子的期望，了解家长对孩子培养中的想法和需求，保障高校人才培养、地方经济发展、行业发展三者对人才需求的一致性，并对学生的双创潜力进行深度挖掘。同时加大对专业授课教师的培养力度，提供各类培训机会，聘请有双创经验的教师和校外专家开设具有专业特点的双创类选修课程，培养学生的双创实践能力，提升旅游管理专业双创教育的水平与质量。

（2）教学方式四转变

转变传统的旅游管理专业理论教学与实践教学理念、内容、模式、方法，改革传统教学方式不利于培养学生自主学习能力的弊端，以双创能力培养为导向，采用现代教学方式，充分利用网络精品课程资源，创设轻松的学习氛围，构建个性化的学习平台，以提升双创教学效果。具体转变实施路径如图 2 所示。

一是教学理念由接受学习转变为探究学习。随着“四新”建设背景和双创理念的推进，旅游管理专业人才培养也应紧跟时代需求，从教学、科研和学生指导全方位考虑，引导学生积极适应旅游行业对人才的需求，主动学习行业新知识，掌握行业新技能，了解新工艺，拓展新领域，全面发展，提升综合专业素养。教师以教学为抓手，以科研为突破口，指导学生积极参加双创项目申报并开展社会实践，对学生进行个性化辅导，实现教学理念由传统的接受学习转变为自主探究学习，培养学生发散思维与创新思维。

二是教学模块由知识模块转变为岗位需求模块。为了缩短理论与实际操作之间的距离，让学生更快地胜任岗位要求，专业教师应及时进行市场调研和毕业生回访，了解毕业生主要面向的岗位任务需求，在岗位任务驱动下，确定人才培养目标，积极进行教学改革，推敲实践教学内容，打破传统知识模块的局限，开展凸显岗位能力需求的教学模块，加强学生实践操作能力的培养，提高学生的感性认识，强化毕业生的岗位胜任力，实现教学模块的有效突破。

三是教学模式由线下教学转变为线上线下混合式教学。由于新冠疫情对教学工作的影响，2020 年上半年的线上教学促进了传统教学方式的改革，线上线下混合式教学打破了传统教学在时空上的局限，实现了教学资源共享。同时线上有许多优质的教学资源，充分利用网上优质教学资源，搭建精品课程资源共享平台，各种线上教学资源和旅游 VR 实训平台，有效弥补了线下教学的缺陷，利用线上线下混合式教学，拓展学生的知识面，提升学生的综合素养。

四是教学方法由单一型转变为多元化。教学有法，教无定法，在课堂教学过程中，积极引入项目驱动式、质疑激趣法、自主探究法、发散集中法、定势打破法、变换重组法、辩证交流法等教学方法，积极运用微课、中国大学慕课、超星学习通等辅助教学资源，提高课堂理论教学的趣味性、形象性和实效性。对接地方经济发展与行业需求，自主设计、综合设计各种实训教学项目，在实践教学中加大学生设计类实训的比例，增强实践教学的针对性、应用性，实现教学方法的多元化转变，提高教学效果。

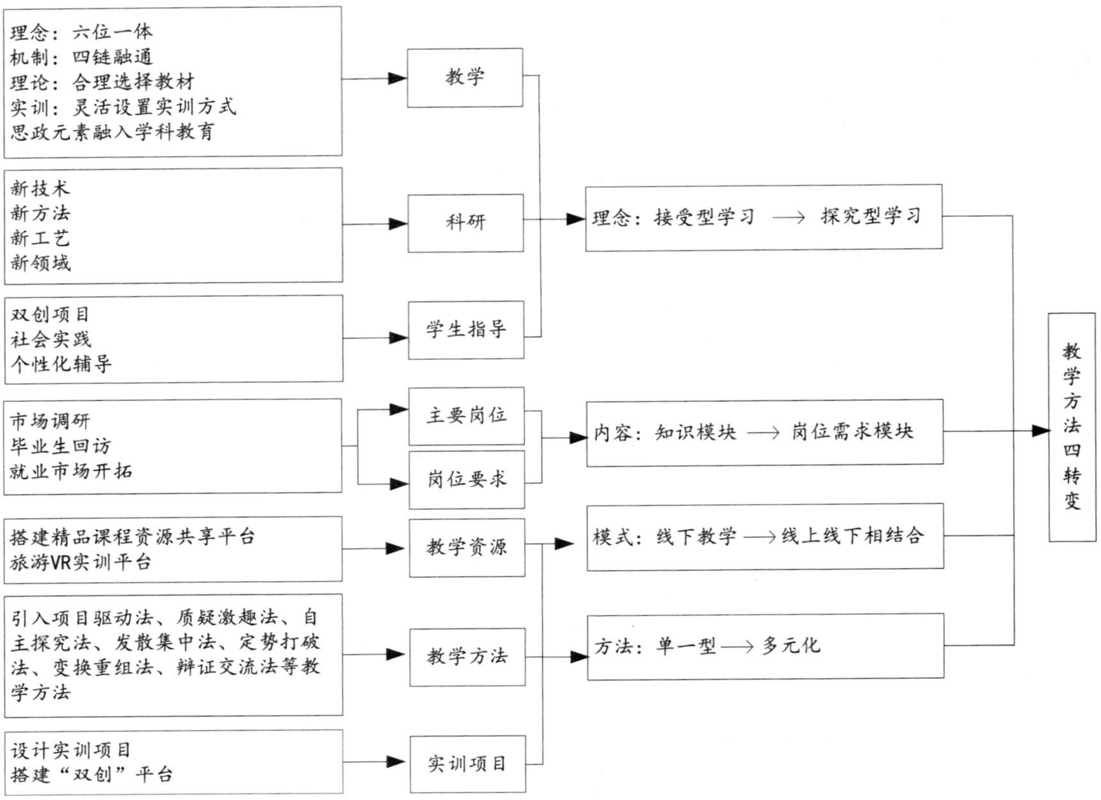

图 2　教学方式四转变实现路径图

3. 完善教学质量控制，提高双创能力

（1）教学质量控制体系三完善

完善“三检查、四督导、三评教”制度。质量保证，制度先行。为了保障教学质量，有效提高学生双创能力，需要完善教学质量控制机制，建立健全规章制度体系，拟从以下几方面进行完善：①完善教学质量三检查。为了有效保证教学质量，严格落实旅游管理专业教学质量控制措施，并积极做到教学过程三检查，即教务处和院系定期检查和随机检查、常规检查和专项检查、全面检查和抽查相结合的方式；②落实教学质量四督导。即综合督导、专项督导、常规督导、定期督导，各级督导定时不定时进行教学过程督导与监控，提升教师理论与实践教学效果；③执行教学质量三评教。即学生评教、督导评教、同行评教。全程全方位对教学活动进行常态化监管，促进教师优化教学水平，提升教学效果，为教学秩序有效维护提供制度保障。

（2）考核内容三强化

强化过程性考核、技能操作考核、综合能力考核。考核内容对专业教学有导向作用，通过考核旅游管理专业教学效果，改变学生学习动力不足、动手操作能力有待提高、知识融会贯通和综合分析能力欠佳的现状，提高学生综合素质，提升双创能力。

4. 进行综合考核，培养复合人才

创新无穷时，创业无止境。为了培养合格的旅游管理专业人才，利用全新的教学理念，从知识体系、操作技能和职业素养对学生进行综合考核，湖南工程学院作为一所典型的地方应用型本科院校，为地方经济发展培养了大量应用型技术技能型人才，根据学院定位，旅游管理专业人才培养目标的初衷主要着眼于为地方经济发展和旅游企业培养大批综合能力强、专业素养高的复合型人才。

三、改革的重点与难点

1. 构建基于双创能力导向的旅游管理专业教学体系

明确双创能力导向的教学目标。在教学中应明确双创能力导向的教学目标，培养学生的创新思维和创业能力，使旅游管理专业毕业生具备在旅游行业中自主创新和创业的能力。为了实现双创能力导向的教学目标，需要对传统的旅游管理专业课程设置进行优化，在进行专业教学时，训练学生的创新思维，引导学生参加双创竞赛，让他们在比赛中锻炼自己的创新思维和创业能力。除了传统的考试评价外，还应综合考虑学生的项目参与度、团队合作能力、创新思维表现等多方面的评价，形成综合性的评价体系。

2. 建立完善的实践教学管理体系

制定旅游管理专业实践教学的相关规定和考核标准，加强对实践教学的监督和管理，确保实践教学环节的质量和效果。通过旅游管理实验室和实践教学基础建设，为学生提供模拟旅游管理和旅游服务的实践环境，学生通过实地考察、实习等方式，能深入了解旅游行业的运作模式、管理方式等，提高旅游管理专业学生的双创能力。

四、结束语

以双创能力为导向，注重培养学生的创新思维和创业能力，通过构建基于双创能力导向的教学体系、强化实践教学环节、创新教学方法和手段等方面的改革，为旅游管理专业的教学注入新的活力。在旅游管理专业教学与实践过程中，需要不断探索和完善教学改革的方法和途径，加强与旅游企业的合作与交流，提高教师的实践教学能力和丰富教师的行业经验，为学生提供更加丰富、实用的实践机会。同时，也需要不断完善旅游管理专业教学评价体系，注重对学生创新思维和创业能力的评价，以更好地指导旅游管理专业教学改革的方向，提升教学改革效果。

参考文献：

[1] 杨东 . 新文科视域下国家急需交叉学科人才培养模式研究——以区块链与数字经济为例 [J]. 人民论坛 · 学术前沿 ,2023(21):13−23.

[2] 黄燕平 . 新文科背景下基于 POA 理论的混合式大学英语读写教学 [J]. 英语广场 ,2022(14):86−91.

[3] 肖宇桐 , 孙振超 , 田玉鹏 . 产教融合视域下大学科技园“双创”人才培养模式研究 [J]. 天津科技 ,2023,50(1):14−17.

[4] 刘雯玮 , 杨柳 . 高校创新创业教育与美育有效融合的实践路径 [J]. 东华大学学报（社会科学版）,2022,22(3):108−111+118.

[5] 费志勇 . 应用型高校双创教育与劳动教育协同育人探究 [J]. 学校党建与思想教育 ,2022(4):51−53.

[6] 杨娟娟 . 创新创业教育与旅游管理专业教育的有机融合——以“餐饮服务与管理”课程为例 [J]. 西部旅游 ,2023(16):97−99.

[7] 毛杰 . 以高等教育创新助推现代化河南建设 [J]. 教育国际交流 ,2024(1):13−16.

应用型本科院校旅游管理专业实践教学体系

旅游管理作为工商管理学科体系中的一个重要的二级分支，正随着全球经济一体化步伐的加速而展现出前所未有的发展活力与广阔前景。为了培养出优秀的旅游管理专业人才，实践教学肩负着深化学生对基础理论知识的理解与掌握、提升学生专业素养、培养学生实际操作技能和双创能力的重任。应用型本科院校的人才培养模式应该有别于高职院校与普通本科院校，更需要强调综合专业素养与综合能力的培养。为此，开展了包括礼仪实训、餐饮实习、旅游管理信息化软件实习、专业实习、旅游市场营销实习、毕业实习等在内的众多实践教学环节，但是这些实践环节在实施过程中，由于时间跨度大，实践教学所包含的课程门数多，牵涉到实践教学目标的设置、教学体系的安排、校企合作等问题，因此，为了进一步提升实践教学质量，达到实践教学的目标与教学任务，需要进一步对实践教学体系进行统一设计与规划，对实践教学所涉及的相关内容与环节进行统筹安排，使不同专业核心课程之间的实践教学体系和资源能够交叉融合贯通，从而实现相关教学资源的充分、有效、合理利用。

一、CBE 教育理论

CBE 教育理论就是一种“能力本位”的教育模式，以全面分析职业角色活动为出发点，根据社会和旅游相关行业对旅游管理专业毕业生履行岗位职责所需要的能力为基本原则，以满足旅游业及相关行业需求为落脚点，以学生能力提升培养为目的，强调旅游管理专业学生在学习过程中的主导地位，提升学生的综合专业素养与综合能力。运用 CBE 教育理论进行实践教学，对于培养旅游业及其相关产业急需的应用型、技能型人才起到极大的推进作用，能够大力提升人才培养效果。

二、应用型本科院校旅游管理专业实践教学存在的问题

1. 实践教学目标不明确

许多应用型本科院校在进行人才培养计划制定的过程中，人才培养目标不清晰，实践教学定位不够明确，理论教学内容与实践教学内容存在脱节的现象，在人才培养目标与教学大纲上，没有对实践教学的目标、学生通过实践教学环节应掌握的知识、练习的技能、培养的能力等问题进行明确的规范说明，人才培养目标与普通本科院校、高职院校没有明显的区别，使得培养的旅游管理专业学生要么实践能力有所欠缺，要么综合能力有待进一步提升，从而影响旅游管理专业毕业生的就业与择业，即使学生能够顺利的就业，亦会存

在不能及时胜任岗位工作要求的情况，使得职业适应过渡期延长。

2. 课程设置与企业需求衔接度不高

应用型本科院校旅游管理专业课程设置普遍存在与企业需求衔接度不高的情况，有些课程设置不以就业为导向和是否适应行业需要为标准，导致不少应用型本科院校的旅游管理专业毕业生在本行业内就业率低，流向其他行业，出现了学生就业难与企业人才短缺并存的矛盾局面。主要表现在以下方面：①旅游管理专业的核心专业课程设置多偏向于管理类、经济类、技术操作性的课程，与旅游行业的衔接度不够，从而使培养出的旅游管理专业毕业生对本行业认识不足，而且知识较单一，缺乏必要的人文素养、国际视野、创新创业意识，缺少文化上的厚重感；②专业技能课程重讲授轻实践，理论教学与实践操作存在一定程度的脱节，人为的将专业理论与实践技能分割开来，同时，在教学过程中，没有很好借用现代媒体和各种实训资源，如在线精品课程、各种慕课资源以及校内外的实习基地与合作企业，不能与时俱进；③核心专业课程的设置缺乏前瞻性和灵活性，未能根据社会经济发展和旅游行业的变化，对所开设的核心专业课程进行相应的调整，从而适应不了如今信息时代知识更新和产业结构调整加快的特点。

3. 校企合作不紧密

许多应用型本科院校没有形成与企业深层次的科研开发、项目合作、人才输送等领域的互利共赢合作模式，主要表现在两个方面：①高校没有发挥其主导作用，没能充分认识到校企合作的重要性，未有打破传统思维，不能适应社会对人才需求的变化，没能正确认清校企合作是其实现人才培养的重要路径；②企业方没有从战略层面认清校企合作给企业带来的巨大效益，对后备人才储备的重要性认识不足，认为旅游管理专业人才的培养是高校的事情，把参与到对旅游管理专业人才的培养视为企业的负担，认为企业只需要从社会上选拔人才到企业工作，做好生产经营就行。

4. 师资缺乏实践经验

通过对多所应用型本科院校的专业教师进行调研与深度访谈得知，担任旅游管理专业实践教学的教师大部分没有从事过旅行社、饭店、景区等相关企业工作的实践经历，缺乏实践经验，对行业动态、企业文化、经营管理、沟通技能及其人才需求了解不足，对于现代企业中的新技能、新工艺、新知识等没有更深入的了解。甚至于对旅游行业中的一些企业岗位设置与能力的要求缺乏足够的认识与了解，由于从事实践教学的教师缺乏相应的知识储备、实践技能等，导致实践教学效果不理想，从而影响了实践教学目标的实现。

5. 实践教学评价管理体制不健全

旅游管理专业理论教学与实践教学具有不同的侧重点，因此，在对学生实践技能考核评价时应有别于传统的理论教学效果的评价。但是由于应用型本科院校多年来沿用普通本科院校的考核方式，实践教学考核体制还不健全，参考理论教学评价考核机制，无法对学生实践能力进行准确的评价，同时，由于具体实践教学环节多，实习场所多变，采用这种评价机制无法对学生的实践能力进行准确、高效的考核。

三、基于 CBE 理论的应用型本科院校旅游管理专业实践教学体系的构建

1. 以“能力本位”为目标构建实践教学体系

运用 CBE 理论，强调旅游管理专业就业岗位的宽泛性，确定以旅行社、饭店、会展、旅游景区等作为旅游管理专业毕业生的职业岗位群，分析各个不同岗位所需能力。在充分明确旅游管理专业特色、专业方向、人才培养模式的基础上，借鉴国内外高校的成功经验，把“能力本位”摆在教育教学的第一位，时刻关注旅游业及其相关行业的发展态势，重新设计构建符合旅游行业发展的实践教学课程体系，理论与实践相结合。旅游管理专业教学必须摒弃单纯的“学历为本”的传统理念，以市场及行业需求为导向，以综合能力提升为应用型本科院校旅游管理专业的教学理念，构建以“能力本位”为目标的实践教学体系。

2. 以能力为导向设置实践教学项目

根据旅游管理专业人才的培养目标，以学生综合能力培养为核心工作，建立起以培养旅游管理专业人才能力提升为导向的实践教学课程体系。突出实践课程教学目标，按认知实习、基础技能训练、专业技能训练、职业综合能力训练四个阶梯，循序渐进安排旅游管理专业实践教学项目。按照“能力本位”的模式，强化实践教学过程。通过企业调研、旅游产业的发展、毕业生跟踪分析，结合社会对旅游管理专业人才的供需分析，以能力为导向设置实践教学环节与教学内容。为了让学生了解旅游行业的最新发展动态，邀请行业从业人员加入实践教学课程设计中，定期邀请相应专家或旅游行业内的知名人士等专业人员来学校进行实践教学指导、开设讲座，让教师与学生了解行业的最新发展动态。

3. 以产学研合作建立实习基地

为了有效提升旅游管理专业毕业生的专业素养和综合能力，应建立起满足教学需要的校内、校外实习基地。校内实习基地提供模拟旅游企业现实营运环境的场所，建立起与企业相近的仿真职业环境，如客房模拟实验室、导游模拟室、VR 实训室、模拟酒吧、模拟餐饮室、形体训练室与旅游企业信息化软件实训室等。校外实习基地需要学校与旅游企业进行密切联系，建立起长期稳定的示范教学基地和实习基地，强化旅游认识实习、专业实习与毕业实习等多个重要的实践教学环节，让学生充分了解旅游企业内部的营运方式和工作流程，获得最直接的感受，并且要养成一定的职业意识与专业素养，保证实践教学效果。基于“能力本位”要求，将专业实习与毕业实习结合起来，进行不少于六个月的不间断上

岗实习，这样学生就可以有足够的时间了解到旅游企业真实的营运环境，在条件成熟时，还有时间与机会进行岗位的轮换，有效提升学生的专业素养和综合能力。

4. 实施师资实践能力提升计划

根据《国家中长期教育改革和发展规划纲要（2010—2020 年）》要求，需要高校建立和落实高校教师到企业实践制度，担任实践课程教学的教师深入企业实践，有效提升教师的实践能力，了解行业发展动态，适应新的实践教学体系，鼓励创新创业能力和实践能力强的教师承担实践环节的教学和指导工作，同时学校应该高度重视双师双能型教师的培养工作，采用“专职与兼职相结合”“引进与培养相结合”“挂靠与认证相结合”的办法，打造双师双能型教师队伍。聘请行业专家到学校担任实践环节的指导老师，由于聘请的专家实践能力强，长期从事旅游行业相关工作，可以有效克服和避免实践教学脱离旅游业发展的弊端。积极鼓励实践环节指导老师通过挂职、产学研合作、出国交流等方式提升自身的专业技能与专业素养。

5. 完善实践教学管理机制

为了获得理想的实践教学效果，必须有针对性的完善实践教学管理机制：①校内实习，首先由有丰富实践教学经验的教师参照教研室同事、行业专家、从业人员的意见，制订出实践教学计划，在每个实践环节都分配最有经验的教师进行实践指导，并给予学生足够的时间进行反复练习，由多名实践指导老师对学生进行现场考核，评价并指出学生在实践操作中存在的问题与不足，然后针对学生的实习报告，对各个环节进行量化考核，最终根据多名教师的现场考核结果，结合学生的实习报告与实习态度，给出最终实习成绩；②企业上岗实习，学校派指导老师进行全程跟踪参与，企业根据学生的实习态度、实习综合表现、专业能力等给出评价，指导老师根据学生的实习态度、实习表现等，亦给出相应的评价，再结合学生的实习报告，按照 5∶3∶2 的比例综合评定出最终实习成绩。

根据这种严格、科学、公平、合理的实践教学管理机制，一方面能够促使教师端正实践教学态度，经过教师的头脑风暴、指导老师在企业的全程跟踪参与，可以了解到行业最新的发展动态、行业对人才的最新要求等，能够有效提升教师的实践教学水平；另一方面可以激发学生参与实践环节的学习主动性和积极性，督促学生重视实践训练与考核，端正实习态度，从而提升实践教学效果。

四、结束语

随着我国综合国力的提升，与全球合作越来越密切，旅游业发展迅速，社会需要越来越多的旅游管理专业人才，人才的培养离不开旅游教育的发展，应用型本科院校更应该根据社会对旅游人才的市场需求，区别于普通本科院校与高职院校的人才培养模式，基于

CBE 理论，以培养旅游管理专业的综合型与应用型人才为目标，以创新创业、就业为导向，充分发挥出应用型本科院校人才培养的优势与特色，积极转变传统的教学观念，明确实践教学目标，以综合能力为导向设置实践教学体系、建立产学研教学基地、提升教师实践教学能力、完善实践教学管理体制，不断提高旅游管理专业学生专业素养与综合能力，促进旅游管理专业学生的高起点就业。

参考文献：

[1] 董晓红 . 民族院校民族大学生一体化实践教学体系研究——以中央民族大学旅游管理专业为例 [J]. 贵州民族研究 ,2017,38(10):236−240.

[2] 于平 , 高江江 , 朱伟 . “大旅游”人才培养实验教学体系研究 [J]. 实验技术与管理 ,2016,33(8):159−161+186.

[3] 钟欣 . 基于 CBE 理论的高校体育教学模式构建研究 [J]. 教育理论与实践 ,2018,38(3):63−64.

[4] 邓小娟 . 旅游管理专业实践教学体系的构建 [J]. 教育与职业 ,2014(35):169−170.

[5] 周子英 . 基于 CBE 模式的应用型本科院校旅游管理专业实践教学体系研究 [J]. 旅游纵览 (下半月),2019(18):218−219.

[6] 刘晓莉 , 谭启鸿 , 韦鑫 .Ted−Qual 导向的旅游管理专业特色建设机制与互动模式研究 [J]. 陕西教育 (高教),2023(8):40−43.

第二节　实践教学模式

基于双创能力培养的旅游管理专业创新实践教学模式

为应对新科技革命和产业变革的机遇与挑战，教育部、中央政法委、科技部等13个部门于2019年4月29日在天津联合启动“六卓越一拔尖”计划2.0，全面推进新工科、新医科、新农科、新文科（简称“四新”）建设，以提高高校服务经济社会发展能力。推动基本公共教育均衡发展，深化职业教育产教融合，提升高校创新人才培养能力，增强教育改革发展活力，加快实现教育现代化，2019年2月中共中央办公厅、国务院办公厅印发了《加快推进教育现代化实施方案（2018—2022年）》。随着经济全球化、数字化转型和创新创业的兴起，商业领域面临着前所未有的变革和挑战，传统的商科教育已经不能满足新时代对商业人才的需求，需要更加注重商业与科技、人文、社会等领域的融合，培养具有全球视野、创新精神和领导力的商业人才。新商科教育注重培养学生的数字化思维、双创能力和社会责任感，强调商业与社会的协同发展，以适应新时代商业领域的变革和发展。然而作为培养商贸从业人员主力军的地方高校，在本轮科技革命和产业转型升级浪潮中，实践教学存在明显的滞后性，人才培养与商业发展新需求严重脱节，为增强与产业、企业的紧密合作，加强实践教学和实习实训，提高学生的实践能力和就业竞争力，实践教学改革势在必行。

一、旅游管理专业双创教育现状

以旅游管理专业为例，双创教育与专业教育两者之间融合度偏低，学生缺乏将所学知识与创业思维相结合的意识，具体表现为以下三个方面：

1. 实践教学体系与创新型人才培养目标脱节

传统的旅游管理专业实习实训和实验课程注重框架性、验证性，实践教学以“教师传授为中心”，教师布置任务，学生提前预习实验过程，课堂上按照设计好的内容方案进行实验，学生缺乏自主创新意识和创造力，难以激发学生的求知欲和探索欲，无法培养学生创造思维以及知识的应用能力，阻碍了学生所学知识与能力之间的互通联系。

2. 实践教学与旅游行业的需求脱节

目前，旅游管理专业课程内容与旅游行业实际经营相隔离，尤其是实践课程设计与旅游行业的实际应用缺乏有机结合。此外，由于受到实践教学的学时、实践场地、条件等限制，对于旅游业关注的核心技术与专业技能，未能在教学过程中得以充分体现，与旅游产业、社会需求严重脱节，培养的人才难以满足旅游业的实际需要。

3. 双创教育与专业教育在教学模式上脱节

许多旅游管理专业的课程设置和教学内容主要侧重于旅游业的理论知识和业务技能，而对于诸如人工智能、大数据、云计算、区块链、元宇宙等新技术在旅游管理专业创业教育里的相关内容则涉及较少，学生在接受专业教育的过程中，很难接触到与创业相关的知识和技能，从而无法将所学应用于创业实践中。传统的旅游管理专业教学方法往往以讲授和理论学习为主，缺乏实践性和创新性，而双创教育则更注重学生的实践能力和创新思维的培养，需要采用多样化和互动性的教学方法，与传统的教学方法的不匹配，使得学生在接受双创教育时感到困难，无法有效地提升学生的双创能力。同时，许多旅游管理专业的教师缺乏创业经验和背景，无法为学生提供有效的创业指导和建议，高校也缺乏具有创业经验和成功创业案例的师资力量，难以为学生提供实践性的创业指导，导致双创教育和专业教育之间相互脱节，学生无法得到全面而有效的创业指导。

二、基于双创能力的旅游管理专业实践教学模式改革方案

1. 明确培养目标

自提出双创能力培养目标以来，各高校作为人才培养的主体，积极探索对学生双创能力的培养方案，实践能力的强弱是决定双创能力高低的关键。因此，高校应依据最新修订的指导性培养方案的有关规定，围绕高层次应用型人才的知识能力结构和职业能力要求，以社会需求为导向，立足旅游管理专业教育的实践特性，改革旅游管理专业人才培养方案，优化实践课程体系，完善课程设置，创新多样化的实践教学方法，实施合理的评价体系，建立“产教融合、校企协同”的实践型培养模式，培养适应经济转型升级需要的融理论知识修养、职业能力、实践能力于一体的具有双创能力的应用型人才。

2. 构建以应用导向为目标的专业课程体系

依据人才培养目标，以双创能力培育和高层次应用型人才培养为核心，在课程体系的设置上要与传统的旅游管理专业课程教学体系有所区别，在课程设置上加强实践环节，突出课程体系的应用性导向，培养学生解决实际问题的能力，从而使其能更好地适应未来的职业需求。在课程设置上，实践教学体系必须以提升学生的双创能力为目的，服从培养目

标的整体需要，在校内实践模块方面可设置专业课程实践（有针对性地设计实践）、项目实践（项目实训）、创新思维训练（以赛代练）、创业实践（创业平台提供）等，在校外实践模块可设置行业实践、社会实践两大类，依照这些模块建立产学研结合的、以实践课为主导的现代教育模式。紧抓实验、实训、实习环节，在实践教学体系构建方面加大力度，完善校内、校外实训基地建设。通过校内实践环节，将理论知识传授与实践相结合，使学生初步掌握基础的实践技能；校外实践基地则通过与相关企业的合作，使实践教学实战化、社会化，使学生在实践中学习，实现理论教学与实践教学高度融合，从而为旅游管理专业学生参与社会实践提供良好的条件，为提高办学质量提供可靠保证。这种学校与旅游企业联合建立的实践基地不仅为学生提供了专业知识技能训练的实践平台，而且使学生的创新能力得到增强，创业能力得到开发。

3. 探索多样有效的实践教学方式

作为专业课程的讲授者，教师是学生发展的引领者，教师的实践教学水平直接关系学生对专业能力的掌握程度。教师在讲授课程时要积极开展案例教学，案例不但包括已有的案例资源，而且要包括实践创设的新案例。教师通过案例教学，引导培养学生发现、解决实际问题的能力。如在开展课堂教学的基础上，组织学生对某景区企业的产品展开个案研究、讨论，并将研讨结果和改进方案制作成课件反馈给企业，这样一方面锻炼了学生的实践能力，另一方面亦丰富了教学案例。这种通过案例开展现场教学的实践方式，学生深入旅游企业获得全方位、全过程锻炼，既增强了实践教学的生动性，又在实践中激发了学生的创新思维，为学生将来走向职场开展双创活动打下良好的基础。此外，教师还应加强案例库建设，借助现代互联网平台，建立具有专业内容特色的国内外优秀案例库，实现资源共享。基于信息技术与数字经济，培养高层次的旅游管理专业双创型人才，利用校内、校外实训基地开展实践教学，培养学生双创能力。

在实践教学中，为体现实战化要求，参展、参赛可以作为丰富和深化实践教学的另一种方式。在参展、参赛的项目选择上，教师可以先挑选一些高层次的展览、赛事（如中国国际“互联网 +”大学生创新创业大赛、“挑战杯”全国大学生课外学术科技作品竞赛、湖南省旅游专业技能大赛、湖南省酒店创意大赛、全国导游大赛、全国大学生旅游设计大赛等），然后针对旅游管理专业方向特点选择相应的赛事主题，并将之与课程教学联系起来。在参展和赛事准备过程中，指导教师与学生就竞赛主题和设计思路展开研究和探讨。学生在准备过程中查阅资料，厘清思路，综合运用知识能力，激发创新潜能；教师在不同节点给予学生指导、建议，通过竞赛项目以赛促学、以赛促创，在竞赛中帮助学生展现、提升双创能力。这种以赛事为媒介延伸实践教学的方式拓宽了学生的设计视野，营造了积极主动、相互促进的学习气氛。

4. 强化专业学位导师队伍建设

旅游管理专业人才培养方案指出："该领域毕业生具有旅游管理国际化视野及专业知识，能胜任各级旅游行政管理部门、旅游企事业单位工作的高素质应用型管理人才"，知识结构合理且有相当实践经验和实践能力的专业导师是实现这一目标的关键因素。目前，各高校的校内导师以理论知识和学术成果丰富的学术型导师为主，因此，加强专业型导师的实践能力、完善"双师"型队伍建设尤为必要。"双师"制一般指每名学生由两名或两名以上的导师共同指导，校内导师发挥理论教学的优势，来自企业、行业的具有专业实践经历的高水平校外导师负责专业技能方面的实践指导，实行"双师"制是培养旅游管理专业学生双创能力的重要手段和途径。不过，由于薪酬体系、绩效考核以及其他种种因素，校外导师的实际教学情况与预想效果存在一定差距，其积极作用尚未完全发挥，这也导致应用性教学内容和实践性教学方法难以完全展开。所以，高校加强校内"双师"师资队伍的建设就显得尤为必要。一方面，高校在选聘教师时，应采用不同的评价标准，选用具有丰富实践经验和旅游行业经历的实践型人才充实教师队伍；另一方面，加强对"双师"型师资队伍的培养，鼓励校内导师到旅游行业、旅游企业单位挂职锻炼，引导其深入业界，真正体认业界最关心、最具挑战性的问题，积极开展应用研究，从而使旅游管理专业学生的知识结构得以更新，实践技能水平得到提升。校内导师要加强专业培训、进修，拓宽再学习渠道，使自身的理论素养、实践能力均能得到全面提高，不断保持对新知识的扩充、更新和对学科、专业前沿的把握，不断提高自身素质，为培养合格的旅游管理专业人才提供坚实的保障。

5. 实施以能力考核为主的评价体系

在旅游管理专业学生双创能力培养的体系中，构建科学合理的评价标准是确保培养质量的关键。为凸显旅游管理的双创特色，高校应建立以能力评估为核心的评价机制，精准选取与双创目标紧密相关的关键要素作为评价标准。此体系需涵盖多元化的评价维度，其中，实践考核与双创能力表现尤为突出。评价体系应全面融合课程成绩、参展参赛经历、双创能力评估以及学位论文答辩等多个方面。双创能力作为核心，不仅反映了学生的创新思维活跃度与创业实践潜力，还综合体现了其专业知识应用、问题解决策略及创新精神，是评价旅游管理专业学生综合素质的重要指标。在毕业论文与毕业设计的评价中，特别强调以实践为导向，考察学生将理论知识转化为解决实际问题的能力，以及在这一过程中展现出的技术深度、创新思维的独特性和创造性，学生需基于实践调研，独立完成从问题识别到解决方案制定的全过程，展现其勇于探索、敢于创新的精神风貌。此外，为持续推动双创能力培养，高校应定期策划并实施一系列教学活动与实践项目，每学期及每学年均邀请专业导师与行业专家参与，通过点评、指导与评分，及时反馈学生的学习成效与存在的问题，促进学生对专业知识的深入理解与应用，通过专家视角的审视，不断总结实践经验，优化人才培养方案，确保旅游管理专业人才培养的质量与效率稳步提升。

三、结束语

在新商科背景下，培养大批具有双创能力的人才是本科商科教育的宗旨和根本目标，也是我国经济社会发展的需要。探讨如何将双创教育与学科专业教育相融合并激发学生的双创潜能，培养具有双创能力的旅游管理专业创新型人才，成为高等教育实践教学改革的新命题。旅游管理专业是一门实践性较强的学科，具备专业实践能力是对旅游管理专业毕业生的根本要求。基于双创能力培养视角，从课程体系、教学方式、师资队伍建设、评价体系等方面入手，不断改进旅游管理专业实践教学模式，提高旅游管理专业教育教学水平，为双创型旅游管理专业人才的培养提供保障。

参考文献：

[1] 陈时见，杜彬恒．本科拔尖创新人才培养改革的实践反思与改进策略 [J]. 教学研究，2024,47(1):25–32.

[2] 王钦安，曹炜．新文科背景下旅游类人才培养的规格定位与实施路径 [J]. 乐山师范学院学报，2022,37(1):108–114.

[3] 张跃军，石威，朱恬恬．新商科的理论内涵、运行逻辑和实践路径 [J]. 天津大学学报（社会科学版），2024,26(1):28–37.

[4] 张建强，何丹毓．OBE 理念下高校旅游管理应用型人才培养探讨 [J]. 合作经济与科技，2024(16):86–87.

[5] 吴宏业．项目驱动式教学模式在旅游策划学课程中的应用 [J]. 石家庄学院学报，2020,22(6):147–152.

[6] 刘传喜，唐代剑．双创背景下新农人乡村旅游创新活动类型、空间分布与影响因素——以浙江省为例 [J]. 江苏农业科学，2019,47(21):44–49.

[7] 李志勇，徐红宇，王强．基于 OBE 理念的旅游管理专业校企协同实践教学体系设计 [J]. 西部素质教育，2024,10(17):6–10.

新商科背景下旅游管理专业实践教学改革

随着全球经济的不断发展和信息技术的迅猛进步，商业环境正在经历前所未有的变革。新商科作为这一变革的产物，强调商业教育与现实世界的紧密结合，以适应快速变化的市场需求和商业实践。旅游管理专业作为商科领域教育的重要组成部分，也面临着前所未有的挑战与机遇。实践教学是高等院校专业人才培养的核心环节，在提高学生实践能力、应用能力及创新能力方面扮演着举足轻重的角色，在实践性要求极高的旅游管理专业教学中，实践教学更是不可或缺。传统的旅游管理专业教学往往过于注重理论知识的传授，忽视对学生实践能力的培养，在一定程度上限制了学生未来的职业发展和行业适应力。随着新商科时代的到来，商业环境日趋复杂多变，旅游行业对高素质、实践型旅游管理专业人才的需求也愈发迫切，传统的以理论教学为主的教学模式已无法满足这一需求，在新商科背景下，对旅游管理专业实践教学进行改革显得尤为迫切和必要。从新商科的角度出发，深入探讨旅游管理专业实践教学改革的必要性，通过分析当前旅游管理专业实践教学存在的问题和不足，结合国内外先进的教学理念和实践经验，提出针对性的改革方案，以期为旅游管理专业实践教学改革提供有益的参考和借鉴，推动旅游管理专业人才培养质量的不断攀升。

一、旅游管理专业实践教学存在的问题

1. 人才培养目标不明确

培养目标缺乏明确性，主要表现在旅游管理专业目前的人才培养大都以管理型人才为主，与复合型应用型人才培养的目标存在一定差异。现阶段旅游管理学科融入了部分实践课程，同时也强调为学生提供更具先进性和综合性的实践实训平台，但相比于应用型人才综合素质培养提升的要求而言，这种培养目标仍存在局限性——未能对学生的综合实践能力、创新思维能力做到有效培养。同时，在教学过程中，由于人才培养目标缺乏明确性，导致教学资源的配置合理性也同步出现问题。

2. 课程设置不合理

旅游管理专业课程设置不合理，特别是实践课时占比较低。首先，从课程设置的角度来看，当前旅游管理专业的教学体系往往过于注重理论教学，而忽视了实践教学的重要性，公共课、基础课和专业课所占课时比例偏高，而实习与实验等实践课程的比例偏低，虽然这样的设置在一定程度上保证了学生基础知识的扎实和深厚，但却无法满足现代旅游

业对实际操作技能的需求；其次，实践课时的不足影响了学生的实际操作能力和综合素质的提升，由于缺乏足够的实践机会，学生很难真正掌握旅游管理的核心技能，也无法在实际操作中学习和掌握应有的操作技能，不仅影响了学生的就业竞争力，也制约了旅游业的发展。

3. 企业参与度不高

产教融合需要学校与企业的深度合作，但现实中，很多企业对参与旅游管理专业实践教学的积极性不高。这可能是因为企业担心学生的实践会影响其正常运营，或者因为缺乏相应的激励机制，企业缺乏参与旅游管理专业实践教学的动力。

4. 实践教学力度不足

产教融合背景下，旅游管理专业的人才培养虽然进行了校企合作，或引入了实践维度的一些基础设施为实践教学提供帮助，但总体来说，开展实践教学的力度仍然不足。同时，企业与学校联合，协同进行人才培养的工作也未能实现全面联动。在实践教学的组织落实过程中，企业管理人员、基层岗位工作人员未能结合岗位特征和实践能力，为不同的学生个体提供有针对性的理论和技术指导，实践教学的总体组织落实效果受到了影响。

二、新商科背景下旅游管理专业实践教学体系改革的必要性

1. 适应行业变化的需求

新时期培养经济社会所需的高素质、强能力的复合型人才是对应用型本科院校旅游管理专业人才培养提出的新要求。新商科教育强调商业教育的创新、实践与国际化，注重培养旅游管理专业学生的综合素质和实践能力。传统的旅游管理专业实践教学体系往往局限于课堂内的教学，缺乏与旅游行业的紧密联系和实际操作的机会，改革旅游管理专业实践教学体系是适应新商科教育趋势的必然要求，以更好地满足旅游行业对高素质、实践型人才的需求。

2. 培养学生双创能力

实践教学是培养学生双创能力的重要手段，通过旅游管理专业实践教学体系改革，引入更多真实的行业案例和实践项目，让学生在实际操作中学习和掌握知识，提升他们的实践能力和解决问题的能力。同时，实践教学还可以激发旅游管理专业学生的创新思维和创造力，为未来职业发展奠定坚实的基础。

3. 促进旅游行业的创新发展

旅游行业是一个充满创新和变革的行业，需要不断引入新的理念、技术和管理模式推

动行业的发展。改革旅游管理专业实践教学体系，可以培养出更多具备创新精神和实践能力的旅游管理专业人才，为旅游行业的创新发展提供有力的人才支撑。同时，通过与企业的深度合作，实践教学还可以推动旅游行业的产学研一体化发展，促进科技成果的转化和应用。

三、新商科背景下旅游管理专业实践教学体系的构建

1. 明确人才培养目标

在产教融合背景下，应注重提升学生的综合素质，包括专业理论能力、学习能力、实践能力、参与能力以及职业道德和思想觉悟水平等多个方面的能力素质的培养提升。由于旅游管理的专业属性，毕业生主要从事服务类岗位，即使有些人有机会进入管理层参与相关项目，也需要其具备基层服务实践的相关经验，唯如此才能满足企业要求。在人才培养过程中，应充分利用产教融合模式的资源条件，注重培养专业人才的思想认知，帮助学生树立正确的价值观念，提升其职业道德水平。在学校教育阶段，应引导学生明确旅游管理专业人才的职业操守和工作宗旨，并根据旅游业智能化和信息化的发展趋势，针对性地培养和提升学生的数字思维与数字能力。

2. 优化实践能力培养课程体系

在旅游管理专业的人才培养方案中，优化实践能力培养课程体系是一项至关重要的任务，包括及时修正教学大纲、优化必修课程以及丰富选修课程，以确保学生获得全面且实用的知识和技能。首先，及时修正教学大纲是确保课程体系与时俱进的关键，随着旅游行业的快速发展，新的管理理念、技术方法和市场趋势不断涌现，需要定期对教学大纲进行审查和更新，以确保课程内容与行业需求保持同步，修正教学大纲时，应重点关注新增的旅游业态、旅游政策以及旅游市场的变化，确保学生了解并掌握最新的旅游行业动态；其次，优化必修课程是提高学生专业素养的基础，必修课程应涵盖旅游管理的核心知识和技能，包括旅游市场营销、旅游规划与开发、酒店管理、旅游法律法规等，在优化必修课程时，引入更多的实践案例和模拟训练，让学生在理论学习的基础上，更好地掌握实际操作技能；最后，丰富选修课程是拓宽学生知识面和提升综合素质的有效途径，选修课程主要包括旅游文化、旅游心理学、旅游电子商务等多个方面，以满足学生不同的兴趣和需求，通过选修课程的学习，学生可以深入了解旅游行业的各个领域，拓展自己的视野和思维。

3. 加大实践教学力度

在产教融合背景下，高校可以借鉴、应用校企合作模式，将企业的各类资源引入教学实践，让不同主体参与人才培养工作。借鉴现代学徒制教学模式，以校企合作为契机，在人才培养过程中构建良好的实践平台。首先，高校应积极与旅游企业建立紧密的合作关系，

共同制定旅游管理实践教学计划和方案，企业根据自身的业务特点和需求，提供实践教学场地、设备和师资等资源，同时参与旅游管理实践教学的设计和实施过程，通过校企合作，高校可以更加精准地把握旅游行业发展趋势和市场需求，为学生提供更加贴近实际的实践教学机会；其次，高校通过引入旅游企业的真实项目或案例，让学生在实践中学习和掌握旅游管理专业知识和技能，通过参与旅游企业的实际项目，学生能深入了解旅游行业的运作模式和业务流程，锻炼自己的实际操作能力和解决问题的能力，同时，旅游企业也可以从中选拔优秀的实习生或毕业生，为企业自身的发展储备人才。

4. 强化师资队伍培养力度

一是建立系统的师资培养计划和机制，高校应制定明确的师资培养目标和计划，包括培养周期、培养内容、培养方式等，确保师资队伍能够持续更新专业知识和技能，同时，建立师资培养的长效机制，如定期举办师资培训班、研讨会等活动，为教师提供学习和交流的平台；二是注重教师的专业能力和实践经验的培养，旅游管理专业具有很强的实践性和应用性，教师在具备扎实的专业理论知识的同时，还应具备丰富的实践经验，高校可以鼓励教师参加行业认证考试，获取相关职业资格证书，提升教师的专业素养和实践能力；三是强化产学研合作，促进师资队伍与旅游企业的紧密联系，高校与旅游企业合作建立产学研合作基地，为教师提供实践锻炼的机会，同时邀请企业的专家参与教学活动和师资培养工作，通过产学研合作，教师能更加深入地了解旅游行业发展趋势和市场需求，将最新的行业信息和技术引入教学，提升教学质量和效果。通过以上这些措施的实施，不断提升旅游管理专业师资队伍的整体素质和教学水平，为培养出更多优秀的旅游管理专业人才奠定坚实的基础。

5. 完善实践教学评价体系

教学评价工作应当重视引入教师、学生和企业内部带教人员的参与，这是评价工作落实的重要基础。首先，应明确旅游管理专业实践教学的目标和要求，构建与旅游行业需求紧密对接的评价指标体系，包括明确实践教学内容、教学方法、教学效果等方面的评价标准，确保评价能够全面反映实践教学的质量；其次，加强实践教学过程的监控和管理，建立实践教学过程的跟踪机制，对实践教学的各个环节进行实时监控和记录，通过定期检查、随机抽查等方式，确保实践教学的规范性和有效性，同时，还应建立实践教学信息反馈机制，及时收集和处理学生、教师、企业等各方面的反馈信息，为评价提供数据支撑；最后，注重评价结果的运用和反馈，建立评价结果反馈机制，将评价结果及时反馈给教师和管理部门，以便他们能够根据评价结果调整教学策略和管理措施，同时，还应将评价结果作为实践教学改进的重要依据，不断完善实践教学体系和提高实践教学质量。

四、结束语

旅游业的快速发展，需要复合型、发展型和创新型的人才作为支撑。当前，地方应用型本科院校旅游管理专业在实践教学过程中存在人才培养目标不明确、课程设置不合理、企业参与度不高、实践教学力度不足等问题，为了能够培养出经济社会所需的高素质、强能力、复合型旅游管理专业人才，提高学生的就业竞争力，地方应用型本科院校应明确旅游管理专业人才培养目标、优化实践能力培养课程体系、加大实践教学力度、强化师资队伍培养力度、完善教学评价体系、培养学生的创新思维与创业能力，为旅游行业的转型升级与创新发展注入强劲的人才动力与提供坚实保障。

参考文献：

[1] 张安梅，孙伟，万静，等．数字经济时代新商科人才培养路径探索 [J]. 中国集体经济，2024(1):181－184.

[2] 梁运吉，于佳弘，梁梓路．产教融合视域下新商科人才培养路径研究 [J]. 对外经贸，2024(1):144－147.

[3] 程晓丽，查晓莉，杨静凤．高校旅游管理专业课程思政：体系构建与路径选择 [J]. 蚌埠学院学报，2024,13(1):85－90.

[4] 朱晔，王敬雅．产教融合背景下旅游管理专业实践教学改革研究——以郑州工商学院为例 [J]. 河南农业，2023(30):18－19.

[5] 吴素吟，盛颐，刘宏兵．高校旅游管理专业顶岗实习优化策略研究——以海南热带海洋学院为例 [J]. 高教学刊，2023,9(14):113－116.

[6] 郭璇瑄，梁春群．高质量发展背景下应用型本科产教融合协同育人策略研究——以旅游管理类专业为例 [J]. 广东技术师范大学学报，2023,44(3):90－94+112.

[7] 花玉莲，陆林，孔祥梅．基于全球地方化视角的旅游研究新进展 [J]. 地理科学进展，2023,42(12):2453－2470.

第三节 实践教学保障

新商科背景下旅游管理专业人才培养的实践教学体系与保障机制

云计算、人工智能、大数据、物联网、区块链、元宇宙等新兴技术的不断涌现和广泛应用，在改变人们生产、生活、学习方式的同时，对传统商业环境、模式和业态也产生了深刻影响。随着新制造、新零售、新金融、新管理模式的不断涌现，这些新兴技术的发展和应用，使得商业环境变得更加复杂和多变，传统的商科教育往往难以提供足够的知识和技能来应对这种快速变化，需要不断更新教学内容，引入新的课程，以培养学生的创新能力和适应能力。

在新技术快速发展的今天，旅游行业正逐步实现数字化转型，虚拟现实（VR）和增强现实（AR）等技术为游客提供了更加沉浸式的旅游体验。消费者越来越追求个性化和定制化的旅游产品，这对旅游服务提供商提出了更高的要求，需要更加灵活和响应迅速的服务模式。传统的旅游管理专业实践教学体系与保障机制已经不能完全满足智慧旅游与数字旅游的人才培养需求，旅游管理专业需要更加灵活、创新和实践性的教学方法和体系来培养符合旅游行业需求的人才。

一、新商科背景下旅游管理专业人才培养的新要求

新商科人才是具备全球化视野、创新精神、跨文化沟通能力、数字化技能和社会责任感等综合素质的商业人才，对新型旅游管理人才的培养也应转变传统观念，及时调整教学方法，顺应数字化、信息化、国际化的经济发展趋势，以满足现代旅游业的需求。新型旅游管理专业人才培养的新要求如表 1 所示。

表 1　新型旅游管理专业人才培养的新要求

新要求	新内涵点	要素描述
新思维	新环境	新技术和旅游业变革引发数字经济时代来临
	新理论	掌握数字经济时代的旅游经济管理或者商务理论
	新思维	具备创新、跨界、数据、用户思维和全局思维

续表

新要求	新内涵点	要素描述
新能力	新工具	掌握数字经济时代的数字化、智能化的方法与工具
	新内容	知识体系融入旅游新业态、新知识、新技术和新技能
新实践	新规则	了解新经济形态的数字旅游规律内在逻辑
	新目标	具备终身学习能力、跨学科融合的复合型人才
新方法	新变革	新技术在旅游管理教育中的应用所引发的变革
	新方法	借助新技术、实践项目开展课堂内外紧密结合的教学方法

1. 顺应行业变化

数字化转型和新一轮产业革命重塑了传统旅游模式和旅游经营管理，促使旅游管理专业教育要顺应旅游行业新的形态变化，关注旅游行业的技术革新与数字化发展趋势，旅游管理专业教育需要不断调整和完善课程设置、教学方法和实践环节，确保培养的人才具备适应旅游行业发展的知识和技能，在人才培养中赢得前瞻性优势。高校一方面要加强旅游管理专业教育的国际交流与合作，及时把握全球旅游管理教育发展的趋势和规律，关注国际旅游管理教育新动态、引入国际课程和认证、加强国际交流与合作、培养跨文化沟通能力，为培养学生的国际视野与全球商业思维奠定基础；另一方面要根据社会新变化、经济新发展，提高旅游管理人才的培养质量，满足旅游行业对新型旅游管理专业人才的需求。

2. 注重新技术深度融合

相比于传统旅游管理专业人才，新型旅游管理人才的知识体系更加庞杂，不仅要掌握旅游管理专业知识，还要注重与其他学科知识进行交叉融合，同时新型旅游管理专业人才的能力和素质要注重由单一技能向复合技能转变，不但要具有独立解决问题的能力，还要具备一定的团队合作与协调能力。这要求新型旅游管理专业人才的培养体系应着重强化对新技术应用能力的培育，如大数据技术、人工智能技术等，注重对新软件的学习和应用，以适应当前新经济、新产业、新业态的不断发展，确保学生能够适应并引领旅游行业的数字化转型。

3. 实现产教研深度融合

旅游管理专业人才的培养归根结底是为企业和社会服务，因此，应积极推进产教研融合，打造旅游管理产教研命运共同体。高校与企业之间的合作有助于发现旅游管理人才培养中的问题，以便及时调整人才培养方向，提高旅游管理专业人才与市场需求的适配度；高校与科研机构之间的交流则有助于学生新思维、新理论和新技术的培养，持续提升旅游管理专业人才的培养质量。

二、新商科背景下旅游管理专业人才培养面临的问题

在新兴技术时代，旅游管理专业教育需要紧密关注行业动态和技术发展趋势。旅游管理专业面临着前所未有的机遇与挑战，这些技术的发展为旅游行业带来了深刻变革，同时也对旅游管理专业教育提出了新的要求。新技术的快速发展为旅游行业带来了智能化服务的新机遇，从智能导览、智能推荐到智能客服等领域，人工智能技术正逐渐改变着旅游行业的服务模式和体验，旅游管理专业教育需要关注人工智能技术的发展趋势，培养学生的创新意识和实践能力，使其能够运用人工智能技术为旅游业发展提供创新服务。

1. 人才培养定位与企业用人标准不匹配

智慧旅游重新定义了旅游业的服务模式、管理方式和营销手段，使旅游变得更加便捷、高效、个性化，为游客带来了更好的旅游体验，同时也为旅游产业的升级和发展提供了新的动力。在旅游数字化转型过程中，数字技术与旅游场景相结合的应用场景越来越丰富。传统旅游正经历着一场伟大的变革，这场变革不仅改变了旅游业的运作方式，还极大地提升了游客的旅游体验：一方面，数字化转型彻底改变了传统旅游的服务模式，基于大数据分析，旅游平台能够为游客推荐符合其兴趣和偏好的旅游目的地、酒店和旅行套餐，同时，通过人工智能技术的应用，旅游服务提供者能为游客提供更加智能化的服务，如智能导游、智能行程规划等，使游客的旅行更加便捷和舒适；另一方面，数字化转型为旅游营销带来了新的机遇，利用社交媒体、短视频等新媒体平台，旅游企业能以更加生动、有趣的方式展示旅游产品，吸引更多的潜在游客。基于旅游行业的变化，传统的旅游管理人才培养模式已不再适应新的旅游行业发展，旅游企业对具备数字化分析与应用能力的新型旅游管理人才需要变得十分迫切，但由于长期以来我国地方本科院校专业建设滞后于产业发展的痼疾，大多数地方本科院校旅游管理专业的人才培养定位还停留在培养传统的旅游服务人员，难以满足企业转型迭代所需的数字化人才的培养需求。

2. 课程体系设置不适应人才需求

新商科在注重培养人才专业知识技能、数字技能和交叉融合能力的同时，还重视培养其在不确定性商业环境下处理复杂管理问题的能力，需要将产业人才需求标准嵌入人才培养模式中。在旅游数字化转型的过程中，如果课程体系未能涵盖当前旅游业所需的新技能，如数据分析、数字营销、用户体验设计等，那么毕业生可能无法直接胜任这些岗位，这就要求地方本科院校在旅游管理专业人才培养的课程体系设置中，不仅要考虑跨学科结合的课程设置，还需从旅游企业人才需求角度出发，设置相关课程，使培养的旅游管理专业人才未来能满足产业需求和自我发展需要。但多数地方本科院校旅游管理专业人才培养过分

注重传统的专业技能的培养，缺乏对知识体系与学生综合能力发展的全面考虑，没有以跨界融合的思路去设置课程体系。由于存在教学内容滞后于旅游业应用的现实问题，虽然所设置的理论课程更新较快，但实践应用类课程比较匮乏，同时，这些授课内容与旅游业的新发展衔接性不强，导致产业发展需要的能力和素质培养不充分，学生难以适应旅游企业的人才需求。

3. 实践教学与培养要求不协调

新商科教育更强调实战与真实场景的模拟，这是对传统商科教育的一种重要补充和革新，新商科的教学内容旨在全面培养学生的知识技能、实践能力和综合素质，使他们能够更好地适应快速变化的商业环境，并具备在未来职业生涯中取得成功所需的各项能力。对照课程设置、教学内容以及教学方法与实际旅游行业的需求、发展趋势和标准之间的紧密关联和对应关系，在旅游管理专业实践教学中，旅游认知实习、餐饮实习、旅游财务管理、旅游规划与开发、智慧旅游等旅游实习都需要附以真实的情境。旅游管理实践教学的脉络走向是从认知实习到课程实训，再到专业实习、毕业实习与就业准备，逐步深化学生对旅游行业的了解和参与，培养他们的职业素养和实践能力，为学生的未来职业发展打下坚实的基础。就现状来看，地方本科院校缺少对旅游企业管理流程的模拟仿真，旅游财务管理、客房餐饮预定等实践一般在事先设计好的场景中进行操作，学生缺少在复杂环境中进行旅游财务管理的分析和决策、客房餐饮预定的锻炼，影响了学生处理复杂财务、客房餐饮预定等管理问题的能力培养和提升。当前，地方本科院校基于传统旅游管理专业人才培养的实践教学条件不符合智慧旅游、数字旅游人才培养对教学过程与生产过程深度融合的要求，智慧旅游和数字旅游的快速发展对教学过程与生产过程的深度融合提出了更高的要求，但现有的实践教学条件却未能完全满足这些需求。

4. 师资队伍数字化实践能力不足

旅游经济活动在数字化转型下正在不断转型升级，这种转型升级不仅改变了旅游行业的运作方式，还为消费者带来了更加便捷、个性化的旅游体验。企业旅游业务处理发生了翻天覆地的变化，这种变化不仅体现在技术的运用上，更在于业务模式、管理方式和服务体验的全面升级，但地方本科院校教师队伍在脱离企业真实业务和处理场景的情况下，对推动企业数字化转型的原因、实践应用及其对专业的影响一知半解，导致教师在教授相关课程时无法提供足够的实际案例和实践经验，从而影响了学生对数字化转型的理解和掌握，无法给学生传递旅游行业前沿动态，甚至无法有效做出教学规划和调整。如何利用技术驱动、数据驱动为游客提供更加个性化、高质量的服务，如何培养新型旅游管理人才面临着重大难题。即便地方本科院校已通过加大校企合作力度、邀请企业专家参与教育教学、委派专职教师进入企业进行脱产顶岗实践等措施来弥补数字化实践教学薄弱的问题，但仍面临一些挑战和限制，如企业合作意愿和参与度、企业专家的时间和资源投入、教师脱产顶岗实践的可行性等均存在一定的可变性，从而不利于新型旅游管理专业人才的培养。

三、新商科背景下旅游管理专业人才培养实践教学体系构建

1. 路径转变：校企共建、共培、共管

新型旅游管理人才培养的新要求不仅意味着对传统教育模式的颠覆，还代表着对全球化视野、跨文化沟通能力、信息技术素养以及新设备设施操作能力的全面重视，办法理念要随之发生变化，紧跟技术变革和旅游企业需求调整课程设置，将新技术、新内容和新模式融入旅游管理课程，用新理念、新方法为旅游管理专业学生提供综合性的跨学科教育。旅游管理涉及多个学科领域，如生态学、地理科学、社会学、计算机科学等，将不同领域的知识进行跨学科整合，需要学生具备广阔的知识背景和强大的综合分析能力。然而，具体采取什么样的路径才能将这些不同学科的知识与技能进行整合，是解决旅游管理专业人才培养问题的首要难题。从旅游管理专业人才培养的现实角度出发，地方本科院校寻求企业合作支持，及时获取行业前沿动态、企业丰富的实践资源和产业一线的师资资源，用来满足新型旅游管理人才培养的新思维、新能力、新实践和新方法的融入。根据新商科目标下旅游管理专业人才培养的应用分析，校企“共建、共培、共管”的旅游管理专业人才培养路径（如图 1 所示）能够促进新型旅游管理专业人才培养新要求的有效融入。校企双方通过建立深度战略合作，共同搭建合作平台，建立跨专业的校企教学团队和兼职教师库，根据旅游业发展趋势提升师资能力和动态配置师资团队，联合落实教学各个环节的有效实施，不仅有助于学校与旅游企业之间的资源共享和优势互补，还能为学生提供更加贴近实际职业环境的学习机会，从而培养出更多符合现代旅游业发展需求的高素质人才。

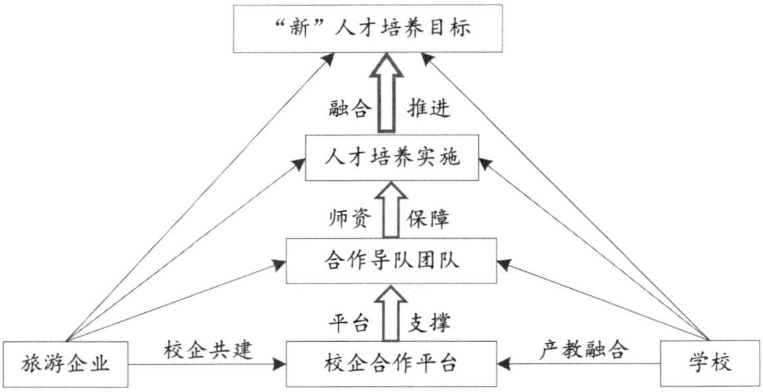

图 1　旅游管理专业人才培养路径

2. 理念更新：构建人才培养体系

人才培养路径为旅游管理专业人才培养体系构建提供了指导方向，即校企双方更新人

才培养理念，突破传统的“接触式”合作为“协同式”的专业共建方式。在秉承财力物力投入、智力资源互补、教学过程有序对接的前提下，校企双方协同规划旅游管理专业人才培养目标、培养实施和教学服务等各个育人环节，从目标层、实施层和保障层三个层面构建“共建、共培、共管”的旅游管理专业人才培养体系（如图 2 所示）。

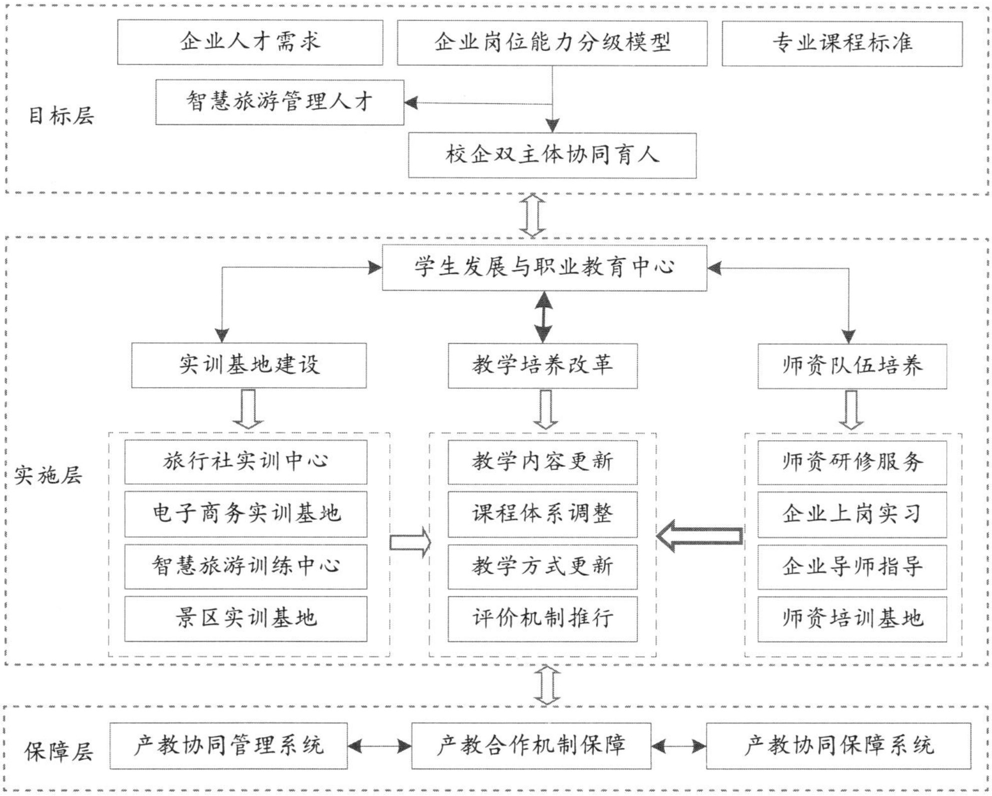

图 2　旅游管理专业人才培养体系

（1）目标层：智慧旅游人才培养定位

依据合作旅游企业提供的人才需求报告、企业岗位能力分级模型以及专业课程国家标准，确定新商科背景下旅游管理专业人才培养目标。在前期调研中发现企业内部对于旅游管理专业人才的需求呈现出以下几个特点：①综合素质要求高。旅游企业需要员工具备良好的职业道德、沟通能力、团队协作能力、创新能力和服务意识等综合素质，因此，在人才培养过程中，应注重提升学生的综合素质，培养他们的职业素养和综合能力；②专业技能需求明确。旅游企业对于员工的专业技能有明确的要求，包括旅游规划、导游讲解、客户服务、旅游市场营销等方面的技能，学校应根据企业的实际需求，针对性地设置专业课程和实践环节，确保学生掌握必要的专业技能；③跨学科知识融合。随着智慧旅游的发展，旅游企业对于员工的跨学科知识融合能力提出了更高要求，学校应注重跨学科知识的传授和融合，培养学生的数字能力和创新精神；④实践经验要求高。旅游企业需要员工具备一定的实践经验，能够快速适应工作环境并解决实际问题，在进行人才培养时，应加强实践教学环节教学，为学生提供充足的实践机会和实践平台，让学生在实践中学习和成长。

（2）实施层：校企协同全过程育人

① 校企协同推进教学培养改革

动态更新“数智化”要求的教学内容，教学内容的更新重点把握三个方面：首先，强化数据分析技能培养，在教学内容中重点增加数据分析工具和技术等知识，如数据挖掘、统计分析、数据预测等内容，以过硬的实践技能应对实践中不断增长的数据量和复杂度；其次，整合商业智能工具，增加商业智能工具的运用与学习，并探索人工智能技术在旅游管理数据分析和决策中的应用，促进学生结合旅游数据分析与旅游数据可视化等操作，更准确、高效地解释和管理旅游数据；然后，适时调整跨学科交叉融合的课程体系，在邀请地方标杆企业代表和外校同行专家参与论证的基础上，针对“旅游管理师”的人才培养目标，对课程体系调整问题进行全面调研，并考虑智慧旅游背景下新技术与学科课程的深度融合，形成跨学科交叉融合的“通识 + 专业基础 + 专业核心 + 个性化选修”课程体系。同时据此流程适时调整专业课程体系：第一，在通识课程方面，重点将聚焦服务数字经济的信息技术类专业新兴课程（如云计算、人工智能）纳入课程模块，利用交叉学科优势，促进学生大数据思维和大数据分析能力培养；第二，在专业基础课程方面，增加专业新知识、新理论，并分类整合专业间的其他课程，以内容“新 +”的形式补充优化课程，实现专业基础内容的融合更新；第三，在专业核心课程方面，强化新商科应用性和方向性课程建设，引入旅游行业新技术与服务标准，增设如旅游数据挖掘、数据分析与数据可视化等特色课程，切实满足学生多元化、“数智化”的培养要求；第四，在个性化选修课程方面，深入调研学生在校学习和企业实践过程中的知识需求，拓展选修课程，开展基于 VR、AR 技术等与旅游相关的前沿课程，尽量满足大部分学生在个人潜质开发和未来职业发展中对于知识、技能和素养等方面的需求；第五，在课程建设过程中同步强调思政价值引领，在提高通识课程中思政课程学时比例的同时，全面挖掘其他模块课程中蕴含的数据伦理等思政元素，通过实践案例、经验分享和课堂讨论等形式，培养具有过硬职业道德素养的高素质旅游管理专业人才。

系统搭建理实一体的教学方式，依托合作企业的技术平台、方法和实践资源，通过将课程内容、教学方法和数智技术深度融合，系统构建仿真旅游共享服务的理实一体化智慧旅游教学场景，智慧旅游场景引入景区真实案例数据、配套教学软件和在线教学视频等课程资源，在专业核心课程中融入景区真实的工作任务，借助数字技术创新组合“教与学”的情境，构建旅游业务仿真的工作场景，同时，在各种实践项目中增加“现场实践、现场实习”等实战教学内容，改变以“知识、教师、课堂”为中心的传统教学模式，综合运用项目化、案例和角色参与等教学方式，形成“理实交融”的“教学做一体”的教学模式，提高学生对“数智化”技能的实战能力和团队合作能力。

全面推行个性多元的评价机制，鉴于新技术和新知识在课程内容中的动态更新，对学生的考核评价不仅包括学生学习过程和学习结果，还要注重学生学习新技术、新知识的差异性表现，以多元与个性相结合的评价机制反映出学生真实能力水平。在多元评价方面，根据考核过程和考核内容的不同，一是要采取项目任务结果导向的评价方式对实训实践任务进行综合评估，侧重考核任务完成情况和团队合作表现；二是将与实践项目相关的社会或企业认证考试纳入到项目考核评价中，以此完善对学生实践技能掌握的评估。在个性化评价方面，侧重对学生国际视野、前沿知识、软件技术水平和综合素质等方面自我成长的多维度考量，引导学生探索新事物和新环境，促进学生以主动学习的方式应对旅游“数智化”挑战。

② 打造专兼结合的校企师资团队

依托校企合作平台，通过校企师资互聘、跨学科师资引进等举措打造一支专兼职结合、多学科交融的“技术 + 专业 + 跨学科”的师资队伍，同步完善师资研修、顶岗实践、企业导师和师资培训等服务功能。首先，在师资研修方面，打破学科壁垒，指导校企师资共同参与旅游业标准、新课程开发、教学研究等研修活动，共同促进教育教学水平提高；其次，在顶岗实践方面，加强与相关旅游企业的合作联系，打通教师顶岗实践的稳健渠道，定期选派校内专任教师赴合作企业进行规定时长的顶岗实践，增强校内教师对旅游业最新动态的了解，同时明确顶岗实践具体任务并对实践后的教学成果转化情况进行考核；然后，在企业导师服务方面，对一部分实践性强的课程以及因市场变化新开设的课程，有计划地聘请企业人员兼职担任部分或全部的教学任务，并建立“企业大讲堂”为主题的第二课堂方案，定期邀请企业导师给学生做旅游管理知识和职业生涯经验分享，及时补充教学培养的前沿知识；最后，在师资培训服务方面，注重加强对校企双方交叉知识与技能的培养，引导学校教师学习新技术、更新知识结构，向跨学科融合型教师转型，并按照实际需要对企业导师进行教学能力水平提升培训，以促进他们实践教学转化的有效性。

③ 建设校内外互补的实训教学基地

根据旅游管理专业人才培养的实践要求，通过校内外两个方面逐步对现有实训实践条件进行优化改造。一方面是优化校内实训基地建设，通过整合原来分散的实验室和实践教学资源，整体建设如旅行社实训中心、电子商务实训基地、智慧旅游训练中心、景区实训基地等，建设的实训中心对接合作企业相应的工作岗位，加大业务性与仿真性的实训室改造，并搭建旅游业务软件平台，为学生在校内创设业务实操的应用场景，在条件允许的情况下还可以利用校内实训中心承接企业旅行社、酒店、会展等业务，切实发挥其社会服务功能；另一方面是优化校外实训基地建设，依托合作企业的设施、设备和人员等条件，以满足学生相关课程教学和实习实训需要为出发点，建设紧跟智慧旅游前沿业务和岗位的新型实训中心，如旅游数据挖掘、旅游大数据分析等，校外实训中心既可以解决校内实训条件不足的问题，还能化解校内实训室建设滞后产业发展需要的难题。

（3）保障层：完善产教协同合作机制

基于“共建、共培、共管”的旅游管理专业人才培养体系，立足于校企合作平台，完善产教协同管理系统与产教合作机制保障，产教协同合作机制的管理制度是实现校企协同服务于人才培养的关键。第一，明确校企合作平台的管理机构和具体责任，合作平台应设立校企共同参与的专门管理机构或管理团队，明确各个管理人员的职责和权限，以此负责协调、组织和监督合作项目的开展；第二，确定人才培养的具体项目和培养管理流程，校企双方应明确拟定具体的人才培养和资源建设内容，涵盖教学培养师资匹配、企业实践、顶岗实习和就业服务等方面，并制定相应的操作规范和管理程序，以确保人才培养工作的顺利实施和预期目标达成；第三，建立信息共享和沟通机制，确保校企双方的信息交流和协作顺畅进行，利用在线平台或专门的信息交流平台，以定期线下人才培养反馈会议的方式促进校企双方就人才培养工作的问题反馈和经验交流；第四，建立校企合作评估制度，确保人才培养项目的质量和效果评价，评估内容包括人才培养质量评估、实习和就业评估、学生满意度、企业满意度等方面的内容，评估结果能够帮助校企双方及时发现合作过程中的问题和不足，为改进和优化提供依据；第五，建立健全合作保障机制，保障人才培养过程中校企双方的权益，完善相关合作条款，必须明确人才培养合作过程中可能涉及的争议和出现问题的责任归属，为校企协同人才培养合作提供制度保障和支持。

四、新商科背景下旅游管理专业人才培养实践保障机制

1. 对接需求，创新运行管理机制

密切关注旅游行业的发展动态，了解新兴的旅游业态、游客需求变化以及技术革新对旅游行业的影响。围绕旅游产业“新战略、新时代、新政策”发展要求，调研市场需求，收集旅游企业对人才需求的具体信息，包括岗位设置、职责要求、技能需求等，打破传统实践教学模式，聚焦新型旅游管理专业人才培养，以“数智赋能、跨链融通”为特征，开展产教协同数智实践教学平台构建。以“共建、共培、共管”为理念，构建灵活的教学体系，并设立一定的准入门槛，与旅游企业建立紧密的合作关系，共同开展人才培养、课程建设、实习实训等活动，加强校内外育人要素与创新资源的智慧化共享，创新运行管理机制，提高人才培养质量，推动以目标激励、质量监控、信息沟通、效果评价管理为主的协同育人良性生态体系形成，全力提升产教融合广度与深度，为旅游行业的发展培养更多高素质的专业人才。

2. 多元联动，强化实践保障机制

在新商科背景下，强化旅游管理专业人才实践保障机制需要多元联动，即政府、学校、企业和社会各方共同参与、协同发力，以强化政策和技术支持。①政府制定并实施有利于旅游管理专业人才培养的政策，如提供资金支持、税收优惠等，以鼓励企业和学校加大对旅游管理专业人才培养的投入，加强对旅游行业的监管，规范市场秩序，确保旅游行业的健康发展；②学校加强与企业的合作力度，共同制定人才培养计划，引入旅游行业前沿知识和实践技能，使教学更加贴近实际工作需要，加大对实践教学的投入，为学生提供更多的实践机会，提高他们的实际操作能力；③企业积极参与旅游管理专业人才的培养和实践，为学生提供实习机会，帮助他们了解行业、积累经验，企业与学校共同开展科研项目和技术研发，推动产学研深度融合；④社会营造有利于旅游管理专业人才培养和实践的良好氛围，加大对旅游行业的宣传力度，提高社会对旅游行业的认知度和认可度，积极参与旅游管理专业人才的培养和评价，为旅游行业的发展提供有力的人才保障。

3. 产教协同，完善师资队伍建设

在新商科背景下，旅游管理实践教学需要与时俱进，紧密结合行业需求，实现多学科、多专业的融合与实践，这一过程中，产教协同显得尤为重要。旅游管理专业实践教学的实施，涉及多学科、多专业实践项目的设计、讲授、考核，以及与旅游行业发展、岗位技能新需求的对接，师资队伍建设意义重大。一支高水平的师资队伍是确保教学质量的关键，具备丰富实践经验和行业认知的教师能够为旅游管理专业学生提供更加贴近实际的教学内容和指导。旅游管理产教协同要融合数智实践教学平台，充分利用育人资源，校企联合共享师资，探索产业教师（导师）特设岗位计划，选拔具有丰富实践经验和行业认知的优秀人才，担任旅游管理专业的实践导师或产业教师，这些人才来自旅游企业、研究机构等领域，他们能够为学生提供实际的指导，帮助学生更好地了解旅游行业、提高实践能力。同时，利用产教协同平台进一步加强学校与旅游企业的联系，促进校企双方的合作与交流，围绕育人目标配置优质教学资源，提供多元交叉、专业性强、创新引领、及时高效的实践教学服务。

参考文献：

[1] 秦腾，陆华良，马剑锋．新商科人才培养的实践教学体系与保障机制 [J]. 创新创业理论研究与实践，2024,7(2):107−110.

[2] 周朝进，李建梅．数字经济时代背景下职业教育的影响探究 [J]. 上海轻工业，2024(1):156−158.

[3] 吴娜．探究数字技术在主题乐园建筑设计中的应用 [J]. 城市建设理论研究（电子版），2024(5):84−86.

[4] 肖燕玲 . 我国在线旅游产业链、竞争格局与市场发展趋势分析 [J]. 商业经济研究 ,2024(3):176−179.

[5] 刘学玲 , 孙颖苏 . 大健康旅游产业下高职旅游类专业群建设路径与实践——以安徽商贸职业技术学院为例 [J]. 广东职业技术教育与研究 ,2023(2):38−42.

[6] 保继刚 , 冯劲 , 黄细花 , 等 . 专题笔谈：文化和旅游行业人才培养 [J]. 旅游论坛 ,2021,14(5):1−16.

[7] 毛松松 , 王育峰 . 新时代高职旅游管理专业课程思政探究——以上海行健职业学院《旅游行业认知与实践》课程为例 [J]. 经济研究导刊 ,2023(18):118−122.

[8] 陈曦 , 白长虹 , 陈晔 , 等 . 数字治理与高质量旅游目的地服务供给——基于 31 座中国城市的综合案例研究 [J]. 管理世界 ,2023,39(10):126−150.

[9] 付兵 , 胡明琦 . 新商科背景下大数据与会计专业人才培养体系探索 [J]. 北京经济管理职业学院学报 ,2023,38(4):58−65.

[10] 王梓潼 .PDCA 循环在应用型本科新商科专业实践教学中的应用 [J]. 老字号品牌营销 ,2024(3):234−236.

双创能力导向的旅游管理专业教学改革与实践

2023年旅游业对中国经济的巨大贡献充分体现了旅游业在国民经济中的重要地位，9.9万亿元的总产值以及150%的同比增长率充分表明了旅游业在经历了一段时间的恢复后，展现出了强劲的增长势头[1]。这一增长不仅直接推动了交通、住宿、餐饮等相关行业的发展，还间接拉动了金融业、制造业等多个领域的经济增长。在这个充满变化和机遇的时代，旅游行业对具备双创能力和实践能力的人才需求日益迫切，旅游管理专业教育必须与时俱进，双创教育在旅游管理专业中的重要性愈发凸显，加强对学生双创能力的培养，以满足旅游行业的实际需求。

"双创教育"简单的解释就是高校培养具有创新与创业双重能力的学生，为什么要推动旅游管理专业的双创教育？一是为了适应经济转型升级的需要，随着中国经济从高速增长转向高质量发展，创新驱动成为经济发展的核心动力，旅游业作为国民经济的重要支柱产业，需要不断进行创新，以适应经济转型升级的需要；二是促进旅游业与其他产业的融合，旅游业是一个涉及多个领域的综合性行业，与其他产业有着广泛的联系，促进旅游业与其他产业的深度融合，可以形成更多的旅游新业态和新模式，推动旅游业的创新发展；三是提升旅游业的国际竞争力，在全球化的背景下，旅游业已经成为国际竞争的重要领域，推动双创教育可以培养出更多具有国际视野和创新精神的旅游管理专业人才，提升旅游业的国际竞争力。

一、双创能力的旅游管理专业人才的特点

1. 深度复合性

旅游业具有综合性和交叉性的特点，该行业需要与交通运输业、酒店与餐饮业、零售业、信息技术与互联网行业等进行协同发展，这对地方应用型本科院校的旅游管理专业人才的综合素质提出了较高的要求。在旅游业产业结构升级和创新背景下，培养更多深度复合型人才成为旅游管理专业教育的必然趋势。"复合"指的是不同元素的交叉与融合，地方应用型本科院校旅游管理专业的复合性要求学生拥有更加多元的知识结构和能力结构，除了要在旅游领域具备专业的知识与技能外，还需要学习工业、医疗保健、文化创意、环境保护、城乡规划、信息技术等方面的知识，做到多学科融会贯通。此外，在国际化的旅游大背景下，地方应用型本科院校的学生需提高跨文化交流能力，以便更好地与国际游客进行

[1] 数据来源：世界旅游及旅行业理事会(WTTC)的《2023年经济影响研究》。

交流，为游客提供更为优质的服务。

2. 实践性

与传统的旅游管理专业人才相比较，具备双创能力的旅游管理专业人才具备更为扎实的知识结构、更为专业的技能体系和更为高超的综合能力。在进行双创能力的旅游管理专业人才培养时，学生要充分利用所学知识高质量地完成旅游服务工作，创造经济价值和社会价值。从横向发展的角度来说，地方应用型本科院校旅游管理专业人才要在“旅游+”的领域中实现跨界融合，以拓展旅游行业的广度和深度；从纵向发展的角度来说，旅游管理专业人才要持续提升职业能力和职业素养，以适应不断变化的市场需求和行业趋势。无论是在横向发展还是纵向发展方面，地方应用型本科院校旅游管理专业学生都需要在实践中不断学习、积累经验。在全球旅游业日新月异的背景下，旅游专业学生要不断接触新的事物、更新旅游专业知识、提高跨文化交流能力，以增强自身的竞争力，并与产业共同成长。

3. 创新性

创新是引领发展的第一动力，无论是对旅游业的发展而言，还是对地方应用型本科院校旅游管理专业人才的成长而言，旅游管理专业教师与学生都必须坚持创新理念。旅游活动本身是一项综合性的活动，涉及多个学科的内容，要求从业者综合运用自身的专业知识和专业技能，对旅游业产品、服务内容及营销手段进行创新，为游客提供优质的服务，促进旅游业在新时代实现跨越式发展。地方应用型本科院校旅游管理专业人才在发现问题和理性思考方面具有优势，能够及时发现行业发展中存在的问题，得到更多的创新性成果。近年来，旅游行业的服务需求朝着多元化、个性化和品质化的方向发展，因而要求旅游管理专业人才具备敏锐的洞察力，不断创新和升级服务，为旅游业的发展提供源源不断的活力。

二、双创能力导向的旅游管理专业实践教学存在的问题

1. 教学目标模糊性与职业需求针对性的矛盾

在物联网时代，旅游业与信息技术的深度融合，推动了智慧旅游这一新业态的快速发展，智慧旅游不仅改变了传统旅游业务的形式，还催生了旅游定制师、旅游体验官等多种新型职业，并对旅游专业教育提出了更为具体的要求，旅游业相关的岗位进一步得到了细分，可以分为以下三种类型：一是传统服务与管理类，包括导游、酒店服务员、前台接待、旅游咨询师等，主要负责为游客提供直接的旅游服务，确保游客在旅行过程中的舒适和安全；二是技术支持与运营类，如旅游平台开发人员、数据分析师、网络维护员等，主要负责旅游信息平台的搭建、维护和运营，利用大数据、云计算等技术手段对旅游资源进行数

字化管理，为游客提供更加便捷、高效的旅游服务；三是创意策划与营销类岗位，主要涉及旅游产品的策划、设计和营销，包括旅游策划师、旅游营销专员、旅游产品经理等，要求相关工作人员根据市场需求和游客喜好，创意性地设计旅游产品，并通过各种渠道进行营销推广。在智慧旅游背景下，创意策划与营销类岗位的重要性日益凸显，通过利用智慧旅游平台的数据分析功能，可以更加精准地把握市场需求，制定更加有效的营销策略。旅游相关岗位的细分需要旅游从业人员具有更强的专业性，但是，部分地方应用型本科院校还没有充分意识到旅游行业的巨大变化，在设置旅游专业实践教学目标时并不明确，甚至处于模糊的状态，在设置专业课程学习时没有紧跟时代的变化步伐，充分融合不同职业的社会需求，导致地方应用型本科院校的旅游管理专业毕业生与就业仍存在“最后一公里”的问题，难以找到心仪的就业岗位。

2. 实践内容浅表性与职业需求综合性的矛盾

旅游业是一个综合性很强的产业，其发展不仅可以直接带动相关产业的发展，还可以间接推动地区经济的多元化发展，对地区经济发展具有不容忽视的带动作用。游客从“常住地前往旅游目的地”到“在旅游目的地游览”再到“返回常住地”的整个过程涉及多种经营业务，在出发阶段，游客需要解决的交通问题涉及了航空、铁路、公路、轮船等交通运输业务，在到达旅游目的地后，游览活动则涉及了景区管理、酒店住宿、餐饮服务、旅游购物等多个方面。作为连接旅游活动主客体的媒介，旅游业本身具有复杂性、综合性的特征。然而，当前部分地方应用型本科院校旅游管理专业所提供的实践教学内容过于传统与保守，没有充分结合旅游行业的最新发展和变化，重点不够突出、内涵不够深入，难以充分反映当地旅游业的特色，实践教学内容仍集中在旅行社、酒店及景区这三个方向上，主要教学内容包含模拟导游讲解、客房餐饮服务及景区讲解等。随着物联网、大数据、人工智能等技术的快速发展，旅游业正在经历深刻的变革，新的业态、新的模式层出不穷，而实践教学还停留在传统的旅行社、酒店和景区管理等教学内容上，未能及时引入和反映新兴领域和行业发展趋势，如旅游电商、会展、旅游平台开发、旅游数据分析等新业态，学生的实践学习与实际市场需求之间存在较大的脱节，使得学生的职业能力发展受到了限制。

3. 能力培养基础性与职业需求专项性的矛盾

近年来，随着旅游业的快速发展和细分化，对人才的需求也展现出了明显的专项性特点：①大型旅游集团或综合性旅游公司往往拥有广泛的业务范围，包括但不限于酒店管理、旅行社运营、景区开发与管理等，在招聘时，除了要求求职者具备基本的旅游业务知识外，更看重其跨部门的协作能力、战略规划和项目管理能力，同时，由于业务规模较大，这些单位通常更加注重求职者的团队领导力和组织协调能力；②小型旅游企业或特色旅游公司更加专注于某一特定领域，如乡村旅游、生态旅游或文化旅游等，在招聘时，更倾向于寻找对特定领域有深入了解和热情的专业人才，他们更看重求职者的创新思维、市场洞察能力以及特定技能；③随着旅游业与科技、文化等领域的融合程度不断加深，对人才的需求也日益多元化，比如旅游企业开始寻求具备数据分析、人工智能等技术背景的专业人才，以推动业务创新和服务升级，此外，随着旅游市场的国际化趋势，具备跨文化沟通能力的旅游专业人才也备受青睐。然而，旅游行业对人才的专项性需求未能引起地方本科院校的充分关注与重视，在开展实践教学时，未能实现由“知识本位”到“能力本位”的转变，实践教学模式基本是一成不变，没有针对职业需求的专项性特点对实践教学形式进行创新，对学生专业核心能力的培养不足，无法满足招聘企业对人才的实际需要。

三、双创能力导向的旅游管理专业实践教学策略

1. 完善实践教学课程体系

地方应用型本科院校要依托于旅游人才市场的需求进行创新，对实践教学课程体系进行优化设置，是提高旅游管理专业毕业生就业竞争力的基础。同时，地方应用型本科院校要关注学生的个人需求，通过问卷调查、座谈会等方式，深入了解学生对实践教学的期望，为学生的个性化成长创造条件，以激发学生的专业学习兴趣，实现主动学习和高效学习。此外，地方应用型本科院校旅游管理专业在设置实践课程体系时，应当紧密结合行业特点、市场需求以及学生的个人发展，培养学生的实践能力和创新精神，充分体现旅游管理专业特色，通过实践教学环节帮助学生提升毕业适应能力。地方应用型本科院校在构建一体化的旅游管理专业实践课程标准时，应紧密围绕学生的职业知识、职业能力及职业道德等方面展开，以确保学生能够全面而深入地掌握所需的专业技能和素养，加强学科交叉与融合建设，实现理论课程与实践课程相融通，以增强学生的知识与技能，培养学生的双创能力。在进行实践教学课程体系优化时，应紧密结合时代需求，不断更新教学内容和方法，加强数字化技能、注重可持续发展教育、强化跨文化交流能力以及双创能力培养，此外，适当减少公共课和基础课，同时增加专业课的数量，以增强课程的专业化程度，结合旅游行业的发展，开设人文素质类、信息技术类、人工智能类等课程，帮助学生形成开阔的专业视野，适当增加实践性教学环节，以培养出符合市场需求的高素质的旅游管理专业人才。

2. 加强校企合作与产学研结合

加强校企合作与产学研结合，促进地方应用型本科院校旅游管理专业人才培养与社会需求的有效衔接，学校根据企业的需求和市场的变化，调整旅游管理专业课程设置，确保培养的旅游管理专业毕业生具备行业所需的实际能力和知识背景。校企合作互惠共赢，地方应用型本科院校定期派遣学生到旅游企业进行实习，让学生了解到旅游管理相关工作的

开展流程，并积累工作经验，提高职业素养与岗位适应力，同时，通过实习，旅游企业能够就地选拔人才，为企业解决人才短缺的问题。为了提高旅游管理专业毕业生的综合素质，进一步提升旅游管理专业毕业生的就业竞争力，校企双方应进一步增加合作深度：①结合实际情况构建完善的校企合作管理机制，明确合作目标与责任，从组织层面为双方的合作提供保障，确保合作的顺利进行，在合作的过程中，成立由学校和企业代表组成的校企合作协调委员会，负责协调合作中的重大问题，制定合作计划和实施方案，并监督合作的进展和效果；②与企业建立紧密的合作关系，共同建设校内实践基地，根据旅游管理专业的特点，合理规划实践基地的布局和功能，划分为多个功能区，如模拟导游区、酒店服务与管理区、旅游规划与设计区等，每个功能区应配备相应的设备和设施，开展多样化的实践活动，组织学生进行导游讲解、酒店服务、旅游规划、旅游市场调研、旅游产品设计、旅游信息挖掘等创新实践活动，为旅游管理专业学生的实践学习创造良好的条件；③构建校外实习基地，围绕旅游管理专业的教学目标和旅游行业的需求，优先选择行业影响力高、业务规模大、管理水平先进的旅游企业、酒店、景区、互联网公司等单位作为校企合作对象，建立稳定的实践教学基地，为学生提供真实的实践环境，利用企业的社会资源降低教学成本，丰富实践教学的内容。

3. 完善旅游管理专业实践教学机制

（1）完善实践教学资源保障与共享机制

完善实践教学资源保障与共享机制是提升旅游管理专业实践教学水平的关键环节，实践教学资源保障与共享能确保实践教学活动的顺利开展，实现教学资源的最大化利用。在资源保障方面，地方应用型本科院校应加大对实践教学资源的投入力度，确保实践教学基地的建设、设备的更新以及师资队伍的培养等得到充分的资金支持，积极拓展渠道，争取更多的外部资源支持，加强与旅游企业合作，为实践教学提供更为丰富、多样的实践机会和平台。在资源共享方面，学校应打破校内外的资源壁垒，实现实践教学资源的互通有无，通过建立实践教学资源共享平台，将校内外的实践教学资源进行整合和优化，实现资源的开放共享，这样不仅可以避免资源的浪费和重复建设，还可以提高资源的利用效率，为更多的学生提供优质的实践教学服务。

（2）完善实践教学管理机制

为了更好地开展实践教学活动，地方应用型本科院校可以成立专门的委员会来进行指导工作，该委员会应包括学校领导、旅游管理专业教师及旅游行业专家等，具体作用主要是为旅游管理专业学生提供职业素养、专业课程等方面的指导。每学期委员会要组织两次以上专业研讨活动，针对旅游管理专业培养目标的形成、实践课程的设置、实践基地的建设以及学生职业素养的培养等问题进行讨论。同时，聘请优秀的旅游从业者或旅游专家到学校兼职实践课程的授课教师，为学生提供相应的实践课程指导，让学生了解最新的行业发展动态和岗位需求信息。

（3）完善实践教学评估与反馈机制

实践教学评估与反馈机制是确保旅游管理专业实践教学有序、高效运行的重要保障，为了提升旅游管理专业实践教学的质量和效果，需要从多个方面入手，完善实践教学机制：①结合旅游行业的发展趋势和企业的实际需求，制定具体的实践教学计划，明确实践教学的目标、内容、方法和评价标准，确保实践教学的目标与专业培养目标相一致，为学生提供有针对性的实践学习机会；②加强实践教学的组织与管理，建立健全实践教学管理机构，明确各级管理部门和实践教学教师的职责和权利，制定实践教学管理规章制度，规范实践教学的各个环节，确保实践教学的有序进行，同时，加强实践教学的过程监控和质量管理，及时发现和解决问题，确保实践教学的质量和效果；③建立科学的实践教学评价体系，对实践教学的过程和结果进行客观、公正的评价，通过学生评价、教师互评、企业反馈等多种方式，收集实践教学活动的反馈意见，及时发现问题并进行改进，同时，建立激励机制，对在实践教学中表现突出的教师和学生进行表彰和奖励，激发他们参与实践教学的积极性；④加强实践教学的创新与发展，鼓励教师和企业共同开展实践教学创新活动，探索新的实践教学模式和方法，注重培养学生的创新意识和双创能力，引导学生积极参与科研项目、实践活动等，提升他们的专业素养和能力水平。

4. 建设高质量的教师团队

建设高质量的教师团队是提升旅游管理实践教学质量的核心和关键，高质量的教师团队不仅能够传授给学生扎实的专业知识，还能引导他们深入实践，培养学生的双创能力和实践技能。旅游管理专业是一个实践性较强的专业，对任课教师的专业能力和知识储备提出了较高的要求，任课教师不仅需要具备扎实的旅游管理专业理论知识和从业经验，对旅游政策、市场动态、旅游资源开发与管理等方面有深入的理解，而且还应具有丰富的实践经验，旅游管理专业的实践性特点决定了教师不能仅停留在理论层面，更要具备实际操作能力。首先，地方应用型本科院校可以要求教师参加旅游岗位的专业化培训活动，更深入地了解旅游行业的运作机制、市场需求和发展趋势，随着旅游行业的不断发展，新的旅游理念、技术和方法不断涌现，专业化培训活动可以帮助教师更新知识结构，掌握最新的教学方法和手段，通过专业化培训活动，教师能及时了解这些新的变化，并将其融入教学中，使教学内容更加贴近实际、更具前沿性。其次，地方应用型本科院校要引导教师树立现代化的旅游管理专业实践教学理念，结合社会需求和岗位要求，不断更新教学内容和教学方法，以培养学生的双创能力；紧密关注旅游行业的最新发展动态，对接行业前沿，将新技术、新理念、新模式及时纳入实践教学内容；根据旅游岗位的实际需求，强化职业技能训练，鼓励学生参与旅游创新项目，将双创理念融入实践教学，培养学生的双创能力。

四、结束语

在新商科背景下，我国旅游业的快速发展，需要更多复合型、发展型和双创型的人才作为支撑。当前，地方应用型本科院校旅游管理专业在实践教学目标、教学内容及能力培养等方面尚存在许多不足，为了提升旅游管理专业毕业生的专业素养与双创能力，地方应用型本科院校应构建完善的课程体系、加强校企合作与产学研结合、完善实践教学机制，建设高质量的教师团队，注重培养学生的创新思维和实践能力，鼓励学生积极参与行业实践，深入了解旅游市场的需求和变化。同时，地方应用型本科院校应加强与企业的合作，引入行业前沿理念和技术，提高实践教学质量，培养出更多符合旅游行业需要的综合性人才。

参考文献：

[1] [1] 孙国霞，赵岚．应用型本科高校“产学研赛创五位一体”人才培养模式研究 [J]. 中国高校科技 ,2023(12):60−64.

[2] 周子英，李仕文，张维梅．城市居民乡村旅游满意度及其影响因素实证研究——以湘潭市为例 [J]. 湖南工程学院学报（社会科学版）,2019,29(1):1−6.

[3] 刘安乐，明庆忠，代稳．三线建设工业遗产保护与旅游融合：价值解读、模式与路径 [J]. 西南科技大学学报（哲学社会科学版）,2024,41(1):18−25+42.

[4] 曹智．西安市乡村旅游产业发展研究 [D]. 陕西：西北农林科技大学 ,2020.

[5] 乔金环．就业竞争力导向下高职旅游专业实践教学策略 [J]. 就业与保障 ,2023(12):145−147.

[6] 刘鑫．旅游管理专业本科生创新能力及其提升对策研究 [D]. 辽宁：辽宁师范大学 ,2023.

[7] 李文路．中国式现代化背景下贵州喀斯特地区生态旅游高质量发展研究 [J]. 中国软科学 ,2024(S1):163−171.

[8] 王宇．产教融合背景下民族地区教育与旅游产业的耦合协调发展水平研究 [D]. 重庆：西南大学 ,2023.

[9] 邓小艳．旅游业高质量发展背景下地方高校旅游高等教育服务地方经济发展的路径探索 [J]. 湖北经济学院学报（人文社会科学版）,2024,21(2):128−131.

[10] 郭璇瑄，梁春群．高质量发展背景下应用型本科产教融合协同育人策略研究——以旅游管理类专业为例 [J]. 广东技术师范大学学报 ,2023,44(3):90−94+112.

附 录

旅游管理专业人才培养计划

（120901K）

一、专业简介

旅游管理专业始创于2005年，坚持以“服务地方、创新融合、强化实践”为发展定位，以“旅游+数据”为特色，坚持高质量内涵建设，致力于培养新时代旅游管理应用型高级专门人才。本专业采用“3+1”制人才培养模式，与20余家国内外知名企业及世界500强公司共建实习实践基地，校内建成“旅游大数据信息管理实验室”“智慧旅游虚拟仿真实验室”“多功能模拟导游厅”等专业实验室。基于新商科建设要求，秉承“以知识为中心，全能培育，尊重个性”的教育使命，紧密结合旅游产业信息化、数字化、智能化发展趋势，凸显数据在商业管理领域中的基础性作用。在掌握核心知识和基本技能的基础上，本专业重点培养学生的实践能力、数据分析应用与创新思维，学生在创新创业、湖南省旅游专业综合技能大赛和酒店商业策划大赛中连续多次获奖。

二、培养目标

旅游管理专业依托湖南省应用特色学科“工商管理”，协同湖南省文化创意产业基地共同管理建设，通过“人文与科技”融合、“旅游与数据”融合、“理论与实践”融合，培养具有人文素养、国际视野、创新意识、创业精神、实践能力和社会责任，能够在各类旅游相关企事业单位及教育和研究机构，从事经营管理、数据分析、咨询策划等工作的应用型高级专门人才。

根据学校人才培养的目标定位，在对本专业的社会需求状况、学科支撑情况等进行深入调研和论证的基础上，将学生毕业5年左右应该具备的职业能力明确地描述为5个预期目标。

目标1：掌握扎实旅游管理基础和先进管理知识技能，具有信息技术应用能力。

目标2：具有较强沟通表达能力和团队合作能力。

目标3：具备创新精神和创业能力。

目标4：具有国际视野和国际理解能力，拥有自主的、终身的学习习惯和能力。

目标 5：具有社会责任意识。

三、毕业要求

1. 知识与技能：使学生成为掌握扎实的旅游专业知识与技能的人才

1.1 通识性知识与技能。掌握基本的社会科学和自然科学理论知识以及体育、军事基本知识，了解人类文明发展、世界（特别是中国）优秀思想文化，了解科学常识和现代科技发展状态及趋势，形成比较均衡的知识结构。

1.2 基础性知识与技能。掌握管理学、经济学的基础理论、基本知识和基本技能，接受旅游学理论和研究方法的系统训练。

1.3 专业性知识与技能。熟练掌握旅游学基础知识、基本理论与方法，充分了解旅游学的理论前沿和发展动态，了解国内外与旅游有关的法规制度和国际旅游惯例，熟悉实际工作中旅游相关工作处理的基本流程。

1.4 工具性知识与技能。具备良好的外语水平和计算机应用、互联网、数据分析等相关知识，掌握高等数学、统计学基本知识，熟练使用计算机，能够运用现代信息管理技术进行数据处理与分析。

2. 沟通与团队合作：使学生具有较强的沟通表达能力和团队合作能力

2.1 具有积极的沟通意识，能顺利地融入社会，能与伙伴和团队就旅游专业问题进行有效沟通和交流，包括陈述发言、清晰表达、设计文案和撰写报告。

2.2 了解旅游专业国内外发展现状及趋势，具备扎实的外语应用能力，能在跨文化背景下进行有效沟通和交流。

2.3 具有团队合作意识，能在团队活动中发挥积极作用，妥善处理组织内外关系。

3. 创新与创业：使学生成为具备创新精神与创业能力的应用型人才

3.1 能够综合运用相关理论对组织面临的新型旅游业务提出创造性解决方案。

3.2 能够运用旅游数据信息为组织的战略选择和运营管理提供决策支持。

3.3 具备批判思维，能够发现、辨析、质疑、评价相关领域的现象和问题。

3.4 具备一定的创新思维与创业技能。

4. 国际视野：使学生具备国际视野和国际旅游管理应用能力

4.1 具有基本国际交流能力，了解国际旅游发展现状及趋势。

4.2 能够熟练运用外语进行国际旅游业务处理和专业问题交流。

4.3 具备跨文化企业运营与管理的思维和技能。

5. 社会责任：使学生成为具有社会责任意识的专门人才

5.1 具备社会主义核心价值观和社会责任意识，了解国情、社情和民情，在旅游企业管理和政策选择中能表现出公平正义。

5.2 具备企业伦理观念和思维，能综合运用相关知识对旅游伦理困境提出解决方案。

5.3 具有正确的世界观、人生观和价值观，坚持职业操守和道德规范，具有事业心、责任感和严谨的工作态度，以及遵纪守法、诚实守信、勇于奉献的精神。

6. 信息技术应用能力：使学生能够使用现代信息技术手段和工具解决实际问题

6.1 熟悉计算机操作，掌握常用的旅游信息管理软件应用和旅游大数据分析与应用方法。

6.2 具有使用信息与现代网络通信技术的能力，能够熟练运用解决实际问题。

7. 终身学习：具有自主学习和终身学习的意识，有不断学习和适应发展的能力

7.1 能够认识不断探索和学习的必要性，具有自主学习和终身学习的意识。

7.2 能够针对行业不断变化发展的需求，在宽领域内持续学习，并具备适应发展的能力。

四、培养目标与毕业要求之间的关系

"培养目标－毕业要求"矩阵表

培养目标毕业要求	培养目标 1	培养目标 2	培养目标 3	培养目标 4	培养目标 5
1. 知识与技能	●				
2. 沟通与团队合作		●			
3. 创新与创业			●		
4. 国际视野				●	
5. 社会责任					●
6. 信息技术应用能力	●				
7. 终身学习				●	

五、主干学科与专业核心课程

主干学科：旅游管理、计算机科学与技术

专业核心课程：管理学、西方经济学、统计学、会计学、旅游学概论、旅游接待业管理、旅游目的地管理、旅游消费者行为学、旅游规划与开发、商务数据分析与应用、旅游

市场营销

六、学制与学位

学制：四年

授予学位：管理学学士

七、学分

总学分：165

课程类别	课内教学			集中性实践教学环节
	通识教育基础课程	学科基础课程	专业课程	
学分数	57	44	23	41
占总学分比例	34.5%	26.7%	14.00%	24.8%

八、教学安排表

1. 总周数分配安排表

项目 周数 学期	军训与入学教育	理论教学	课程设计	强化训练	综合实验周	实习	思想道德修养综合实践	毕业设计（论文）	毕业教育	考核	机动	本期周数
一	2	14								2	2	20
二		16		1		1				2		20
三		17				1				2		20
四		17					1			2		20
五		17	1							2		20
六		17				1				2		20
七						16				2	2	20
八						3		14	1		2	20
总计	2	98	1	1		22	1	14	1	14	6	160

2. 实践教学环节安排表

编码	类型	名称	学期	周数	学分
1602000	军训与入学教育	国防教育入学教育	一	2	1
0402000	强化训练	英语应用能力实践	二	1	1
0702601	实习	礼仪实训	二	1	1
0702602	实习	旅游管理专业认识实习	三	1	1
0502001	思想政治理论课综合实践	“互联网 +”习近平新时代中国特色社会主义思想进千村入万户	三	(1)	1
0502000	思想道德修养综合实践	公益劳动	四	1	1
0702603	课程设计	旅游市场营销策划	五	1	1
0702604	实习	智慧旅游实训	六	1	1
0502002	社会实践	社会调查	暑假	(4)	(4)
0702605	实习	专业实习	七	16	16
0702606	实习	毕业实习	八	3	3
0702607	毕业设计（论文）	毕业设计（论文）	八	14	14
合 计				41	41

3. 理论课程教学安排表

课程类别	课程性质	课程编码	课程名称	学分	课程学时			各学期周学时数分配								考核方式
					总计	讲授	实验实践	一 十四周	二 十六周	三 十七周	四 十七周	五 十七周	六 十七周	七	八	
通识教育基础课程	必修课	思想政治模块														
		0500001	马克思主义基本原理	3	48	40	8	4								考试
		0500000	思想道德与法治	2.5	40	32	8		3							考试
		0500002	中国近现代史纲要	2.5	40	32	8			3						考试
		0500003	毛泽东思想和中国特色社会主义理论体系概论	2	32	32				2						考试

续表

课程类别	课程性质	课程编码	课程名称	学分	课程学时			各学期周学时数分配								考核方式
					总计	讲授	实验实践	一	二	三	四	五	六	七	八	
								十四周	十六周	十七周	十七周	十七周	十七周			
通识教育基础课程	必修课	0500004	习近平新时代中国特色社会主义思想概论	3	48	40	8				3					考试
		0500005	形势与政策	2	32	32										考查
		数学与自然科学模块														
		1000002	高等数学 B（1）	3.5	56	56		4								考试
		1000003	高等数学 B（2）	4.5	72	72			5							考试
		1000004	线性代数	2	32	32			2							考试
		1000006	概率论与数理统计	2	32	32				3						考试
		综合应用能力模块														
		0400000	大学英语（1）	3	48	48		4								考试
		0400001	大学英语（2）	2	32	32			2							考试
		0400002	大学英语（3）	3	48	48				4						考试
		0400003	大学英语（4）	3	48	48					4					考试
		0300900	大学计算机基础	2.5	40	24	16	3								考查
		0500007	大学语文 B（含科技写作）	1.5	24	24					2					考查
		0700021	文献阅读与论文写作	1	16	16							2			考查
		素质拓展模块														
		1100000	体育（1）	1	36	32	4	2								考查
		1100001	体育（2）	1	36	32	4		2							考查
		1100002	体育（3）	1	36	32	4			2						考查
		1100003	体育（4）	1	36	32	4				2					考查
		0000000	文化素质教育（中华文化、自然科学等）	1	16	16										考查
		0000001	文化素质教育（公共艺术）	2	32	32										考查

续表

课程类别	课程性质	课程编码	课程名称	学分	课程学时			各学期周学时数分配								考核方式
					总计	讲授	实验实践	一 十四周	二 十六周	三 十七周	四 十七周	五 十七周	六 十七周	七	八	
通识教育基础课程	必修课	1800000	大学生心理及健康教育	1	16+(16)	16	(16)		*							考查
		1600000	军事理论及国家安全教育	2	36	24	12		*							考查
		0000002	第二课堂	*												考查
		创新创业模块														
		0010000	大学生职业发展与就业指导	2	16+(22)	16	(22)						*			考查
		5210000	创新创业教育 (1)	1	8+(8)	8	(8)			2						考查
		5210001	创新创业教育 (2)	1	8+(8)	8	(8)						2			考查
		小 计		57	964(54)	888	76(54)	17	14	16	11	0	4			
学科基础课程	必修课	0700000	管理学 A	2.5	40	40			3							考试
		0700001	会计学 A	2.5	40	40						3				考试
		0700002	统计学 A	2.5	40	40					3					考查
		1900903	西方经济学	2.5	40	40			3							考试
		0700004	人力资源管理 B	2	32	32							2			考试
		0700027	电子商务 B	2	32	24	8					2				考试
		0700013	管理沟通	2	32	32						2				考试
		0300902	Python 语言程序设计	4	64	44	20			5						考试
		0700011	管理信息系统 A	3	48	32	16						3			考试
		0700018	商务数据分析与应用	2	32	24	8						2			考试
		0700600	旅游学概论	2	32	32		3								考试
		0700601	旅游接待业管理	2	32	32					2					考试
		0700602	旅游目的地管理	2	32	32						2				考试

续表

课程类别	课程性质	课程编码	课程名称	学分	课程学时			各学期周学时数分配								考核方式
					总计	讲授	实验实践	一	二	三	四	五	六	七	八	
								十四周	十六周	十七周	十七周	十七周	十七周			
学科基础课程	必修课	0700603	旅游消费者行为学	2	32	32					2					考试
		0700604	旅游企业财务管理	2.5	40	40						3				考试
		0700605	旅游市场营销	2.5	40	40						3				考试
		0700606	旅游礼仪学	2	32	32			2							考查
		0700607	旅游政策与法律法规	2	32	32				2						考试
		0700608	旅游经济学	2	32	32					2					考试
		小　计		44	704	652	52	3	8	7	9	15	7			
专业课程	必修课	0700609	旅行社管理	2.5	40	40							3			考试
		0700610	旅游景区管理	2.5	40	40						3				考试
		0700611	酒店管理概论	2.5	40	40				3						考试
		0700612	中国旅游地理	2	32	32		3								考试
		0700613	导游实务	2	32	24	8		2							考试
		0700614	旅游规划与开发	2	32	24	8						2			考试
		小计		13.5	216	200	16	3	2	3	0	3	5			
	必修课	0300944	数据结构（Python）	2	32	24	8				2					考查
		0300912	数据库原理与应用	2	32	24	8					2				考查
		1200948	短视频创意与制作 B	2	32	16	16				2					考查
		0700615	旅游文化	2	32	32					2					考查
		0700616	旅游英语	2	32	32					2					考查
		0700617	茶艺基础	1.5	24	24						2				考查
		0700618	酒店前厅与客房管理	2	32	32							2			考查
		0710600	酒吧服务与管理	2	32	32							2			考查
		0700619	世界遗产管理	2	32	32						2				考查
		0700710	互联网产品设计	2	32	24	8					2				考查
		0700620	生态旅游	2	32	32					2					考查

续表

课程类别	课程性质	课程编码	课程名称	学分	课程学时			各学期周学时数分配								考核方式
					总计	讲授	实验实践	一 十四周	二 十六周	三 十七周	四 十七周	五 十七周	六 十七周	七	八	
专业课程	必修课	0700621	会展策划与管理	2	32	32						2				考查
		0700622	酒店餐饮管理	2	32	32						2				考查
		0700010	公共关系学	2	32	32					2					考查
		0700023	逻辑学	1.5	24	24							2			考查
		小计	至少修满 9.5 学分	9.5	152	152					4	4	2			
		合　计		124	2036 (54)	1892	144	23	24	26	24	22	18			

九、毕业要求内涵观测点与支撑的课程

毕业要求	毕业要求内涵观测点	支撑的课程
1. 知识与技能	1.1 通识性知识与技能。掌握基本的社会科学和自然科学理论知识以及体育、军事基本知识，了解人类文明发展、世界（特别是中国）优秀思想文化，了解科学常识和现代科技发展状态及趋势，形成比较均衡的知识结构	马克思主义基本原理、中国近现代史纲要、毛泽东思想和中国特色社会主义理论体系概论、形势与政策、体育、文化素质教育（中华文化、自然科学等）
	1.2 基础性知识与技能。掌握管理学、经济学的基础理论、基本知识和基本技能，接受旅游学理论和研究方法的系统训练	管理学、会计学、统计学、西方经济学、旅游学概论、旅游消费者行为学
	1.3 专业性知识与技能。熟练掌握旅游学基础知识、基本理论与方法，充分了解旅游学的理论前沿和发展动态，了解国内外与旅游有关的法规制度和国际旅游惯例，熟悉实际工作中旅游相关工作处理的基本流程	旅游企业财务管理、旅游市场营销、旅行社管理、旅游景区管理、酒店管理概论、旅游规划与开发、旅游文化、旅游英语、世界遗产管理
	1.4 工具性知识与技能。具备良好的外语水平和计算机应用、互联网、数据分析等相关知识，掌握高等数学、统计学基本知识，熟练使用计算机，能够运用现代信息管理技术进行数据处理与分析	高等数学、大学计算机基础、管理信息系统、Python 语言程序设计、商务数据分析与应用、统计学、数据库原理与应用、数据结构（Python）、短视频创意与制作

续表

毕业要求	毕业要求内涵观测点	支撑的课程
2. 沟通与团队合作	2.1 具有积极的沟通意识，能顺利地融入社会，能与伙伴和团队就旅游专业问题进行有效沟通和交流，包括陈述发言、清晰表达、设计文案和撰写报告	大学语文、文献阅读与论文写作、管理沟通、旅游礼仪学、公共关系学、旅游市场营销
	2.2 了解旅游专业国内外发展现状及趋势，具备扎实的外语应用能力，能在跨文化背景下进行有效沟通和交流	大学英语、旅游礼仪学、导游实务、旅游文化、旅游英语、旅游接待业管理
	2.3 具有团队合作意识，能在团队活动中发挥积极作用，妥善处理组织内外关系	大学生职业发展与就业指导、创新创业教育、人力资源管理、旅游市场营销、公共关系学、公益劳动、社会调查
3. 创新与创业	3.1 能够综合运用相关理论对组织面临的新型旅游业务提出创造性解决方案	习近平新时代中国特色社会主义思想概论、形势与政策、创新创业教育、商务数据分析与应用、旅游目的地管理、智慧旅游实训
	3.2 能够运用旅游数据信息为组织的战略选择和运营管理提供决策支持	Python 语言程序设计、商务数据分析与应用、管理信息系统、数据库原理与应用、数据结构（Python）
	3.3 具备批判思维，能够发现、辨析、质疑、评价相关领域的现象和问题	管理沟通、公共关系学、逻辑学、旅游消费者行为学
	3.4 具备一定的创新思维与创业技能	创新创业教育、文献阅读与论文写作、Python 语言程序设计、商务数据分析与应用、管理信息系统、数据库原理与应用、数据结构（Python）
4. 国际视野	4.1 具有基本国际交流能力，了解国际旅游发展现状及趋势	大学英语、旅游英语、旅游接待业管理、旅游目的地管理、旅游消费者行为学
	4.2 能够熟练运用外语进行国际旅游业务处理和专业问题交流	大学英语、旅游英语、旅游接待业管理、旅游目的地管理、导游实务、旅游规划与开发、旅游文化、世界遗产管理

续表

毕业要求	毕业要求内涵观测点	支撑的课程
4. 国际视野	4.3 具备跨文化企业运营与管理的思维和技能	西方经济学、管理学、逻辑学、人力资源管理、电子商务、管理沟通、世界遗产管理
5. 社会责任	5.1 具备社会主义核心价值观和社会责任意识，了解国情、社情和民情，在旅游企业管理和政策选择中能表现出公平正义	思想道德与法治、习近平新时代中国特色社会主义思想概论、形势与政策、军事理论及国家安全教育
	5.2 具备企业伦理观念和思维，能综合运用相关知识对旅游伦理困境提出解决方案	马克思主义基本原理、形势与政策、旅游学概论、旅游消费者行为学、生态旅游
	5.3 具有正确的世界观、人生观和价值观，坚持职业操守和道德规范，具有事业心、责任感和严谨的工作态度，以及遵纪守法、诚实守信、勇于奉献的精神	旅游政策与法律法规、思想道德与法治、大学生心理及健康教育、公共关系学、旅游企业财务管理
6. 信息技术应用能力	6.1 熟悉计算机操作，掌握常用的旅游信息管理软件应用和旅游大数据分析与应用方法	大学计算机基础、Python 语言程序设计、商务数据分析与应用、数据库原理与应用
	6.2 具有使用信息与现代网络通信技术的能力，能够熟练运用解决实际问题	大学计算机基础、Python 语言程序设计、商务数据分析与应用、管理信息系统、数据库原理与应用、智慧旅游实训
7. 终身学习	7.1 能够认识不断探索和学习的必要性，具有自主学习和终身学习的意识	大学生职业发展与就业指导、创新创业教育、管理学、管理沟通、习近平新时代中国特色社会主义思想概论、形势与政策
	7.2 能够针对行业不断变化发展的需求，在宽领域内持续学习，并具备适应发展的能力	商务数据分析与应用、数据库原理与应用、数据结构（Python）、智慧旅游实训、短视频创意与制作、互联网产品设计